守望者
The Catcher

找回民主的未来

——青年的力量

Youth in Revolt:
Reclaiming a Democratic Future

[美]亨利·A. 吉鲁（Henry A. Giroux）著
吴万伟 译

中国人民大学出版社
·北京·

关于本书

最近，美国青年全体一致地示威游行，抗议的议题从经济不公和极端不平等到教育和公共服务领域的资金大幅削减。《找回民主的未来——青年的力量》记录了政府针对异议者与和平示威者的反制措施，同时揭露了政府对社会的这个最脆弱群体缺乏保护的问题。亨利·A. 吉鲁认真地描述了众多现象，从大众文化中充斥的暴力形象到教育中的种族主义、言论审查以及我们必须面对的越来越严重的经济不平等。他向读者提出挑战，去思考占领华尔街运动和其他新兴运动表现出的民主复兴的希望。吉鲁的分析通过鼓励人们的批判性思考能力、澎湃的激情和知情的判断促使我们重新思考民主的本质，探索美国以及世界的民主应该是什么样子的。

关于作者

亨利·A. 吉鲁（Henry A. Giroux）出生于1943年9月18日，著名社会批评家。美国批判教育学的创始理论家之一，以在公共教学法、文化研究、青年研究、高等教育、媒体研究和批判理论等方面的杰出成果而举世闻名。曾担任中学老师6年，先后在波士顿大学、迈阿密大学和宾夕法尼亚州立大学任教。2005年起担任加拿大麦克马斯特大学英语和文化研究系全球电视网讲座教授和“挖掘真相”董事会成员。吉鲁著述甚丰，有著作50多部，发表学术文章300多篇。著作有：《怀疑社会中的青年》（Palgrave, 2009）、《希望之后的政治：奥巴马及青年、种族和民主的危机》（Paradigm, 2010）、《黑暗之心：反恐战争中的虐童事件》（Paradigm, 2010）、《喧嚣的老鼠：迪斯尼和天真的终结》[与格蕾斯·帕洛克（Grace Pollock）合著, Rowman and Littlefield, 2010]、《赌场资本主义时代的魔力政治与文化》（Peter Lang, 2011）、《亨利·A. 吉鲁论批判性教育》（Continuum, 2011）、《教育与公共价值的危机》（Peter Lang, 2012）、《社会的黄昏：可处置性时代复苏的公共性》（Paradigm, 2012）、《找回民主的未来——青年的力量》（Paradigm, 2013）。2002年曾被英国劳特利奇出版社（Routledge）评为当代前50名教育思想家之一。

关于译者

吴万伟，武汉科技大学外语学院教授，翻译研究所所长。译著有《中国新儒家》（2010）、《分配正义简史》（2010）、《大西洋的跨越》（2011）、《城市的精神》（2012）、《儒家民主：杜威式重建》（2014）、《教育与公共价值的危机》（2016）、《贤能政治》（2016）、《圣境：宋明理学的当代意义》（2017）、《生死之间：哲学家实践理念的故事》（2018）、《东方与西方：道家与犹太哲学》（2019）、《天才时代》（2019）等。

危机恰恰在于：旧的东西已经死亡，但新的东西还没诞生。

——安东尼奥·葛兰西

我们很年轻，我们很贫穷，我们再也受不了了。

——占领华尔街口号

献给三十多年的朋友和兄弟罗杰·西蒙

致谢

我想感谢夫人苏珊·希尔斯·吉鲁，她用敏锐洞察力和远见卓识帮助 ix
我辩证地思考了本书中的很多观点。苏珊总是把对话带到我独自达不到的
高度。我无法想象如果没有她，我怎么能够完成这本书。像往常一样，同
事格蕾丝·帕洛克是不可缺少的帮手，她高超的编辑技能令人钦佩。行政
助理玛雅·萨巴多斯在本书的资料收集和阅读方面给予我很大帮助，同时
她还非常熟练地纠正了文本中的技术和风格错误。她的贡献非常宝贵。
《挖掘真相》的编辑维多利亚·哈伯是我的守护神，为我在该刊发表文章
提供了毫不动摇的坚定支持，其中有些文章就收录在本书中。我还要感谢
莫·艾尔贝斯塔博士和菲奥纳·麦克尼尔博士的大力支持，以及对我在麦
克马斯特大学的研究工作的极大信任和道德鼓励。麦克马斯特大学校长帕
特里克·迪恩使我重新树起对学界领导力和大学民主使命的信心，二者也
是全校师生获得智慧见解和希望的源头。我的同事大卫·克拉克非常慷慨
地抽出时间阅读本书的许多章节，同时提供了很多批判性建议和宝贵意
见。我还想感谢两位优秀的研究生泰勒·波拉德和詹妮弗·费舍尔，她们
在撰写毕业论文和与我交流思想时，表现出巨大耐心、智慧、道德勇气和
领导力。我想感谢戈特弗里德·郝文和雷纳特·郝文的慷慨大方，允许我
再次使用戈特弗里德萦绕心头和发人深省的独特形象作为本书的封面。我 x
想感谢老朋友萨布哈希·迪格赫，他的幽默、慷慨助人的精神和优雅举止
一直激励着我。最后，我要感谢加拿大社会科学和人文研究协会的慷慨支
持。本书某些章节的不同版本曾经发表在《第三文本》《高级写作杂志》
《教育的政策未来》上。

目　录

引言：认定异议者有罪，并惩罚占领运动抗议者

> 现在已经建立起军事指挥控制系统以支持“零容忍”政策和都 xi
> 市监督实践，它们旨在将无消费能力者或不受欢迎的人从城市消费和
> 休闲的新领地清除出去。
>
> ——斯蒂芬·格雷厄姆

全世界的年轻人都在对一系列问题提出抗议，涉及的范围从经济不
公正和严重的不平等到大幅度削减教育和公共服务。[1]在2011年的秋
天，“9·11”事件十周年纪念日，当美国重新审视这一悲惨的损失，
庆祝人们在这漫长的一天呈现的勇气时，也出现了另一种形式的纪念活
动。占领华尔街运动就像一团火焰在黑暗中放射出耀眼的光芒，映衬出
一座坚强不屈的民主精神和人性渴望正义的灯塔。不幸的是，美国各地
组织的和平抗议活动在主流媒体中经常遭受诋毁式评论，并遭遇越来越
多国家批准的暴力。反对社会的战争已经变成反对青年抗议者的战争，
针对占领华尔街运动抗议者实施的暴力与当今战争地区发生的暴力有着
惊人的相似性。[2]我们在主流媒体和州政府以及国家政治中都看不到对
抗议者提出的问题进行批判性讨论的尝试，更不用说与他们就策略、战 xii
术和政治问题进行对话的尝试了。许多年轻人已经成为“一个新阶级，
是无国籍的、看不清面孔的、极具威胁性的个人组成的群体，其身份认
同可以用债务、生存和可抛弃性等语言描述”[3]，他们似乎已经不再受
到主流媒体的关注。公平正义、个人尊严和社会责任等问题已经被忽
略，取而代之的是破坏民主的公共空间的双重姿态，即一方面认定异
议者有罪，一方面诉诸残酷暴力的惩罚形式。对那些试图开启有关政

治、不平等和社会正义新对话的年轻人而言，惩罚是唯一的中介工具。

在美国，自上世纪 80 年代以来，国家对使用暴力的垄断已愈演愈烈，这种暴力在此过程中已经被越来越多地指向年轻人、贫穷的少数民族、移民、妇女和老人。由于受到如下观念的指导，即不受监管的、市场驱动的价值观和关系应该塑造人类生活的各个领域，企业管理模式将有关社会责任和良知的任何可行观念都掏空，从而进一步抛弃社会问题和大肆削减基本社会服务。[4]这样的例子不胜枚举，有一个例子特别突出。2012 年 3 月，得克萨斯州州长里克・佩里与其他八个州一样通过立法禁止资助小诊所，其中包括隶属于妇女堕胎服务处的规划中的保育设施。[5]结果，联邦政府停止了对得克萨斯妇女健康计划的资助。不幸的是，佩里出于反对堕胎的立场而惩罚所有妇女的尝试意味着，在得克萨斯州会有超过 13 万妇女将丧失享受从乳房 X 线照像到孩子的医疗保健等关键服务的机会。这里发挥作用的绝不仅仅是反对妇女和儿童的战争的复活或“大众厌女症的疯狂大发作”[6]。同时，根深蒂固的宗教和政治专制主义已经成为本书所说的新自由主义残酷性文化的根本支柱之一。由于福利国家已成空壳，爱心文化已经被暴力、残酷性、浪费以及可抛弃性文化所取代。[7]银行、
xiii 对冲基金和金融资本作为当前阶级权力登记簿拥有了新指标，它们的发言人毫不掩饰地推崇“残酷无情值得褒奖，金钱是衡量一切的终极标准”[8]的企业文化。集体的保险条款和社会保护已经让位于经济上拆除管制的势力，福利国家已经转型为惩罚性的工作福利项目，公共产品私有化，公民责任被个人过失所取代。与此同时，暴力或安妮玛丽・库萨克所说的“美国惩罚”已经从监狱、学校蔓延到日常生活的各个领域，“（从）我们在电视上看到的节目到许多人对待孩子的方式再到影响力巨大的宗教实践，可以说它无所不在”[9]。

大卫・哈维认为新自由主义是一项政治工程，依靠实施“以强大的私有财产权、自由市场和自由贸易为特征的制度框架”来“重新确立资本积累的条件和恢复经济精英的权力”[10]。新自由主义同时也是一项教学法工程，旨在为市场量身定做而创造出特定的主体、欲望和价值观。国家命运与市场逻辑紧密相连，其中自由的含义被剥夺殆尽，只剩下不受政府

管制的自由、消费的自由、想说什么就说什么的自由，无论其后果有多么强烈的种族主义色彩或其他破坏性。新自由主义的自由观是从公民责任意识和社会成本意识中抽象分解而来的。事实上，“新自由主义”就建立在“自由的、占有财富的个人”观念的基础之上，国家被描绘成“残暴的和压迫性的”[11]。福利国家特别成为自由的大敌。斯图尔特·霍尔指出，在自由市场宗教激进主义信徒看来，“国家决不能治理社会，对自由的个人如何处置自己的私有财产发号施令，控制自由市场经济或干涉其谋取利益以及聚敛个人财富的权利，这是上帝赋予个人的权利”[12]。

矛盾的是，新自由主义通过孤立的、自主的个人形象严厉谴责社会和公民能动性的任何举动，对这种个人而言，其选择被贬低为无休止的购物实践，逃避任何形式的公民责任，捍卫极端个性化的存在。新自由主义治理转化为一种状态，试图用社会福利替代个体安全保障。但在这样做时只 xiv
能为那些特权者提供带有门禁系统的社区保护，对那些被认为有缺陷的消费者或对白种人基督教国家神话理想构成威胁的人则以监狱伺候。新自由主义拒绝承认私人问题与更广泛的制度性议题之间的联系，反而把对自力更生的赞颂合法化，个人不幸的遭遇只是自由市场的正义之手交付的甜点，而把它看作被反社会的精英统治所劫持和被迫为狭小利益群体服务的社会秩序的致命结果。批判性思维和人类能动性陷入软弱无能的境地，因为新自由主义理性“在制定解决政治问题的方案时用情感性和个人性词汇取代了政治性词汇”[13]。在这样一种去政治化的话语中，年轻人被告知没有集体梦想，没有可靠的社会纽带，只有靠自主的、个体的行动，他们必须依靠自身资源，单独承担起政治和经济问题等更大系统性影响的责任。

在新自由主义支配下，任何呼吁同情、公正和社会责任的主张都得不到承认。任何要求年轻人拥有比现在更美好的未来的主张也得不到认可，任何把年轻人当作更广泛的全球正义与激进民主斗争的组成部分的主张也得不到认可。游行是民主的一种形式，新自由主义经济学和意识形态取消了这种民主，而正是“不同生活体验的交流沟通使政治成为可能”[14]。伦理的、政治的和经济的贫困症状环绕在我们周围。而且，似乎这还不够，在当今历史时刻，我们正在目睹越来越多的暴力、系统性削减投资的治理措施、机构和公共空间的崩溃，而正是这些机构和空间为民主和共同体原则提供最低限度的条件。年轻人是特别脆弱的群体，让-玛丽·杜兰德指出，“年轻人不再被认为是世界的未来，反而被当作对现在的威胁。对于年轻人而言，除了惩戒性话语之外，不再有任何政治性话语”[15]。

当年轻人在街道上、在校园里和其他被占领场所就激进民主的承诺发表种种主张，宣传公平、正义的世界应该是什么样子时，他们被当作犯罪分子来对待，被当作不能循规蹈矩，“容易出现非理性、无节制的和不可
xv 预知的行为”[16]的流氓团体。此外，他们受到精心策划的控制和遏制模式越来越多的束缚，即便没有遭到警察暴力。这样的年轻人如今被视为政治和企业既得利益者的敌人，因为他们使得公共利益遭压制的形象和民主的公共空间、公共服务、社会福利以及民主价值而非市场价值塑造的社会的重要性大白于天下。年轻抗议者和其他人在重新唤醒有关美好社会和社会福利国家的被压抑的记忆，齐格蒙特·鲍曼曾经指出：它“为个人不幸及其后果提供得到普遍赞同的集体保险”[17]。鲍曼解释说，这样的国家把社会成员提升到国家公民的身份地位，也就是说，使他们不仅是股票所有者而且是利益相关者，不仅是受益人而且是负责利益创造和分配的参与者，热心关注公共利益的个体，这个公共利益被理解为可信赖的公共机构，它们能确保国家发行的“集体保险单”的稳定和可靠。[18]为了尝试挖掘出福利国家被压制的记忆，大卫·西奥·戈德堡详细说明了在20世纪30年代到70年代美国以普遍福利的名义创造出的具体机制和政策。他写道：

> 从20世纪30年代到70年代，自由民主国家提供了或多或少的强大机构性设置，它们至少在原则上是为了改善公民的福利。这是推进社会保障、福利安全网、各种形式的国民医疗保险体系、扩展公共教育投资的时期。其中在有些州，除了私立教育机构或者宗教界主办的教育机构之外，还将投资扩展到了高等教育。州政府官僚系统成为主要的雇主，聘用了在历史上被排除在外的族群的成员。而这一切，反过来又为越来越多的人提供了进入中产阶级行列的信心，其中包括从前在国内遭到排斥的族群和来自南半球国家的新移民。[19]

如今的年轻人在反抗全球资本主义工程的不断强化，该工程消除了福利国家的利益和激进民主观念的可能性。他们也在抗议推崇积累、强占、 xvi
拆除管制、私有化和商品化的新自由主义工程，这个工程使其看不到任何可靠的未来。他们拒绝和抵制一种赌场资本主义形式，一方面它迎来以庞大的去政治化工程为特征的永久性革命，另一方面带来了即便不是野蛮的但至少带有攻击性的倾斜政策，即财富、收入和机会的实际分配有利于位于顶端的1%群体。在新自由主义支配下，任何时刻、空间、做法和社会关系都提供了金融投资的可能性，即恩斯特·布洛赫曾经宣称的“实施诈骗”[20]。商品、服务和目标群体被注入处理垃圾的机器中，被当作多余的废物而被抛弃和处理。有缺陷的消费者（flawed consumer）现在被指定为有破坏性和缺陷的人。要抗拒这种压迫性的政策和做法并不容易，许多年轻人为这种抵抗都付出了沉重的代价。根据占领运动被捕者网站（OccupyArrests. com）的报道，“截至2012年3月6日，已经有至少6 705人在112个不同城市遭到逮捕”[21]。

占领运动的抗议和国家批准的暴力已经成为“一面镜子”，我会补充说，这是“当今国家”的定义性特性。[22]被现有政治体系抛弃，奥克兰市、加利福尼亚州、纽约市和其他许多城市的年轻人已经不惜冒巨大风险进行和平抗议，同时试图创造一种能体现平等和相互尊重的价值观的新语言、新政治和新“共同体”，这是他们在被新自由主义原则支配下的等级世界里所看不到的。[23]他们深知，能够代表他们的声音、欲望和关切的空间、场所、领域都已经崩溃，所以占领了从公园到大学校园的多个空间，目的是努力创造一个公共论坛。在那里，他们可以讲述自己的遭遇和对未来的憧憬，还能诉说因为失业、贫困、遭禁闭和被边缘化而带来的不幸、痛苦，以及希望。这次运动不仅仅是恢复所丢失的空间的问题，而且是在产生新思想、启动新会话和引进新政治语言。

拒绝接受民主与市场是一回事的观念，年轻人在呼吁终结企业对政治、文化和经济等指挥机构的控制，呼吁停止镇压异议者，呼吁关闭永久性的战争国家机器。理查德·利奇曼的观点是正确的，他坚持认为应该赞 xvii
扬占领华尔街运动，因为它拥抱全民民主和一套新出现的共同议题、原则和价值观。它们体现在以下各个方面：“要求平等，或者至少是显著减少骇人听闻的不平等；要求民主正常运行；要求取消金钱政治；要求废除失去人性的寡头统治对政治的支配；要求用相互承认代理人行动中的人性取代无处不在的商品化。”[24]正如阿兰达蒂·洛伊指出的那样，将美国的抗议活动与世界各地的抵抗运动联系起来的因素是年轻人“知道自己被排除在美国公司下流的财富积累之外是同一个排斥和战争体系的组成部分，印度、非洲和中东国家的企业也在发动同样的战争”[25]。当然，利奇曼、洛伊和其他人认为这场运动刚刚开始，还有许多事情需要做。斯托顿·林德认为，需要制定新策略、建立新机构和公共空间的庞大网络，建立信任社区和邀请穷人加入的政治组织。[26]斯坦利·阿洛诺维茨更进一步，他坚持认为，占领华尔街运动需要将争取经济平等和安全的斗争与依据真正的民主原则重塑美国机构的任务结合起来。[27]

所有这些问题都很重要，但是，在最紧迫意义上，我们必须马上处理的是这样一种危险，即美国新出现的警察国家，不仅对那些占领若干美国城市的年青抗议者而且对民主本身都是威胁。这种威胁在新自由主义的纪律和教育模式与战争心态的结合中尤为明显。在这种心态下，重新恢复崇尚义务、同情、社区、社会责任和公民参与的语言几乎是不可能的。除非我们在充满活力的社会和公民勇气、共同体纽带、生机勃勃的民主命令的框架下来理解年青抗议者的行动，无论其多样性多么明显，否则美国民众就很难挑战国家对青年使用暴力，也很难挑战那种把抗议、提出反对意见和参与公民活动视为反美运动，甚至视为犯罪行为的做法。

虽然进步媒体对占领运动抗议者遭受的暴力已经有了相当多的报道，
xviii 但是，这些分析还远远不够。我想依据这些批评提出自己的论证，把警察暴力的增长置于一套更广泛的范畴之内非常重要。这不仅能让我们批判性地理解这些袭击背后起作用的社会、经济和政治力量，也能使我们批判性地反思发生这些情况的当今历史阶段的独特性。例如，在不分析社会福利国家的退化和随之而来战争国家、惩罚性国家的崛起的情况下，我们就很难讨论国家批准的针对年轻人和占领运动的暴力。[28]在此，紧要历史关头的概念非常重要，因为它不仅提供了一个窗口，供我们看到塑造特定时刻的多样性力量，而且允许在指导未来干预行为的理论和战略之间出现一种生产性平衡。也就是说，它帮助我们在理论上指出青年抗议如何与特定历史时刻的新自由主义工程联系起来并抵抗这个工程，正是它促成了收入和财富的巨大不平等，制造了学生贷款的债务炸弹，取消了迫切需要的社会福利项目，将利润和商品置于凌驾在民众之上的特权地位，并去除了社会福利工资部分。

在美国国内，针对青年的非暴力抗议常常做出的暴力回应也必须在巨无霸的军事工业国家及其对战争和全社会军事化的承诺的更大框架体系内来分析。军事工业联合体和无节制的金融资本的合流指向这样一种需要，必须用战略来解决当前战争国家的特征以及为其辩护的新自由主义工程是什么这些问题。也就是说，塑造惩罚性国家政治的不同实践模式、利益模式、权力模式、社会关系、公共教育学、经济结构的是什么？从政治角度看，把焦点集中在当今重要历史关头的特殊性上非常有价值，因为这样的途径凸显了新自由主义战争国家产生的意识形态、政策和治理模式。当新自由主义的权力和意识形态机制暴露无遗后，美国公众就更容易挑战为这些权力体系辩护的常识性假设。这种类型的质疑策略也通过求助于人类不仅创造历史而且改变历史进程和未来发展方向的教学法指令，重申批判性思维、公民参与和民主政治的必要性。

对今天的许多年轻人来说，人类能动性被定义为自我反省模式和批判 xix
性社会参与而非屈服于令人动弹不得的不容挑战的命运。同样道理，民主表达已经成为他们生存的基础。许多年轻人在拥抱民主，不仅将其作为治理模式，更重要的是，像比尔·莫耶斯指出的那样，把它作为使人赢得尊严的手段，“他们能充分自由地发挥其道德和政治能动性”[29]。人类能动性已经成为一支重要的斗争力量，是正在进行中的工程的组成部分，未来仍然是开放的地平线，绝不能靠求助于历史终结或意识形态终结而抛弃它。[30]但是，要理解政治如何拒绝担保，抵抗如何成为可能，我们就必须首先理解现在。遵循斯图尔特·霍尔的观点，我想指出，我们在理解当前的历史时刻或他所说的“新自由主义革命长征”[31]时，不仅必须通过金融资本及其机构突然出现的权力而且还要考虑其动用和强化越来越厉害的专制暴力形式。我想通过两个相互关联的危机镜头来探讨这些反民主压力及其与美国和世界上越来越多年轻人抗议的关系：依靠暴力进行治理的危机和亚历克斯·霍耐特所说的“失败的社会性”[32]的危机——目前作为一种驱动力正在摧毁公共教学法和公民教育的任何可行概念。如果不想成为第三个危机——“否定性危机”[33]的猎物，我们就必须认可，美国各地的年轻人体现和象征的希望以及他们为确保所有人拥有更好的、更民主的未来而改造社会的尝试。

依靠暴力进行治理的危机

美国沉迷于暴力，这种依赖性因为其在国内外发动战争的强烈意愿而进一步强化。[34]安德鲁·巴塞维奇正确指出：“战争已经成为常规条件，就使用暴力作为治国方略的工具而言，华盛顿似乎无可挽回地放弃了自我
xx 克制的任何表象。”[35]但在此情况下，战争不仅是旨在保护美国安全和民众福祉的政策的衍生物，莱特·米尔斯指出，战争还是“军事形而上学”[36]的一部分，包括企业、国防工业、政客、金融机构和大学的各方势力博弈的综合体。战争文化提供了就业机会、利润、政治收益、研究基金和触及社会各个方面的各色政治和经济权力。战争也是国家最崇尚的美德。其军国主义价值观现在几乎深入到美国人生活的方方面面。[37]同样，由于依靠暴力体系进行治理在更广泛的社会中逐渐常规化，它继续以各种各样的方式发挥作用，不断消除战争与和平的任何边界。

在道德和政治上的歇斯底里越来越猛烈的煽动下，战争类的价值观产生并认可了共同的恐惧和有组织的暴力，将其视为社会关系的主要调节器。战争和暴力在概念上的合并非常明显地体现在政客使用的军事化语言方式上，他们在谈论各种政策时就好像在战场上或在战区里打仗一样。当政策制订者谈论反对毒品、贫困和下层阶级的战争时，战争就成为选择的附属品。相比于武器知识和军事化话语的流行，此处起作用的还有其他因素，有军事化社会的兴起，其中“可接受的选择范围必然缩小”[38]。而这种词汇选择和民主视野的缓慢萎缩将进一步促使我们将暴力作为国内政策工具。

否则，我们如何解释美国已经成了惩罚性国家的典范，这体现在一个可怕的事实上：虽然美国只有“地球人口的百分之五，但它几乎关押了全世界囚犯的四分之一”[39]。参议员林塞·格雷厄姆在他为 2012 国防授

权法案辩护时说得很清楚，他声称“在此法案看来，美国本土被看作‘战场’”[40]。尤其是对占领运动的抗议者来说，这句话背后蕴含的不祥后果变得十分明显，鉴于该法案授权美国政府“未经起诉或审判无限期扣押美国公民，如果总统认为是必要的话。仅仅因为过去或现在是‘嫌疑组织’的成员就意味着可能被拘留”[41]。

自“9·11”事件后，反恐战争和确保国土安全的活动越来越多地模仿他们试图粉碎的敌人的战术，因而已经成为反民主战争。随着国家监控 xxi
工程的激增，一种新的军事城市化已经在美国扎根，这预示着斯蒂芬·格雷厄姆所谓的“公民社会中令人吃惊的军事化，追踪、识别等军事概念被肆意延伸、扩展，目标就是进入日常生活的平凡空间和循环中”[42]。这也部分体现在美国各地的警察部门正在进行的军事化过程。挥舞警棍的警察如今装备有直接从伊拉克和阿富汗战争地区输入的最新军事武器。从前专门用于战场的军事技术如今却被供应给全国各地的警察：无人机、配备机关枪的装甲车、特警车辆、“数字通信设备、在对外战争中士兵使用的凯夫拉头盔”[43]。国内针对“恐怖分子”（年青抗议者的代号）的战争为国防承包商和大公司提供了“成为我们生活一部分”[44]的新机会。格兰·格林沃德指出，美国自从“9·11”事件后

> 已经积极将国内警察部队准军事化，通过为其配备数不清的军用武器和其他战争技术，在战区军队战略方面训练他们，总体上培养他们的临战心态。为国内警察部队配备准军事武器装备将确保他们能够在没有恐怖分子袭击的情况下，在美国领土上系统地使用这些武器；他们肯定会找到越来越放纵地使用这些武器的其他场合。[45]

这些国内的准军事部队也通过纯粹的暴力威胁破坏言论自由，使人不敢提出异议，进而经常运用权力践踏公民自由、人权和公民责任。[46]考虑到“在23岁时，几乎三分之一的美国人因为犯罪而被捕”，假定在新的军事化国家，将年轻人当作捕食者，当作企业管理的威胁，当作可抛弃的垃圾的认识会不断强化并不是没有道理的，因为用越来越不受限制的、野蛮的方式对付年青抗议者的惩罚性国家在不断成长。[47]尤其是贫困的有色人种少数民族的，年轻人已经成为大卫·西奥·古登堡所说的：“安全化理论 xxii

名义下的异常力量……（被视为）放荡不羁的人……应该受到死亡政治纪律的束缚，包括身体上或社会上的监禁和死亡的威胁。”[48]

共同的恐惧和媒体歇斯底里促使他们产生了一种相互猜疑和肆无忌惮地恐吓的文化。公众大范围的恐慌服务于支持警察不断军事化的政策制订者和为警方提供设备的企业的利益，如供应高科技扫描仪、监控摄像机、防暴灭火器、有毒的化学品等，而所有这些都被用来惩罚从事和平抗议、反对战争国家和企业国家的人。[49]主流媒体上充斥着这种滥用的大量图像。现在有一个很著名的形象，就是一位84岁的老太太直视着摄像机：她在参加抗议集会后，脸上被警察喷洒了一种液体喷雾。还有一个形象是，怀了两个月身孕的妇女被警察喷射辣椒水后带到安全地带。截至目前，年轻人被扯着头发拖上正在街上等候的警车的形象已经司空见惯。[50]有些抗议者受了重伤，如一名伊拉克战争老兵司各特·奥尔森，在2011年10月奥克兰举行的抗议活动中受到严重伤害。太多暴力让人回忆起20世纪50年代到60年代“黑人隔离法”的执法者针对民权运动抗议者使用的暴力。[51]

不再局限于特定的军事意识形态，整个文化中对战争价值观的推崇和渗透加速了整个社会的军事化。迈克尔·盖尔指出，军事化可以被定义为：“公民社会组织起来生产暴力的矛盾和社会张力过程。”[52]正如刚过世的托尼·朱特所说：“美国不只是军事化国家而且是军事化社会：一个以武装力量强弱衡量国家强大与否的国家，战争或准备战争是典型的（唯一的）公共工程。”[53]但是，美国社会的永久战争地位的普遍加强不仅仅是拥抱一套统一的象征，如鼓吹适者生存、优胜劣汰的道德观，崇尚一致性而不是不同意见，推崇强者而不是同情弱者，强调恐惧而不是责任等；这种举动还产生了“失败的社会性”，其中暴力成为最重要的权力工具和塑造社会关系的中介。

xxiii 社会性危机

一个拥抱永久性战争政策的国家需要民众心甘情愿地遵守其价值观、意识形态和恐惧及暴力叙述。这种合理性论证主要是通过民众沉浸于市场驱动下的社会而提供的，这种社会似乎越来越沉迷于消费主义、军国主义和通过大众文化源源不断传播的暴力场景。[54]暴力行为的例子从尖端时尚和好莱坞电影延伸到五角大楼赞助的极限运动、视频游戏、音乐演唱会。[55]市场驱动下的崇尚军国主义心态要求一致性的文化、闭嘴的知识分子和消极被动的消费者共和国。它还需要从暴力场面中获得强烈快感的民众。[56]

在一个充斥着超级暴力和引人注目的残酷性场面的社会中，一旦发生暴力，美国公众越来越难以在政治和道德层面上对暴力做出回应。在此情况下，以前不熟悉的暴力如酷刑和死亡等极端形象已经变得稀松平常，而日常生活中常见的熟悉暴力则很少被人注意到，沦为遭到忽略或者不值得关注的琐事。否则，我们如何解释公众对非暴力年青抗议者遭受的暴力无动于衷？他们是在高声抗议国家将其排除在希望、繁荣和民主之外。随着不断增长的残酷暴力注入文化，过去曾经令人毛骨悚然和精神痛苦的暴力场面已经丧失了令人震惊的威力。随着对暴力的需求越来越强烈，道德冷漠和对暴力的脱敏在增加，而野蛮残酷性和痛苦问题往往被呈现为体育、娱乐、新闻媒体和其他娱乐渠道的养料。

由于美国文化的特征越来越表现为夸大的侵略和大男子主义的致命概念，国家暴力特别是酷刑、绑架、有针对性的暗杀能赢得公众的支持，很少或根本不需要为此行为辩护。这是因为美国例外主义（American Exceptionalism）① 已经被许多美国人视为常识问题而接受。[57]“超级惩 xxiv
罚”[58]的政治文化的社会影响力可以从规训与惩罚的结构如何像高电荷的电流一样渗透到社会秩序中而看出来。例如，对暴力的偏好体现在将一些行为认定为犯罪的做法上，如无家可归者曾引起社会的同情和保护，我们把无家可归者送进监狱而不是为他们建造房屋，正如我们越来越多地把贫困的、文盲半文盲学生送到监狱而不是让他们接受体面的教育。同样，我们不是为失业者创造就业岗位，而是听任银行取消他们按揭房屋的赎回

① American Exceptionalism，又译“美国卓异主义”“美国优越主义”，为亚历西斯·托克维尔于1831年所杜撰之词句。在历史上，此词意指美利坚合众国因具独一无二之国家起源、文教背景、历史进展以及突出的政策与宗教体制，故世上其他发达国家皆无可比拟。脚注均为译者注，以下不一一列出。

权，在某些情况下甚至把失业者作为债务人送进监狱。21 世纪的监狱通过让权力的受害者消失而使得残酷无情的权力影响悄然隐形。安吉拉·戴维斯指出："按照这个逻辑，监狱成为让人消失的方式，一厢情愿地希望他们代表的潜在社会问题也随之消失。"[59]因为社会观念已经是空壳，犯罪行为现在被定义为个人身份认同的重要组成部分。惩罚话语在美国社会盛行，社会问题被贬低为性格缺陷、道德缺陷或是优生学家所标榜的"天生的恶魔"[60]。

暴力已经渗透到人们日常生活中并产生"失败的社会性"的另一个典型例子是，美国公众越来越多地接受了按照监狱模式管理公立学校的做法，将年轻人在公立学校的行为认定为犯罪。通常由教师、指导顾问和学校管理人员处理的事件如今却由警察和刑事司法系统来处理。对年轻人来说，后果是灾难性的。不仅是学校文化越来越像监狱文化，而且年轻人会因为微不足道的小事而遭逮捕或出庭应讯。否则怎么解释佛罗里达州一个 5 岁的学生只因为大发脾气就被戴上手铐送到当地监狱，或纽约的亚莉克莎·冈萨雷斯由于在桌子上涂鸦而被捕？12 岁的莎拉·布斯塔曼特，因为往自己身上喷香水被指控犯有刑事轻罪，被人从得克萨斯州的教室拖出去并被拖进法庭？[61]我们如何解释马里兰学校一个 13 岁的学生由于拒绝
xxv 效忠宣誓而被逮捕？[62]或者一个智商低于 70 的 16 岁学生由于听不懂警察在学校里提出的问题而被喷辣椒水？被喷辣椒水后，惊恐的年轻人开始挥动手臂，并因此被指控企图杀害公务员等两项罪行，可能面临监狱服刑。[63]最极端的情况是，孩子被警察殴打、被泰瑟枪指着而不能动弹，甚至被杀害。

这些例子可能仍然非同寻常足以令人感到震惊，但已经变得越来越常见了。必须认识到的是，太多学校已经成为战区，学生日常会受制于金属探测器、监视摄像机、穿制服的保安以及武器搜查，在某些情况下甚至还有特警袭击以及警犬嗅毒品。[64]在这种情况下，教育的目的不是教育年轻人而是为了控制和惩罚他们，特别是那些因为种族和阶级而被边缘化的人。"逮捕事件和与警察打交道的经历极大地影响了拥有大量非洲裔和拉美裔人口的低收入学校。"[65]许多弱势群体的学生被裹挟进入"从学校到监狱的管道"，学校认定他们的未来看起来的确很严峻，因为他们的教育

体验已经使其习惯和适应监狱里的种种待遇。[66]这里的问题不仅仅是教育工作者、家长和政客的失职，他们支持和维持了那些为针对年轻人的野蛮执法推波助澜的政策。[我们还应该看到，]在反复做出避免帮助年轻人的决策的背后，尤其是人们对有色人种和阶级的少数民族的年轻人越来越强烈的反感情绪，认定他们是对成年人的威胁，唯一有效的方法就是使其接受摧毁精神的严厉惩罚。学生们在监狱似的学校里接受惩罚性教育，因学坏而被判为犯罪、被逮捕。这个事实提醒人们意识到，控制和惩罚年轻人的心态如今已经蔓延到日常生活的各个领域，在此之前，日常生活中看不到这种国家暴力和机构性暴力。

美国人当今生活的失败社会提醒我们自己生活在这样一个时代，年轻人受到伤害，正义被贬低，日常生活的每个细节都充斥着持续不断的暴力威胁，即便不是实际的暴力。像中世纪那样转向拥抱给年轻人身心带来痛苦的各种惩罚形式不过是暴力场景堂而皇之地浸入社会的组成部分。控制 xxvi
性社会[67]现在是美国娱乐的终极形式，至于他人尤其是那些被认为是可抛弃的无权者的痛苦则不再引人同情，而是成为嘲笑和娱乐之源。高强度的暴力和人类痛苦现在被看作旨在提高集体快感指数的消费者娱乐。一再反复播放的野蛮暴力和残酷杀戮画面在文化功能里作为抗免疫系统的一部分，该系统把真快感经济变成虐待狂模式，将民主的任何政治实质和道德活力吞噬殆尽，甚至像身体政治表现的那样投入到吃掉本国年轻人的过程中。想象这样一套真人秀电视节目，其中数百万人观看孩子们被戴上手铐，被遣送法庭受审，并被送到青少年拘留中心，也许并非牵强附会的异想天开。任何一个社会若要通过共同仇恨和恐惧而不是共同责任来定义自己，它就不能自称民主国家。

在美国，社会已经被重新配置，许多年轻人因而不仅丧失了维持和培育民主结构、意识形态的必要条件，而且已经没有机会获得充实的、有尊严的、有成效的生活所需要的最低生活条件。影响文化的残酷性和暴力既是我们集体失败的症状又是其原因。在日益严重的警察国家和新自由主义资本主义野蛮暴行造成多数人痛苦时，我们没能动员大规模的集体反抗。不幸的是，即使在占领运动中对华尔街表现出的真正愤怒继续存在时，年轻人和其他边缘人群遭遇的困难“也没有在公共舆论空间中引起共鸣”[68]。随着市场经济沦落为市场社会，民主不再提出有关公共利益重要性的主张。作为病态的社会模式，当前版本的市场宗教激进主义已变成反对自身的自由原则，集体的民主和社会正义观被扭曲，正是这种观念让平等成为在追求个人自由和公民自由时可行的经济观点和政治目标。齐格蒙特·鲍曼坚称，这种市场驱动的主权的后果之一是，“逐步分解和瓦解社
xxvii 会团结的纽带和公共凝聚力”[69]。新自由主义创造了一种社会魔法语言，其中，社会要么在稀薄的空气中蒸发掉，要么完全陷入病态。共享的事实和贫困、种族歧视、不平等、金融腐败的影响消失不见了，但促成这些灾难的意识形态的和组织的机制却依然存在。[70]在积极地求助于社会团结时，这个概念被用来确认1%群体的主张和价值观，该群体由公司高管、超级富豪、银行家、对冲基金经理和其他特权阶层构成。自力更生和白手起家者的形象消除了社会关系、公共利益、公共价值观和集体斗争等任何可行的观念。

占领运动已经认识到，在此条件下受到削弱和损害的不仅是对造成财富、收入、机会的巨大不平等的历史过往、社会与经济形态、权力关系和系统性歧视的承认，而且是对实质民主的任何承诺。公共教学法和新自由主义经济指令都受到占领运动抗议者的挑战，国家越来越多地以暴力来回应。但是，年轻人在面对美国社会时向军国主义、不平等和政治腐败提出的挑战却遭遇一种暴力，其强度远远超过孤立的警察暴行。这种暴力源自还在进行中的向战争国家的全面转型，美国从曾经拥有社会契约（至少在最低程度上）的国家转向不再拥有共同体语言的国家，其中，恐惧和商品化纽带取代了公民责任和民主承诺纽带。结果，国家和企业的暴力行为并不仅仅针对年青抗议者。通过一系列有形和无形的机制，不断扩大的个人和群体已经陷入残酷性、可抛弃性、遭排斥和剥削的大网中不能自拔。

社会生活各方面的暴力泛滥表明，年轻人和其他因为阶级、民族和种族而被边缘化的群体已经被抛弃，因为美国社会对民主的主张已经被军国主义势力、市场宗教激进主义和国家恐怖主义取而代之。我们必须探讨战
xxviii 争和暴力形而上学如何在美国社会扎根及其巨额社会成本。年轻人认识到的、用自己的思想和身体承受的正是这些暴力，包括社会的、政治的和经

济的暴力。但是，他们利用自己的愤怒激发起行动而不是绝望。暴力在整个社会上蔓延的印迹表明，我们迫切需要一种不仅批判既定秩序而且想象新秩序的政治。这种新秩序受到相信未来绝非简单模仿现在的激进观念的指导。批判必须源自切合实际的希望，个人斗争必须融入更大的社会运动中。

在“9·11”事件纪念活动和由于市场管制的放松、金融腐败导致的全球经济灾难之后，“占领华尔街运动”浮出水面。它的发展也是对下面这些变化做出的反应：美国军方以反恐战争的名义犯下的暴行，渗透到美国政治和流行文化中的暴力和种族极端主义，目标针对边缘化年轻人的日益强大的规训和惩罚政权，对知识和批判性学习造成破坏的日益退化的教育政策，以及只能增加人类痛苦的无情的财政紧缩政策。因为美国民主的地平线由于越来越明显的专制主义前所未有的社会和经济不平等的阴影而越发暗淡，占领运动和其他全球运动象征着希望与复兴。我们不应该低估这些运动的教育威力和引发变革行动的威力，尤其是在年轻人当中，我们已经集体见证了国家权力对民主示威者的暴力报复和人们对愈演愈烈的惩罚国家感到愤怒。接下来，本书将分章节依次叙述，从否定到希望，从批判到想象其他选择以便采取其他行动。

第一章提供了对“9·11”事件的回顾，承认 2001 年的悲惨事件被用来发动在全球范围的残酷暴力，并为战争国家的扩张和对被认定为可抛弃群体的不可思议的折磨辩护。特别是，“9·11”事件对美国造成的创伤被扭曲成一种恐惧文化；加强国内安全；加快了针对年轻人特别是因为种族和阶级最容易被边缘化的最脆弱群体的训诫力量发展，因为他们被看
作对社会秩序的潜在威胁。本章揭露了一些不受约束的惩罚国家及其机构 xxix
的广泛影响，最明显加快的是反对年轻人的战争，对社会福利国家的攻击和“通过打击犯罪来治理”情结的不断加深，与此同时也对“9·11”袭击事件的受害者及其家庭致以人道主义的慰问。它确认了在创伤性事件后公众的回忆，尤其是共同目的意识和公民承诺应该作为我们渴望的未来集体希望之源，这种未来与我们在 2001 年 9 月以来所看到的情况完全不同。[71]

第二章更详细地论述了美国以残酷性和暴力为典型特征和常态的文化转型。在 2001 年的春天，当“杀人队”的照片被公布时，主流媒体没

有能提供批判性回应，这是它认可这种残酷性文化的又一例证。即使在世界各地年轻人都展现出他们反对军事力量和专制政权，进行“反恐战争”的美国士兵却兴高采烈地参加了针对无助的他人进行的可怕的、不公正的战争。在“杀人队”照片中，与阿富汗平民的死亡和被亵渎的尸体并存的美国士兵的微笑形象，不过是说明美国文化更广泛转型的另外一个例子，即从对其他人遭受苦难的同情转向文化的军事化和对带来痛苦与折磨的暴力场景的施虐狂快感。对美国流行文化的进一步讨论向我们展示，美国社会越来越多地体现出“美学的堕落”，迫不及待地消费侵略、暴行和死亡。将此种残忍性文化与新自由主义政策贯穿所有领域的日益强大的影响力联系起来，本书认为这种从羞辱他人中获得的令人不安的新型娱乐不是个别人的病态心理，它对整个美国社会产生影响，预示着社会福利国家的消亡，即便不是真正实质民主的完全消亡。要认识到主流文化塑造思想、身份和欲望的威力，我们必须努力去发现“真理的瞬间”，凭借我们对他人的同情心，打破由媒体和其他支配性文化力量构建起来的现实的僵化秩序。

第三章表明，尽管美国流行文化越来越多地传播造成精神冲击的残酷
xxx 暴力画面，类似潮流中的美国政治文化如今更像展现残酷性的剧场，这种可怕场景和公共政策表现出对这个国家最弱势群体，尤其是儿童的不可思议的暴力。尽管连续不断地将恐怖分子塑造为“他者”，美国安全的最大威胁依然是类似于安德斯·贝林·布雷维克拥护的那种本土的右翼极端主义，此人在 2011 年 7 月轰炸了奥斯陆的政府大楼，造成 8 人死亡，在挪威制造了惨绝人寰的枪击事件，杀害了 69 名正在参加工党集会的年轻人。美国政治话语中的暴力言论和种族主义言论表明，政府最高层领导者对极端主义因素、独裁观点和种族主义仇恨言论越来越宽容，他们动用这些力量推动其政治议题，其中包括废除社会福利国家，为基于恐惧和惩罚的管理机器辩护，通过呼吁一致性和专制性民粹主义削弱批判性思维与教育，并把所有危险分子和对白种人保守民族主义的支配地位带来威胁的人处理掉。这不仅预示着美国政治和更广泛的文化令人担忧的转型，被主流媒体怂恿的右翼决策制订者正在发动一场针对儿童、穷人和其他弱势群体的国内恐怖主义运动，这是反对民主和民主赖以生存的构成性文化的更大

战争的一个组成部分。

第四章继续探索已经渗透到美国政治中的新自由主义专制主义模式，论述了表现为爱国主义话语的反移民和种族主义政治意识形态如何被转化成倒退的教育政策和对批判教育学的攻击。这让人想起纳粹德国的焚书暴行，亚利桑那州立法机构和图森教育委员会已经系统地消除了小学中的民族性课程，禁止那些讨论种族主义和压迫的书，包括若干民族学书籍，这些书是墨西哥裔美国作者写的，在这个学区中，超过60%的学生有墨西哥背景。在支持企业霸权、社会和经济不平等、反民主治理形式的新自由主义政权中，种族主义要么通过鼓励用个人方法解决社会问题而被私有化，要么干脆否认其存在，以惩罚性语言的幌子宣称任何人只要提到种族 xxxi
主义的幽灵都可能受到迫害。亚利桑那州对民族学课程和表达受压迫者声音的教学法形式的审查说明，能够激发人们进行争取民主和平等斗争的观点成为极端主义意识形态宣传家及其反对身体、历史和知识模式的战争的威胁。正是这些能够产生公平正义的社会所需要的批判意识和公民勇气。

第五章考察了财政紧缩政策如何解除了公司和富人导致全球经济衰退的责任，却给社会中最弱势者造成巨大的痛苦和折磨。作为残酷性文化的延伸，紧缩措施隐含了对社会和经济平等的恐惧和轻蔑，不仅削弱了社会保障的力度，减免了富人的纳税负担而且将社会问题视为犯罪。作为“涓滴残酷性”形式的紧缩政策不仅仅象征着否定性，它还代表了一种新暴力模式，这种暴力被动员起来对付泛滥的社会弊病，这些弊病只会加剧惩罚性国家和全球暴力网络的出现。若渴望防止人类苦难的升级，大家就必须众志成城，提高对肆无忌惮的赌场资本主义造成的危害的认识，重新思考民主的本质及其在美国的表现。需要培养一种批判性思考、同情和知情批判的能力，来对抗缺乏人性和毁灭性恐怖故事中不断出现的各种形式的偏执、忽视和社会的不负责，对此，这些故事不仅被容许，而且陶醉其中。

第六章认为，追踪美国的阶级斗争和不平等的演变轨迹到今天，越来越多的财富集中在统治精英手中意味着美国的政治体制和治理模式已经不再是民主的，因为国家权力也从属于企业主权的利益。在本章中，对大部分美国人遭遇的政治、社会和经济不公的描述——几十年之久企业权力

至上不受任何约束、腐败的金融界占统治地位，以及无情攻击社会福利和
xxxii 保障的结果——为2011年9月占领华尔街运动的出现提供了背景。虽然使阶级作为政治范畴的持续意义变得清晰可见，占领运动抗议者不仅仅是老调重弹令人厌烦的“阶级战争”言论（对手则努力将统治精英塑造为阶级仇恨的受害者来反驳），恰恰相反，占领者揭示了更广泛的集体运动的潜力，它不仅要揭露不平等和不公正的真实现实，而且抵制当今占支配地位的反民主叙事，同时通过生产挑战公众骄傲自满和美国政治与企业领袖贫乏想象力的新形象、故事、记忆来从根本上改变政治参与的含义。

第七章通过评述占领运动的影响和遗产作为对本书的总结，特别是它如何以多种方式暴露了美国社会已经抵押了年轻人的未来。这些占领运动抗议者成为新公共知识分子，他们创造了一种牢牢植根于民主、社会正义和人类尊严的新教学法和政治学，这些将越来越多地占领公共话语空间，对企业精英及其教育机器对公共领域的控制构成根本挑战。冒着丧失意识形态支配权的风险，当局求助于野蛮的惩罚形式对占领运动抗议者实施报复。这种警察暴力即刻让已经渗透到美国社会的专制主义模式和残酷性文化大白于天下，这可以从美国各地的大学或学院和其他被赋予培养社会年轻人的思想、社会和道德成长的机构中看出。

就在笔者完成本书的引言部分时，争取社会和经济平等的占领斗争仍然在美国大学校园里继续进行，紧缩措施的影响已经越来越明显地被人感觉到，虽然在几十年前新自由主义崛起时教师的工作条件和学生的素质教育条件就已经开始恶化了。毫无疑问，影响高等教育的因素象征着已经出现的公共领域萎缩的速度正越来越快。不过，本书最后认定占领运动还远
xxxiii 远没有结束，虽然它抗议的物理空间在萎缩。随着这次运动在全球的扩张和传播，它正在生产思想观念的新公共空间，并揭示出不断恶化的教育、反民主势力和市场经济产生的巨大不平等之间的重要联系。年轻人作为新一代公共知识分子的反应为我们提供了表达批判和希望的机会。它呼吁我们共同努力，采取新的思想模式和行动，如果美国民主还有未来的话，这应该得到美国高等教育其他公共领域的积极支持。

[注释]

[1] 很显然，全球各种青年反抗运动有不同的原因，从对青年的谋杀和对金融腐败的愤怒到对抗削减社会福利的骚动和教育成本的上升。

[2] Christopher McMichael, "The Shock-and-Awe of Mega Sports Events," *Open Democracy* (January 30, 2012), online at://www. opendemocracy. net/Christop-her-mc-michael/shock-and-awe-of-mega-sports-events.

[3] Zygmunt Bauman, *Wasted Lives* (London: Polity, 2004), p. 76.

[4] See Loic Wacquant, *Punishing the Poor: The Neoliberal Government of Social Insecurity* (Durham, NC: Duke University Press, 2009).

[5] Amanda Peterson Beadle, "Obama Administration Ends Medicaid Funding for Texas Women's Health Program," *Think Progress* (March 16, 2012), online at: http://thinkprogress. org/health/2012/03/16/445894/funding-for-texas-womens-healthprogram.

[6] Maureen Dowd, "Don't Tread on Us," *New York Times* (March 14, 2012), p. A25.

[7] See, for example, Daisy Grewal, "How Wealth Reduces Compassion: As Riches Grow, Empathy for Others Seems to Decline," *Scientific American* (Tuesday, April 10, 2012), online at: http://www. scientificamerican. com/article. cfm? id = how-wealth-reduces-compassion&print = true.

[8] Azam Ahmed, "The Hunch, the Pounce and the Kill: How Boaz Weinstein and Hedge Funds Outsmarted JPMorgan," *New York Times* (May 27, 2012), p. BUI.

[9] Anne-Marie Cusac, *Cruel and Unusual: The Culture of Punishment in America* (New Haven, CT: Yale University Press, 2009), p. 3.

[10] David Harvey, *A Brief History of Neoliberalism* (New York: Oxford University Press, 2007), p. 19.

[11] Stuart Hall, "The Neo-Liberal Revolution," *Cultural Studies* 25: 6 (November 2011): 706.

[12] Ibid.

[13] Wendy Brown, *Regulating Aversion* (Princeton, NJ: Princeton University Press, 2008), p. 16.

[14] Pascale-Anne Brault and Michael Naas, "Translators' Note," in Jean-Luc Nancy, *The Truth of Democracy* (New York: Fordham University Press, 2010), p. ix.

[15] Jean-Marie Durand, "For Youth: A Disciplinary Discourse Only," *TruthOut*

(November 15, 2009), trans. Leslie Thatcher, online at: http://www.truth-out.org/11190911.

[16] David Theo Goldberg, *The Threat of Race: Reflections on Racial Neoliberalism* (Malden, MA: Wiley-Blackwell, 2009), p. 347.

[17] Zygmunt Bauman, "Has the Future a Left?" *Soundings* 35 (Spring 2007): 5-6.

[18] Ibid.

[19] Goldberg, *The Threat of Race*, p. 331.

[20] Cited in Anson Rabinach, "Unclaimed Heritage: Ernst Bloch's *Heritage of Our Times* and the Theory of Fascism," *New German Critique* (Spring 1997): 8.

[21] See Occupy Arrests. com, http://occupyarrests. moonfruit. com.

[22] Durand, "For Youth."

[23] Kyle Bella, "Bodies in Alliance: Gender Theorist Judith Butler on the Occupy and Slut Walk Movements," *TruthOut* (December 15, 2011), online at: http://www.truth-out.org/bodies-alliance-gendertheorist-judith-butler-occupy-and-slutwalk-movements/1323880210.

[24] Richard Lichtman, "Not a Revolution?" *TruthOut* (December 14, 2011), online at: http://www.truth-out.org/not-revolution/1323801994.

[25] Arun Cupta, "Arundhati Roy: 'The people Who Created the Crisis Will Not Be the Ones That Came up with a Solution,'" *Guardian* (November 30, 2011), online at: http://guardian.co.uk/world/2011/nov/30/arundhati-roy-interview.

[26] Staughton Lynd, "What Is to Be Done Next?" *Counterpunch* (February 29, 2012), online at: http://www.counterpunch.org/2012/02/29/what-is-to-be-done-next.

[27] Stanley Aronowitz, "Notes on the Occupy Movement," *Logos* (Fall 2011), online at: http://logosjournal.com/2011/fall_aronowitz.

[28] 惩罚国家增多，见 Cusac, *Cruel and Unusual*; Wacquant, *Punishing the Poor*, Angela Y. Davis, *Abolition Democracy: Beyond Empire, Prisons, and Torture* (New York: Seven Stories Press, 2005)。

[29] Bill Moyers, "Discovering What Democracy Means," *Tom Paine* (February 12, 2007), online at: http://www.tompaine.com/articles/2007/02/12/discovering_what_democracy_means.php.

[30] Daniel Bell, *The End of Ideology: On the Exhaustion of Political Ideas in the Fifties* (New York: Free Press, 1966); 最近的著作，请参阅：Francis Fukuyama, *The*

End of History and the Last Man (New York: Free Press, 2006)。

[31] Stuart Hall, "The March of the Neoliberals," *Guardian* (September 12, 2011), online at: http://www.guardian.co.uk/politics/2011/sep/12/march-of-the-neoliberals/.

[32] Alex Honneth, *Pathologies of Reason* (New York: Columbia University Press, 2009), p. 188.

[33] John Van Houdt, "The Crisis of Negation: An Interview with Alain Badiou," *Continent* 1: 4 (2011): 234－238, online at: http://continentcontinent.cc/index.php/continent/article/viewArticle/65.

[34] 例如, Noam Chomsky, Failed. *States: The Abuse of Power and the Assault on Democracy* (New York: Holt Paperbacks, 2007)。

[35] Andrew Bacevich, "After Iraq, War Is US," *Reader Supported News* (December 20, 2011), online at: http://readersupportednews.org/opinion2/424-national-security/9007-afetr-iraq-war-is-us.

[36] C. Wright Mills, *The Power Elite* (New York: Oxford University Press, 2000), p. 222.

[37] See Gore Vidal, *Imperial America: Reflections on the United States of Amnesia* (New York: Nation Books, 2004); Gore Vidal, *Perpetual War for Perpetual Peace* (New York: Nation Books, 2002): Chris Hedges, *War Is a Force That Gives Us Meaning* (New York: Anchor Books, 2003); Chalmers Johnson, *The Sorrows of Empire: Militarism, Secrecy, and the End of the Republic* (New York: Metropolitan Books, 2004); Andrew Bacevich, *The New American Militarism* (New York: Oxford University Press, 2005); Chalmers Johnson, *Nemesis: The Last Days of the Republic* (New York: Metropolitan Books); Andrew J. Bacevich, *Washington Rules: American Path to Permanent War* (New York: Metropolitan Books, 2010); and Nick Turse, *The Complex: How the Military Invades Our Everyday Lives* (New York: Metropolitan Books, 2008).

[38] Tony Judt, "The New World Order," *New York Review of Books* 11: 2 (July 14, 2005), 17.

[39] Cusac, *Cruel and Unusual*, p. 2.

[40] Jim Garrison, "Obama's Most Fateful Decision," *Huffington Post* (December 12, 2011), online at: http://www.huffingtonpost.com/jim_garrison/obamas-most-fateful-decis_b_1143005.html.

[41] Ibid.

[42] Stephen Graham, *Cities Under Siege*: *The New Military Urbanism*(London: Verso, 2010), p. xi.

[43] Andrew Becker and G. W. Schulz, "Cops Ready for War," *Reader Supported News* (December 21, 2011), online at: http://readersupportednews. org/news-section2/316-20/9023-focus-cops-ready-for-war.

[44] Ibid.

[45] Glenn Greenwald, "The Roots of the UC-Davis Pepper-Spraying," *Salon* (November 20, 2011), online at: http://www. salon. com/2011 /11 / 20 /the_roots_of_the_uc_davis_pepper_spraying.

[46] 例如，见 Steven Rosenfeld, "5 Freedom-Killing Tactics Police Will Use to Crack Down on Protests in 2012, " *AlterNet* (March 16, 2012), online at: http://www. alternet. org/story/154577/5_freedom-killing_tactics_police_will_use_to_crack_down_on_pratests_in_2012。

[47] Erica Goode, "Many in U. S. Are Arrested by Age 23, Study Finds," *New York Times* (December 19, 2011), p. A15.

[48] Goldberg, *The Threat of Race*, p. 334.

[49] Lauren Kelley, "Occupy Updates: Extreme Police Violence in Berkeley, with Calls for a Strike; Harvard Protesters Shut out of Harvard Yard," *AlterNet* (November 14, 2011), online at: http://www. altemet. org/newsandviews/article/728865/occupy _ updates%3A_extreme_police_violence_in_berkeley,_with_calls_for_a_strike%3B_harvard_protesters_shut_out_of_harvard_yard; Conor Friedersdorf, "UC Berkeley Riot Police Use Batons to Clear Students from Sproul Plaza," *Atlantic* (November 10, 2011), online at: http://www. theatlantic. com/national/print/2011 /11/uc-berkeley-riot-police-use-batons-to-clear-students-from-sproul-plaza/248228; Al Baker, "When the Police Go Military," *New York Times* (December 3, 2011), p. SR6; and Rania Khalek, "Pepper-Spraying Protesters Is Just the Beginning: Here Are More Hypermilitarized Weapons Your Local Police Force Could Employ," *AlterNet* (November 22, 2011), online at: http://www. alternet. org/story/153147/pepper-spraying_protesters_is_just_the_beginning%3A_here_are_more_hypermilitarized_weapons_your_local_police_force_could_employ.

[50] Philip Govrevitch, "Whose Police?" *New Yorker* (November 17, 2011), online at: http://www. newyorker. com/online/blogs/comment/2011/11/occupy-wall-street-police-bloomberg. html.

[51] Phil Rockstroh, "The Police State Makes Its Move: Retaining One's Humanity in the Face of Tyranny," *Common Dreams* (November 15, 2011), online at: http://www. commondreams org/view/2011/11/15.

[52] Michael Geyer, "The Militarization of Europe, 1914 – 1945," in John R. Gillis, ed., *The Militarization of the Western World* (New Brunswick, NJ: Rutgers University Press, 1989), p. 79.

[53] Judt, "The New World Order," pp. 14–18.

[54] Geoff Martin and Erin Steuter, *Pop Culture Goes to War: Enlisting and Resisting Militarism in the War on Terror* (New York: Lexington Books, 2010).

[55] Carl Boggs and Tom Pollard, *The Hollywood War Machine: U. S. Militarism and Popular Culture* (Boulder, CO: Paradigm Publishers, 2006).

[56] Kostas Gouliamos and Christos Kassimeris, eds., *The Marketing of War in the Age of Neo-Militaiism* (New York: Routledge, 2011).

[57] David Cole, "An Executive Power to Kill?" *New York Review of Books* (March 6, 2012), online at: http://www. nybooks. com/blogs/nyrblog/2012/mar/06/targeted-killings-holder-speech.

[58] Steve Herbert and Elizabeth Brown, "Conceptions of Space and Crime in the Punitive Neoliberal City," *Antipode* (2006): 757.

[59] Davis, *Abolition Democracy*, p. 41.

[60] 新自由主义一个经典例子可以在查尔斯·默里最近公然为社会达尔文主义辩护中找到。*Coming Apart The State of White America*, 1960–2010 (New York: Crown Forum, 2012). 对这个立场的批评，请参阅：David Garland, *The Culture of Control: Crime and Social Order in Contemporary Society* (Chicago: University of Chicago Press, 2001); Philip Jenkins, *Decade of Nightmares: The end of Sixties and the Making of Eighties America* (New York: Oxford University Press, 2006); and Jonathan Simon, *Governing through Crime: How the War on Crime Transformed American Democracy and Created a Culture of Fear* (New York: Oxford University Press, 2007)。

[61] Chris McGreal, "The US Schools with Their Own Police," *Guardian* (January 9, 2012), online at: http://www. guairdian. co. uk/world/2012/Jan/09/texas-police-schools.

[62] Daniel Tancer, "Student Punished for Refusing to Cite the Pledge," *Psyche, Science, and Society* (February 25, 2010), online at: http://psychoanalystsopposewar.

org/blog/2010/02/25/student-punished-for-refusing-to-recite-the-pledge.

[63] McGreal, ‘The US Schools with Their Own Police.”

[64] Criminal Injustice Kos, “Criminal Injustice Kos: Interrupting the School to Prison Pipeline,” *Daily Kos* (March 30, 2011), online at: http://www.dailykos.com/story/2011/03/30/960807/Criminal-InJustice-Kos:-Interrupting-the-School-to-Prison-Pipeline.

[65] “A Failure of Imagination,” *Smartypants* (March 3, 2010), online at: http://immasmartypants.blogspot.com/2010/03/failure-of-imagination.html.

[66] See Mark P. Fancher, *Reclaiming Michigan's Throwaway Kids: Students Trapped in the School-to-Prison Pipeline* (Michigan: ACLU, 2011), online at: http://www.nijn.org/uploads/digitalibrary/resource_1287.pdf; and Advancement Project, *Test, Punish, and Push Out*: How “*Zero Tolerance*” *and High-Stakes Testing Funnel Youth into the School-to-Prison Pipeline* (Washington, DC: Advancement Project, March 2010), online at: http://www.advancementproject.org/sites/default/files/publications/rev_fin_pdf.

[67] Oilles Deleuze, “Postscript on the Societies of Control,” *October* 59 (Winter 1992): 3-7.

[68] Alex Honneth, *Pathologies of Reason* (New York: Columbia University Press, 2009), p. 188.

[69] Bauman, “Has the Future a Left?” p. 2.

[70] Barbara Ehrenreich, “How We Cured The Culture of Poverty, Not Poverty Itself,” *Truthout* (March 15, 2012), online at: http://www.truth-out.org/how-we-cured-culture-poverty-not-poverty-itself/1331821823.

[71] 西蒙·乔纳森用细节描绘了这个主题，请参阅：Jonathan Simon, *Governing through Crime: How the War on Crime Transformed American Democracy and Created a Culture of Fear* (New York: Oxford University Press, 2007)。

第一章 “9·11”之后的反记忆和丧失政治：暴力、反对青年的战争、社会局限性

危机恰恰在于：旧的东西已经死亡，但新的东西还没诞生。 1

——安东尼奥·葛兰西

如果与几十年来全球为“9·11”恐怖袭击美国之后的暴力、报复和武力等“司法措施”进行辩护的运动结合起来考虑，人们对军队和国家在2011年和2012年针对和平示威者采取的极端措施所表达的无声抗议变得越来越清晰可辨，虽然同样令人担忧。布什/切尼政府的国家安全政策与主流媒体在美国公众对大规模残酷虐待形式脱敏过程中发挥的作用结合起来，加快了“9·11”事件之前就已经出现的军事化进程。有人利用人们对恐怖分子袭击美国的卑鄙行为的愤怒反应来为不可思议的人权和公民权侵犯、恐怖主义、监督和虐待行为辩护，所有这些暴行都会受到正常的民主国家的谴责。就好像亲手交给恐怖分子为其令人发指的行为辩护所需要的证据一样，美国变成战争国家的事实在全世界面前暴露了它的真实面目，即潜在的全球压迫的工具，能够凭借实力实施暴行。然而，曾经 2
有那么一个时刻，美国本来可以做出其他选择，走上一条完全不同的道路。现在随着经济破坏力继续扩大使得美国继续笼罩在阴影之下，铭记“9·11”事件之后展现出来的光芒——恢复力、社会意识和美国人的集体希望就成为一个重要的、有目的的行动，因为那是说明本可以出现另外一番景象的迹象。

在2001年9月11日流血悲剧的数小时和数日之中，展现出来的共同的脆弱性和丧亲之痛把许多美国人和其他人团结起来构成脆弱的混合体，他们处于悲伤、牺牲、同情中，并对实现共同目的和承诺的权力产生了一

种新的尊重。这类创伤性事件转变为公共记忆行为和纪念的过程至关重要，虽然它可能令人深感不安。虽然当今生活在军事化时刻，我们现在必须提醒自己，创伤性事件不仅带来紧急状态和公民规范与秩序的暂停，而且能够产生巨大的政治、道德和社会潜能，的确如此。然而，对美国公众来说，这种启蒙时刻过于短暂。一个社会必须以有意控制的速度从见证集体痛苦的行为转向负责任的纪念活动，换句话说，把自我反思作为重新努力思考的组成部分，反思在“9・11”这样毫无疑义的恐怖之后，政治、伦理和公民参与到底意味着什么。在此悲惨之日十年后，我们真诚记忆和回顾那个时刻的艰难挣扎不断受到挑战，有些方式甚至是十年前我们很少人敢于想象的。

我们认识到并继续认识到生活在这样一个社会的高昂成本，它充满暴力、不平等，长久承诺和永恒纽带越来越罕见。我们生活在超级市场驱动下的快节奏的消费社会，完全不知谨慎为何物，一切以利润率和国内生产总值为衡量标准。正如《纽约时报》作家史蒂芬・霍尔顿所说：“现代公司（成为）贫瘠的优胜劣汰的鲨鱼坦克（Shark Tank）①，唯一重要的事
3 情是盈亏，即有无利润可图。”[1]由于美国的社会组织形式的变化越来越快，不确定性和不稳定性影响了日常生活的各个方面。数百万人不再有一份满意的、体面的工作，随之也丧失了医疗保健、养老金和假期等安全保障。对许多美国人尤其是年轻人来说，异化和文化不满包括“失业和低迷的经济前景”[2]，但绝非仅此而已。绝望往往变成愤世嫉俗，破坏了培养出可靠反对派的可能性。在此情况下，记忆通常被剥夺了对正义的责任而变得平淡和自私，在不方便的时候有可能被牺牲掉。随着“丧失”的重要性与过去和现在都脱离了关系，记忆放弃了它对社会制度、政治、民主和未来的主张。短暂快感时代的日常生活体验、活在当下的心态、与强迫症一样地追求物质享受不再受到人类脆弱性或记忆功能责任的协调。少数特权阶层面对的是紧迫的消费主义需求；大部分人则要面对工作丢失、希望破灭和生活艰难的残酷现实。对二者而言，记忆都已

① Shark Tank 又称创智赢家，是美国 ABC 电视台的一系列发明真人秀节目，该节目是为发明创业者展示发明和获取主持嘉宾投资赞助的平台。

成为无关紧要的东西。[3]

在一个越来越多地惩罚公民参与和回避公共利益的社会中，人际关系纽带因为强调社会流动和个体自由而被弱化。后果之一是共同体越来越多地遭到蔑视，关心他人命运和幸福的道德、政治义务意识逐渐消失。否则，何以解释共和党国会议员罗恩·保罗在2011年共和党总统候选人辩论时发表的评论呢？他说，听任没有购买保险的人死掉而不是向他们提供政府健康保险是“自由的真谛”[4]。在此实例中，残酷性文化不仅表现为一种合理的政治话语，而且还做得理直气壮，充满热情。齐格蒙特·鲍曼说，我们正在见证“民主压力的减弱、政治行动的无能（和）民众大规模退出政治，不再做有责任感的公民”[5]。随着越来越多的美国人痴迷于创造财富，将福利国家视为病态，将政府视为问题，将大众文化贬低为传播痛苦、羞辱和惊人的暴力，政治的民主活力已经被清空。在此情况下， 4
“‘丧失’往往成为一种被建议‘超越’的体验”[6]。

非常明显的是，“9·11”事件之后的十年，人们在拥抱“丧失”、记忆和怀念时往往很谨慎。纪念可能变得功能性失调，消除掉历史中最重要的元素，并将事件中幸存的东西琐碎化，要么简单地求助于平静的爱国主义，要么是粗俗的商业化使作为纪念对象的“9·11”事件贬低为商品。但是，纪念也可以恢复此历史性遗忘中被牺牲掉的东西。它能引发艰难的思考，带来的不仅是个人丧失亲人和共同脆弱性的痛苦回忆，而且有对具体事件如何为现在注入含义的新理解，变成人们想象未来的力量，引用罗杰·西蒙的话，即包括如何“想象自我，自己对他人的责任、自己对更大民主政体和多样共同体的公民义务”[7]。记忆可以是绝望与希望的始作俑者，往往使绝望与乐观的分界线变得模糊起来。“9·11”袭击这次震惊和暴力打破了美国历史傲慢和狭隘的阶段，这一阶段宣称国家进步取得空前的胜利，意识形态、历史和冲突的终结，与此同时给世界人口中的很大一部分带来难以承受的体验，包括丧失亲人、悲伤、痛苦和疼痛。

十年后，双子塔和五角大楼遭到的袭击要求我们不仅承担起铭记在“9·11”惨绝人寰的暴力事件中受害者的高贵责任，而且在共同体、团结和同情心从几十年新自由主义管理的流放中短暂回归的时刻，也让我们质疑是什么能够在那极度痛苦和恐惧中存活下来。为了表明在恐怖分子袭击后的短短几天内，我们见证的是公民责任和民主公共生活的复兴，“9·11”事件后的“丧失”体验的转型到底意味着什么？[8]公正地说，我认为在“9·11”之后的一段时间，美国公众获得了埃蒂安·巴利巴尔所
5 谓的“民主的颠覆性因素”，释放出人类“结成共同体的可能性”，同时民主政治的本质以及使其成为可能的构成性文化似乎达成了一种平衡。[9]

在历史上令人震惊的时刻之后，紧接着出现的是与哀悼同步的一种更新的理想主义意识。这种意识可以在一个名叫杰迪戴亚·珀迪的青年的话中得知，他指出：“过去几天，一直习惯于生活在以自我为中心和前沿的我们突然意识到共同的条件是首要问题，这一点令人震惊。我们没有陷入狂热，没有自我关注或不必要地冷嘲热讽或专注于微不足道的分歧。我们都在想方设法帮助他人，所有人都这样。对我们来说，这是全新的情况。”[10]从“9·11”事件冒烟的废墟中涌现出对公民价值观的深切赞同和新发现的全球团结意识。共同的脆弱性引发我们的同情而不是对久困孤岛的幸存者的蔑视。猖獗的物质主义追求、疯狂的贪婪、反政府言论、20世纪80和90年代镀金时代的残酷性被共同牺牲、集体希望等概念所取代。在短暂的时刻，无论是公民意识还是存在意识都将社会当作民主和共同体的标志。普遍抛弃共同体、抛弃公共价值观和公共利益的趋势自里根时代就已经出现，且无论在力度和强度上都在不断加剧。但这种趋势似乎在退却，与此同时还出现了重新发现的团结和共同利益意识。公共价值优先于私人利益。共同的议题被置于紧盯市场的物质主义追求和愚蠢的名人文化之上。国家公务员，特别是“9·11”的消防员和警察因其不屈不挠的勇气和挽救生命的坚定承诺而赢得赞扬。布什政府被迫扩展其使命，不仅为企业提供安全保障，同时也为普通大众提供生命保障和重要的公共服务。美国几乎已经赢得了全球普遍的善意和同情；其民主理想和领袖精神与陷入困境的全球民主中最深刻、最根本的元素形成强烈共鸣。法国《世界报》的通栏大幅标题宣称：“我们都是美国人。”[11]

这种失落的理想主义的回声展现在对公务员的描述中，“9·11”事件的恐怖和英勇行为一直铭刻在他们的记忆中。有一个故事讲述的是十年
6 后共同目的和共同牺牲意识如何被表现出来，虽然这个阶段非常短暂。这

是纽约市前消防员雷·普法伊费尔讲述的故事。在双子塔倒下之后，普法伊费尔在世界贸易中心遗址工作七个月，那里充满“令人窒息的烟尘——水泥粉末和像石棉、苯、多氯联苯（水泥中的杂质）、二噁英等致癌物质，他后来称那些东西为‘毒汤’”。九年后，他被诊断出肾癌，已经到了四期，最终扩散到骨头，需要截肢并切除髋关节以及肾脏。普法伊费尔认为他的癌症与他在“爆心投影点”（ground zero）① 的工作密切相关。当他被哥伦比亚广播公司的新闻记者询问是否后悔在“9. 11”事件中的救援工作时，他回答说：“我会再次这样做，因为我在寻找朋友。”他补充说：“好朋友的儿子问我：‘雷，我们会找到我爸爸吗？这就是孩子对我说的话。我想我们给很多家庭一个终极性的答案。’”[12]

普法伊费尔声明的不同寻常之处不仅是他高度的社会责任感，而且是他对陷入寻找父亲的痛苦中的孩子表现出的尊重和同情。我说“不同寻常”是因为无私奉献、舍己为人的阶段和“9·11”事件后充满希望和可能性时刻很快就走到了尽头，因为布什/切尼政府把美国推入军国主义、恐惧、不安全感和亚历克斯·霍耐特所说的“失败的社会性”[13]的深渊。戴维·辛普森雄辩地指出：“‘9·11’事件已经成为政治机会主义和军事冒险主义的借口，我们看到在不到两年的时间里，双子塔倒塌、五角大楼遭袭击、入侵伊拉克等。这是一个宣传家的高压控制和人为操纵的民意认同过程，其厚颜无耻的程度实在令人难以置信，但它的确发生了。”[14]

如今，我们的集体堕落已经众所周知。不是成为不同文化和恢复民主信念的门槛，相反，“9 ·11”之后的十年成为埋葬记忆和纪念、琼·狄迪昂轻蔑宣称的“固执想法”[15]的时代。不是开启质疑和学习的阶段，反恐战争演变成一场无休止的战争，在国内外引发残酷折磨和虐待，这些最终都在精心设计的违法行为中被揭露出来，侵犯人权的行为通过改写法律本身而被合法化。美国曾经在世界范围内赢得尊重的自由象征地位被恐惧 7
文化、群众性歇斯底里和国家秘密行为所取代。布什政府对外发动战争，对内则释放了同样具有破坏性的市场力量——所有这一切都被一种有毒的宣传机器隐蔽了，其中紧迫的公共问题变成了私人失败的目录和诋毁过

---

① ground zero，核爆炸的地面零点、（炸弹的）着地点，这里指世贸大厦遗址。

分依赖国家的借口，说这是病态的依赖性文化。金融资本取代了人力资本，治理机制如今被控制在市场正统派手中。不到1%的人控制了国家几乎一半的财富，而“45%的美国居民生活在收支难以平衡的拮据家庭中。这个数字分解开来就是所有成年人的39%和所有儿童的55%”[16]。经济学与伦理学脱离关系，想方设法去忽略任何一点社会成本。从本质上看，脆弱的、依靠他人的年轻人成为有缺陷和危险性的人群。产生新一代具有批判精神的公民所需要的构成性文化堕落为猖獗的商业主义，公民被定义为纯粹的消费者或完全被排除在外。与此同时，社会概念越来越多地被看作一种负担而非力量。

共同牺牲、同情他人和集体行动作为美国人生活的基本条件，在布什/切尼政府时期走到了尽头。弗兰克·瑞克提醒我们：“在袭击后的第一个周末，总统就否决了这个概念，他告诉美国人，除了或许需要容忍航空安全措施更加严格之外，‘他们不需要做出任何牺牲’，这是他的‘希望’。两党领袖中很少有人反驳他。”布什很快就恳求我们“直接进入佛罗里达州的迪斯尼世界”，甚至把他的形象借给旅游业拿来做广告。[17]面对难以想象的损失、恐惧和不安全感，布什敦促美国民众去旅行和购物。这还并不是最糟的。在过去十年中出现的变化是很多反民主势力的加强，只是“9·11”事件后同情心和团结意识的大爆发短暂地打破了一下而已。《纽约时报》记者提出，在很多方面，“新常态（继‘9·11’后）与旧常态并无二致”[18]。

事实上，自20世纪80年代以来，破坏民主的力量在布什政府时期获得
8 了新生，这些包括：公司的权力在美国政治中越来越大；对工会的攻击越来越激烈；军事—安全国家的崛起；种族主义持续不断并继续壮大，尤其是针对移民和穆斯林；在美国军事委员会法案和爱国者法案通过后，民权遭到压缩；惩罚性国家的巩固和对有色人种的大规模监禁；不确定性和恐惧文化的兴起；社会福利，尤其是为年轻人提供的福利受到攻击；公共生活日益私有化；越来越多地支持割喉式的经济达尔文主义和它对残酷性的推崇；作为国内外前线战争的一个延伸，布什/切尼政府政治体制进行的改组。

在2007年发表的令人震惊的社论中，《纽约时报》宣布自“9·11”事件以来的这些年，“不法行为已经成为标准模式，最明显的是部分政府

高官试图掩盖中央情报局审讯囚犯时的酷刑”[19]。社论进一步认为：“白宫利用人们对恐怖主义的恐惧和国民团结意识逼国会强行通过漠视国际机构和条约的法律，玷污美国的全球声誉，践踏在最可怕和最具挑战性的时代支持民主的宪法支柱。”[20]该社论用一句令人不寒而栗的声明作为终结：“这些日子我们有太多的时刻简直认不出我们的国家了。”[21]布什/切尼政府拒绝践行其公共目的，一方面迎合金融资本的权力，另一方面承担起惩罚性国家的角色。在将社会福利国家推向崩溃边缘，并留下越来越多的贫困人口时，惩罚性国家乘虚而入接替福利国家。现在，越来越多的公共问题不是被视为社会问题或作为社会问题来处理，而是当作必须依靠“通过打击犯罪来治理”的联合体来处理。[22]

在布什/切尼政府造成严重损害后，人们普遍认为，社会问题是由个人缺陷造成的，应该被视为训诫问题，这进一步论证了“通过打击犯罪来治理”的联合体在社会基础和文化景观中大肆扩张执法范围的合理性。[23]米歇尔·布朗写到，惩罚性国家的词汇和架构现在蔓延到“家庭、 9
社区、学校、宗教、军事、政治、经济以及其他领域，使得惩罚和‘通过打击犯罪、制造恐惧来治理’正常化”[24]。卢瓦·华康德解释了新的惩罚性国家的后果，“不是为穷人提供救济，而是从穷人那里得到救济，一方面强迫其中最具破坏性的人从已经在缩小的福利名单上‘消失’，一方面将他们送进越来越庞大的监狱地牢”[25]。因此，我们看到，本来要减轻不安全感的措施显得比恐惧本身更加可怕，因为它们渗透进社会、司法和政治结构的基石之中。

就像诺姆·乔姆斯基所指出的那样，当国会中的右翼极端分子利用债务危机“破坏社会福利项目、公立教育、工会以及其他阻碍企业垄断权力的任何力量”时，公众的愤怒反应何在？[26]当腐败的大型金融服务业的代表摩根大通集团被允许将一个103岁的老太太和她83岁的女儿赶出家门，只因为她们丧失家庭抵押品赎回权时，美国的民主到底怎么啦？这种行为赤裸裸的残酷性是如此明显，以至于被派去负责驱逐她们的佐治亚州亚特兰大市的搬运工和治安警员都拒绝执行。[27]社会听任摩根大通集团这样的掠夺性金融的代表给成千上万的个人和家庭带来如此的痛苦和困难，不仅暴露了大银行和对冲基金对更大社会秩序拥有的巨大影响力，而且也突显了它是何等的无法无天和肆意妄为，简直就是镀金时代西部荒野上不被政府追究责任的胡作非为。

鉴于摩根大通集团处于应该部分为2008年经济危机负责任的冒险与投机等犯罪文化的核心地位，这种政治和道德胡来就更加令人震惊。理查德·埃斯科指出，“摩根大通集团已支付了数十亿美元来解决各种指控，包括伪证罪和伪造（在其体系性的丧失抵押品赎回权欺诈和滥用方面）、欺诈投资者和销售未经注册的证券”，最近已承认在高风险、无担保及衍生品交易中损失了至少20亿美元。[28]摩根大通集团、贝尔斯登公司、美
10 国银行、高盛公司、巴克利银行、美林公司以及其他金融服务机构俨然已经成为欺诈、腐败和金融无能的典型，它们得到道德破产的华盛顿政客、联邦监管机构以及一批反公众专家和学者的保护，因为这些人可以从腐败中受益，与此同时再创造一种残酷性文化和以财富、权力、收入的极端不平等为特征的社会秩序。

显然，对在“9·11”事件之后中显现出的深重牺牲、公民勇气和团结一心的纪念已经让位于这种文化的日益冷酷无情。越来越不关心那些为生活而挣扎的人，对别人的痛苦没有任何反应，这对子孙后代和民主本身都不是什么好兆头。这种冷酷性的症状之一就是，人们对完全建立在弄虚作假基础上的、被误导的伊拉克战争没有政治上与道德上的义愤。这场战争带来的人员伤亡几乎是不可想象的：四千多名美国士兵死亡，一万多名官兵受伤。[29]我们还必须考虑到这场战争使超过一百多万的伊拉克人死亡，制造了180万难民，170万人在国内流离失所。[30]在此情况下，乔治·布什不仅用谎言来欺骗，而且行为恶劣。他开启了一个无休止的战争时代，将军国主义提升到国家宗教的地位，把整整一代年轻人的未来都给押上了。在此转述一下保罗·克鲁格曼（美国经济学家）的话，布什毒化了我们有关“9·11”事件的记忆，听任它成为“耻辱的时刻”[31]。

长达十年的理想主义危机不断扩大的症状也暴露在美国公众拒绝面对自身的脆弱性、其收入和财富增长的不平等以及持续不断的自我破坏暴行之中。[32]这种拒绝的可怕后果之一是在现在和未来，需要得到社会保护和国家干预的群体都被视为社会威胁。贫困不是结构性不公的后果，反而被贴上“病态症状”的标签，不是生产和再生产不平等的经济制度的结

构性功能失常，而是穷人的“病理性功能失常”[33]。无家可归者的困境现在不是被定义为需要进行社会改革的政治和经济问题，而是被定义为法律和秩序问题。处在风险中的年轻人自己成为风险，监狱建设的国家预算如今竟然让高等教育预算都相形见绌。监狱国家的涵盖范围非常明显，方法多样，许多公立学校现在采取惩罚措施作为控制国家儿童的主要工具。[34] 11
在公立学校教育被贬低的情况下，惩罚年轻人似乎比教育他们更重要。[35]同样，就在市场驱动下的理性鼓吹者提高了整整一代人“不受限制的个人责任”的所谓美德时，我们在“集体的和政治的不负责任行为”中发现人们越来越多地蔑视公共利益。[36]

与民主承诺相关的理想主义精神、团结意识和同情心在当今美国似乎正在消失。我们有两个主流保守政党：一个似乎与公司利益和残酷性文化融为一体，另一个已经把自己重新塑造成一个中间偏右政党，将小布什的很多政策进行延伸和合法化。两党都同意未经正当法律程序就可无限期军事拘留包括美国公民在内的人；无情地将移民驱逐出境；对和平示威者无端使用暴力；用军队武器武装地方警察部队；利用无人机秘密杀害“国家的敌人”；将泄露秘密的告发者认定为罪犯。[37]两个政党都站在阶级分界线的同一边，因为两党的政策导致青年人的情况相当糟糕。安全状况像从前一样危险；公民自由仍受到攻击；不是将遭指控的恐怖分子交由司法系统判决，在某些情况下，他们只是简单地被暗杀了。巴拉克·奥巴马总统支持国家的秘密特权，并把战争作为美国社会的永久性条件。

科赫兄弟及其富有的亲信正在改写美国政治的意义，并将美国一步步推向软专制主义模式。[38]说美国处于专制主义边缘已经不够，相反，应该说它处在确保专制主义国家不被挑战的边缘。在过去一年中，全世界的人都在冒着生命风险为民主而战，而在美国，两大主要政党和对企业友好的最高法院却勾结富人和企业精英尽一切可能要摧毁它。我们如何才能重新找回“9·11”事件后出现的理想主义精神和民族团结，以扭转造成当今 12
状况、残酷性文化并将民主的社会福利观推向政治话语边缘的机构、价值观和权力关系？特别是对教育工作者来说，起点就是了解美国年轻人当前的状态。毕竟，所有的记忆工作都是以他们的名义和我们共同的未来的名义进行的。

青年的危机

青年总是属于一个模棱两可的范畴，但青年今天受到的攻击方式是全新的，因为他们面对的世界比最近历史上任何其他时间都要危险。我在这里所要说的不只是海外战争和反恐战争。我在过去的十年中认为，将社会问题认定为犯罪已成为美国的治理模式，它碰巧与不断强化的攻击青年同步，对此我们可以通过“软战”和“硬战”[39]的相关概念来理解。

软战是指改变青年在无限扩张的全球消费社会中的生活条件，这种社会通过将青年视为市场或商品本身来贬低和利用他们。这种低强度的战争被各种企业组织通过文化的教育力量发动，这种文化将孩子们生活的各个方面都商业化，利用互联网、手机和各种社交网络以及其他新媒体技术把青年当作消费者来对待，其方式比我们以前见过的任何东西都更加直接和广泛。自“9·11”事件后，解决全球经济越来越不稳定的答案一直是迅猛增长，年轻人既是基层力量又是袭击目标。

青年对新屏幕和电子文化的接触令人不安。例如，恺撒家庭基金会最近的一项研究发现，8 岁至 18 岁的年轻人每天花在智能手机、电脑、电视等电子设备上的时间是七个半小时，五年前则不到六个半小时。[40]如果
13 你将青年同时用来发短信、用手机聊天、在更新脸书内容的同时看电视等时间加起来，“年轻人每天会花在媒体内容上的时间将上升到 11 个小时”[41]。这里，利害关系更大的就不仅仅是所谓的新型注意力赤字综合征问题。年轻人很少有机会进行有思想深度的分析和真正投入的阅读。事实上，他们在接收根本不需要投入和花费时间的信息上。

同时，这些媒体塑造新一代的消费主体。广告商现在每年花 170 亿美元从事苏珊·林恩所说的恶意接管童年。[42]通用磨坊食品公司和其他食品公司使用互联网向孩子们推销垃圾食品，不考虑这些食品促成“与儿童肥胖有关的糟糕的饮食”[43]。为进一步打破娱乐和广告的界限，食品广告商还开发了在线游戏以绕过父母直接与年幼的孩子打交道。利润的追求战胜了伦理学和健康的考虑，考虑到目前的估计，“儿童影响了每年超过千亿美元的食品饮料销售和所有冷麦片交易的一多半”[44]。公司与新媒体联

手发大财，用市场驱动下的价值观、欲望和身份直接对年轻人狂轰滥炸，所有这些都不再经过父母和其他成年人的协调。孩子们越来越多地按市场讲授的内容认识自己。

硬战对青年更为严重和危险，指的是越来越庞大的青年—犯罪联合体的残酷价值观和指令，通过惩罚、监督和控制的逻辑越来越多地管理贫困的少数民族青年。青年—犯罪联合体的复杂印记体现在越来越普遍的做法上，即通过纪律训诫组织学校，学生不断受到高科技安全技术的监督，同时在他们身上强制推行类似于监狱文化的苛刻和毫不留情的零容忍政策。因为企业国家越来越深地陷入金融动荡的旋涡，惩罚性国家的力量在增加，某些青年成为建立在最残酷的纪律控制基础上的新管理模式的对象。

我们从学生在学校的轻微犯规行为却被当作法律和秩序问题处理的长篇报告中瞥见青年如何成为一代犯罪嫌疑人。例如，在印第安纳州中部 14
的一个日托中心，两个警察被叫去对付一个任性的 10 岁小孩，他们电击了那个孩子，并扇了他一记耳光。下面是另外一件被广泛报道的事件，阿肯色州一名警察用电击枪降服了据称失控的 10 岁女孩。泰瑟枪国际公司的发言人史蒂夫 · 塔特尔对此事件做了公开回应，他坚称“电击枪用在儿童身上是安全的”[45]。另一个广泛传播的新闻故事还伴随着一段令人不安的视频，一位驻校警察残忍地殴打一名 15 岁的残障学生，只因为他的衬衫没有扎进裤子里。[46]可悲的是，这些小小的样本说明孩子们在美国学校里不是被教育而是被惩罚的。这种已经非常普遍的例子也反映了社会是如何对待脆弱性和依赖性的。当然，越来越多的机构愿意采用规训和惩罚心态不仅是政治危机而且暗示了社会新出现的症状，它不再能质疑自身，甚至不能再生，因为它已经失去了照顾和保护后代的能力。

因为“9 · 11”后对外关系的典型特征如恐惧、压制和军事化文化向内发展，通过资源配置，主要是雇佣更多的警力，增加保安人员，并购买更多的控制和监控技术，校园文化被改造。在某些情况下，如棕榈海滩县的学校建立了自己的警察部门。因此，学校开始对淫秽和暴力采取措施，制订了“太熟悉不过的高效监狱管理程序”[47]，包括更衣室突击搜查，武警巡逻走廊，强制性毒品测试，永远存在的指骨锁定安全装置如金属探测器、X 射线机、监控摄像机。在此情况下，教育和社会服务已经让位于监禁模式，其目的是确保“监督和控制”[48]。

在这种严格的纪律管制下，根本没有政治或道德词汇来认识到青年面临的系统性经济、社会和教育问题，或者探讨美国社会若认真思考未来意
15 味着什么的词汇。对许多贫困的少数民族青年来说，学校处罚和刑事处罚相结合已经证明是致命的混合，把太多的学校从保护青年，表达青年的希望和平等要求的场所转变为准备好分配不公正和羞辱的军事要塞。贫困的少数民族青年不是被视为弱势群体而是被认定为懒惰和无能；不是觉得失败的学校为他们提供的服务有多糟糕，许多青年反而被贴上朽木不可雕的标签，被赶出学校。他们不只是被排除在“美国梦”之外，而且成为噩梦，被当作多余的人和可抛弃的人，当作不再有价值的社会垃圾。他们被发配到社会遗弃区，居住在“后信用崩溃和后确定性的世界”，几乎不可能有体面的工作、社会保障和对未来的希望。[49]

现在，许多遭受种族和阶级倾倒（dumping）的青年正在体验一种社会死亡，因为他们被剥夺了工作培训机会，被要求忍受严格的监督和刑法制裁，被视为失败的消费者和公民罪犯而不是被视为长期处于弱势的群体。根据 2007 儿童保护基金会发表的报告：“2001 年出生的黑种人男婴，有生之年每 3 人中就有 1 人会被抓进监狱，（然而）2001 年出生的拉丁裔男婴，有生之年每 6 人中有 1 人会被抓进监狱……少数民族青年占了青少年人口的 39%，却占了青少年犯罪的 60%。”[50]与宣称国家尊重青年的理想主义言论相反，这个社会的现实是从安全和惩罚的角度看待青年，愿意将青年当作惯犯，使其“消失”在偏远的国家监狱中。学校已经成为无权者通往监禁、死胡同的生活通道，而非走向思想成长和经济繁荣的生活管道。令人震惊的是，在自由和勇敢的故乡，“监狱或拘留所……是美国唯一的儿童政策，人人都有保证”[51]。

过世的小说家克劳德·布朗懂得这场战争对青少年的影响。《应许之地的儿子》（1965）探讨了 20 世纪 60 年代哈莱姆区（黑种人住宅区）种族剥削和排斥的后果，可以说是“9·11”事件之前 50 年的社会灾难的见证。请看下面的段落：

16 如果雷诺心情不佳——如果没有钱，没有吸毒——他会说：“老

> 兄，桑尼，他们不是在哈莱姆区没有孩子。我见过他们。我见过一些真正的小人物表现得像孩子，但他们在哈莱姆区没有童年，因为人们没有时间花费在童年时光上。老兄，你是否记得小时候？不是我。……孩子们都很开心，孩子们都笑了，孩子都很安全。他们不害怕一无所有，你曾经是个孩子，桑尼？该死，你很幸运。我没有童年，老兄。我不曾记得快乐和无忧无虑的生活。我不知道发生了什么，老兄，我想我错过了童年，因为我不记得自己曾经是孩子。”[52]

在《应许之地的儿子》这本书中，克劳德·布朗写到他的朋友、家人和邻里熟人命中注定的生活。人们只是记得这本书精彩而极富冲击力地描写了哈莱姆区的困境，毒品、贫穷、失业、犯罪和警察暴行在该区肆虐。但是，布朗让大家看见的事实是，困扰着哈莱姆区许多年轻人的野蛮暴力和绝境体验不仅偷走了未来，而且偷走了童年。在种族主义和阶级剥削的系统性融合带来的社会崩溃和心理创伤中，哈莱姆区的孩子们被剥夺了纯真与童年的力量所挟持，被迫承担起维持日常生活的重担和风险，老一代人无法为他们遮风挡雨。

布朗的书写于20世纪60年代中期民权斗争中，其叙事的核心是“大男孩”的比喻，说的是向贫穷的黑种人孩子发动战争的社会，这些孩子不得不迅速成长。大男孩的杂合概念标志着在有限的见证人空间，不知不觉地失去了天真，童年被偷走了。哈莱姆区是严格控制的国内殖民地，其街道生活提供了暴动的条件和必要性。作为回应，年轻人表达的多种叛逆形式都付出了巨大代价，从公众和进步人士的反应到内置化的和自我毁灭性反应等在布朗临近末尾时都有所揭示。他写道：“就好像我们想出来大多数家伙并没有成功。几乎所有人都死掉或者坐牢了。”[53]

布朗童年被盗的故事没有激励被边缘化者和被践踏者行动起来帮助
自己走出困境，20世纪80和90年代的保守派改革努力的典型特征是求 17
助于自我帮助的短浅目光和虚伪性，如里根对政府的仇恨以及克林顿对福利改革的攻击。布朗的故事则吹响了谴责社会秩序的号角，这种社会秩序否认孩子可靠的和提高生命质量的未来，其典型特征是巨大的不平等和严格的种族划分。他创造了无孩社会的形象，目的是提出国家未来问题，这个国家已经抛弃了它最脆弱的群体。继雅克·德里达之后，我们可能会把它当作美国自身免疫性疾病的证据，在安全的名义下采取的遏制和控制措施使社会变得更加危险，更不安全。

近五十年后，布朗的大男孩隐喻仍然具有重大意义，“应许之地”有更多神秘性，而他对少数民族贫困儿童困境的描绘在2008年经济危机中引起强烈反响，整整一代人的希望破灭，他们现在被视为没有像样前景和未来的一代。美国许多贫穷的少数民族和移民子女面临的苦难和艰辛已经因为当前的经济危机和持续的社会投资削减和贬低年轻人而被极度放大。今天，许多年轻人处在永久的紧急状态中，缺乏食物、医疗保健、充足的住所、服装，甚至娱乐空间（不是他们自己的过错，在此问题上，也不是他们父母的过错）。他们生活在残酷的世界，那里童年根本不存在，被必须承受的沉重生存负担压垮。

目前的统计数字为国家的青年描绘了一幅黯淡的景象。据劳动统计局统计，在2011年7月，年龄在16岁到24岁的年轻人中有1 860万人失业。[54]如果从经济剥夺和持续存在的种族劣势的严酷现实进行分析，这些数字就变得更加令人警惕。在白种人家庭拥有的财富多于黑种人家庭和社区20倍的国家中——这是美国人口调查局用超过25年的时间记录的种族间最大的贫富差距，贫困的少数民族青年只剩下主要依靠自己在不断扩大的、充斥剥夺、贫困和绝望的土地上挣扎。[55]黑种人青年的失业率几乎是
18 50%，年龄在16岁到24岁的非洲裔美国人辍学者的失业率徘徊在69%。[56]根据美国人口普查数据，1 640万人或所有儿童的22%生活在收入低于贫困线的家庭，即一个四口之家的年收入是22 050美元。[57]在2011年，超过三分之一的儿童生活在贫困中，这是国家的耻辱。考虑到“最近的报告显示，几乎50%的美国人处于贫困或低收入水平”[58]这个事实，这些数字更加令人感到担忧。贫困对儿童产生的长期影响是广泛的。全国贫困儿童中心明确指出：

> 贫困会妨碍孩子学习的能力，有助于造成社会、情感和行为问题。贫困也会导致营养不良和精神健康问题。对那些在小时候经历过贫困或拥有长期贫困生活经验的孩子来说，风险最为巨大。研究表

> 明，贫困是影响孩子幸福的最大威胁。但是，有效的公共政策——如为低收入家庭提供付费工作和为其子女提供高质量的早期医疗护理学习体验——能够发挥很大作用。对最脆弱的儿童群体进行投资也非常关键。[59]

作为对此令人不安的画面的补充，华盛顿大学圣路易斯分校的一位社会学家马克·兰克报告说，近一半的美国儿童和 90% 的黑种人儿童在童年时期会领到一些食物券，而目前的经济衰退可能使这些数据变得更高。[60]美国全国无家可归儿童教育协会最近报告说，美国有超过 100 万名无家可归的学生。[61]未来的情况会变得更糟。根据美国无家可归国家中心的报道，2010 年“在美国 160 万儿童中每 45 人中就有一个生活在大街上或无家可归者收容所或汽车旅馆中或与其他家庭一起生活”。从 2007 年以来这个数字上升了 38%。[62]

这些孩子的独特之处不仅仅在于他们每天所经历的剥削的严重性，而且在于他们是如何被迫看待这个世界，并重新在希望破灭和绝望的边界内定义其童年的本质。与布朗的叙事不同，在戒备森严、严密隔离起来的空
间和不断扩大的拘留、驱逐出境空间内，都没有持久存在的充满希望的未 19
来意识。现实是，整整一代人都无法获得以前几代人曾经拥有的体面工作、物质享受或安全保障。这些年轻人是新的大男孩一代，他们必须像成年人一样思考、说话和行动；并为其家庭担心，这可能是单亲家庭或父母双双失业，都在寻找工作竭力维持生存；不知道如何挣到钱来买食物，也不知道万一生病了该如何筹钱看医生。这些孩子不再局限于所谓的贫民区。因为贫困和绝望的新风景越来越多地出现在城市、郊区和农村地区，这些孩子已经感受到威胁的存在。他们人数众多，根本无法视而不见，也不可能被隐藏在受限制的、被遗弃的隐蔽空间内。这些人构成了一个新的、更加令人不安的受苦场面，不仅揭示出美国经济格局中容易导致动荡的极端不平等，而且也预示了充满活力的民主未来，这样的希望已经存在。

为 21 世纪的青年和民主辩护

由于连续三届美国政府目光短浅的政策，今天的青年的情况相当糟

糕。在很大程度上，奥巴马的教育政策是饱受争议的布什教育路径的延续，正如戴安·拉维奇所说，奥巴马给了布什的教育政策第三个任期。[63]在谈及为教育设计民主前景时，奥巴马任命的教育部长阿恩·邓肯通常都表现得特别愚钝，这尤其表现在他太过明显地偏爱市场措施、军队一样的学校、高利害测试方案，以及他明显不喜欢任何无法量化的知识模式和课堂教学模式。[64]在过去的十年，在布什和奥巴马政府统治下，年轻人已经越来越多地被从社会关注的目录和珍视的公共资产名单中删除。在更大的文化中，青年要么被贬低为危险的象征，要么被完全忽略。一个民选政府在两场战争中花掉将近四兆美元纳税人的钱，为富人慷慨减税，拯救腐败
20 的银行和保险行业，却不能为最弱势的青少年群体提供体面的教育和就业培训机会，这说明什么样的社会问题呢？当“国家平均在每个罪犯身上花的钱是每个学生身上的两倍半”[65]时，这个社会中民主的命运又会怎样？在这个社会，“9·11”事件之后涌现出的最初理想观念现在几乎看不见了，每年花费60亿美元训练阿富汗军队和警察，却解雇了数千名消防队员、教师和其他公务员。金融资本鼓吹者、右翼政客和新自由主义学者们尽最大努力推出企业友好型的政策和军事政策，这些政策会增加赤字；废除食品券计划；拒绝为数百万儿童提供医疗保健服务。当今受到共和党控制的国会领袖试图平衡支持年轻人、工作者、穷人、老人的预算。自“9·11”以来，反恐战争已经回归本土，战争已成为一种治理形式、社会的首要组织原则、政治本身的基础。斯蒂芬·格雷厄姆认为，作为治理形式的战争已成为新军事学说的组成部分，“它产生了一种永久性无边界运动的战争理念，将高科技军事和安全行动交由私有外包公司或者军队公司来对抗一系列的非国家敌人。所有这些都发生在市场环境中，其标志性特征是高强度的协调、高度的流动性和新军事技术的快速开发”[66]。

美国青年的屈辱状况不仅暴露了他们无法忍受的受害者情结，而且还表明那些能解释社会越发冷酷的更大社会和政治力量。这种社会在积极制造儿童的痛苦和死亡。市场社会的虚无主义，从福利国家到战争国家的转变，所谓的“无种族”社会的种族主义持续存在，教育堕落为培训和考试，所有这些加起来都让我们对别人尤其是儿童遭受的痛苦麻木不仁。现在比以往任何时候都更需要把青年作为理论的、道德的和政治的核心问

题。这样做会提醒成年人对未来后代的道德和政治责任，论证在年轻人身上投资的合理性，不仅为了自身的利益而且作为培养公民想象力和集体抵抗的象征，以此作为对别人的痛苦的回应。年轻人还为批判性地讨论经济和社会政策的长期后果提供了强有力的参考，同时表明了需要将促成民主 21
未来的种种条件准备好。

解决青年逐渐崩溃的智力和道德愿景的方法之一是恢复和重新想象“9·11”事件后短暂出现的那充满同情的社会关系与民主理想的时刻，但如今似乎迷失在有意遗忘而非记住公民与社会责任的社会。这样的任务表明，我们需要一种反记忆形式，其中我们从为民主的公共生活开启可能性的角度，重新思考“丧失”的概念，即便不是记忆本身。这种反记忆将作为任何记忆概念的中心重新塑造社会保障、权利和关系。在“9·11”事件后，我们必须质问：在由军国主义、赌场资本主义、不安全性、恐惧和残酷性支配的国家中，丧失的民主元素是什么？“9·11”事件作为最关键的时刻之一需要被重新收复，它传达了把握人类灾难及其信号的一种社会努力，同时揭露有关民主本质已经发生改变的最可怕真相。相信民主的承诺要求美国公众参与一种记忆工作，在那里丧失既能唤起我们共同的脆弱性和共同体责任，又能强化一种伦理指令，要给年轻人特别是因种族和阶级而被边缘化的人提供经济、社会、教育条件从而使其生活有质量，而且有可持续的未来。

这里利害攸关的问题不是一次性的紧急救助或临时性解决办法而是真正的政治和社会改革。不用说，与“9·11”相关联的纪念活动并没有朝这个方向取得进展。他们既不记得在废墟和瓦砾中社会的崩溃，也不要求恢复元气的、公正的社会和经济改革。今天迫切需要的是一种记忆工作，坚持要求实施最基本的支持，包括覆盖每个人的国家医疗保健体系和经济适用房供给。真正实现民主化理想的政治需要防止贫困家庭破产的政策。年轻人需要由联邦政府资助的就业创造计划和工资补贴方式，为辍学的年轻人提供常年的就业，为低收入年青在校生提供暑期打工机会。越来越受到企业价值观和工具性价值观影响的公立教育和高等教育必须作为 22
民主的公共空间被收复，旨在教导年轻人如何管理而不仅仅是在越来越专制的社会里被管理。任何可靠的教育改革观点都必须包括公平合理的学校筹措资金机制，同时承认公立学校面对的问题在企业接收和法律执行战略下根本没有办法解决。在对待孩子时，监禁应该绝对作为最后的手段，不是作为可供选择的战略。教育者、家长和年轻人需要把公立学校的警察撤走；大幅度削减在监狱和军事目的上的开支；将更多资金花在教职工和社区人员身上，以便关闭儿童保护基金会所说的美国从摇篮到监狱的输送管道。

但是，除非拆除再生产当前的不平等、权力和人类痛苦及为之辩护的机构、社会关系、价值观，否则所有这一切都不可能发生。[67]年轻人要拥有可靠的未来，就必须处理日益扩大的贫富差距。正如斯坦利·阿洛诺维茨论证的那样，进步人士需要新的多重战线运动来处理令人匪夷所思的经济不平等和挑战“公司式的自上而下的工作、教育本质和日常生活其他关键部分”的长期战略，同时完成“根据真正的民主原则重新改造美国机构的任务”[68]。这将要求大规模的结构性改革，促成权力和政治的真正转变，现有市场机制把许多孩子视为可抛弃的垃圾。显然，美国公众有必要重新想象作为真正的民主价值观和实践的自由、平等、解放到底意味着什么。

任何社会若支持市场原则作为影响社会生活所有方面的模板和更加关心资本积累而不是青年的命运，都会陷入麻烦之中。在市场需要旁边，生命即便不是不相关的，至少已经变得很廉价。我们太多的人生活在这种政府和机构中太长的时间，他们一方面提出有关民主的崇高观点，一方面选择性地惩罚那些被认定为可抛弃的人——监狱、公立学校、寄养机构和
23 都市贫民窟。因为公共生活被商业化，被商品化，被警察化，个体权利病态和自恋破坏了那些公共空间。正是在公共空间内，良心、正直、自尊、集体尊严等才得以形成并扎下根来。那些相信正义和人权的人需要将自由话语和空间从军国主义、消费者自恋的灾祸中解放出来，并竭力创造能够形成与发展民主理想、视野和社会关系的公共空间，作为真正有意义的教育和政治的一部分。

因为美国人现在和将来都会记住“9·11”事件，他们有一个机会改造有关公共生活价值、社会福利国家、民主机构和年轻人未来的对话。他们可以纪念“9·11”事件中的死难者以及最先做出反应者的英勇行为。

这些人奋不顾身去挽救其他人的生命，诠释了在悲剧事件之后常常出现的无私奉献、同胞情谊、集体慷慨等美德。在国家如此黑暗的历史时刻，这个挑战特别紧迫。这不是一场可通过个体斗争或零碎的单一议题的政治运动能赢得的胜利，它要求美国民众重新恢复构成即将到来的民主承诺的原则、价值观和社会关系。在"9·11"之后的短暂时刻，美国人瞥见了让实质民主成为可能的那些理想的威力和尊严。

国人在痛苦和绝望中对"9·11"的集体回应所表达的是一种希望，是承认那些在帮助别人中牺牲自己的行为是被压抑的民主精神的痛苦而又甜蜜的灯塔。这种见证和反记忆的呼吁超越了黑暗时刻的绝望，那是在与未来对话；那是明显带有预言性的呼吁，要坚持为未来子孙后代创造经济的、政治的和社会的条件；这样做就能将国家从已经落入的道德的、经济的和政治的深渊中解救出来。这是一个历史转折关头，青年正在清楚表明可能性空间总是比现在展现得更大。在全球各地的青年抗议新自由主义资本主义和其他形式的经济政治支配造成的野蛮残酷和巨大痛苦中，这一切都表现得特别明显。我们正在见证新力量的出现，并对巴利巴尔所说的 24
充满预见性和新可能性的民主的乌托邦元素提出要求。[69] "阿拉伯之春"为全球各地的青年提供了新的信心和抵抗精神。他们不仅挑战专家统治、新自由主义霸权的兴起、不平等制度，而且他们还复兴了"几乎被遗忘的参与式民主实践"[70]。虽然民主的承诺尚未在埃及实现，抵抗运动的精神激励了世界各地正在进行斗争的青年。这是青年、工人和其他因为阶级、民族、种族而被边缘化的人组成的多样化运动，试图重新收复和恢复那些条件，要使民主政治成为可能，要确定共同体的可能性，并拒绝接受从福利国家向惩罚性国家正在进行中的转变。

鉴于当前政治危机和经济危机的深度和专制力量动员起来粉碎美国各地反叛青年的抵抗，这听起来有点儿乌托邦色彩。但是，若要为青年提供一个比现在更好的未来，美国公众没有多少选择。反对年轻人的力量越来越大，他们已经清楚表明，表达对现状的不满被当局视为犯罪行为，这已经造成从奥克兰到纽约市的年轻示威者所遭受的极其恶劣的暴力镇压。特别在青年和下层知识分子当中爆发的民主运动对国家机关和企业精英构成了真正的威胁。因为对美国目前所面临的各种危机缺乏任何真正的想法或解决办法，国家只好诉诸暴力行为。美国年轻人经济、政治和社会状况的不断恶化可能是美国在21世纪面临的最严重的、潜在爆炸性的挑战。这是一场危机，需要对政治有新理解和采取使民主成为可能的真正行动。这是一个挑战，要求个人和集体强化其反对赌场资本主义的斗争，其中“一切价值都由经济计算决定”[71]。年轻人正面临金融资本支撑的权力关
25 系和国家组织的从课堂延伸到大街的规训实践的无情强化。警察和私人安全保卫公司对宪法赋予年轻人的集会和抗议权利的不断攻击不仅仅是惩戒措施的另外一项补充。彻底私有化和商品化的文化的“失败的社会性”如今急需全世界年轻人的批判。这些新的批评和抗议改变了政治意味着什么的对话，因为他们重新塑造权力关系并召回那些基于斗争和受教育者希望的记忆的意识形态规划。这样的记忆既隐藏在过去，又能在不仅为问题命名而且实际面对它们的新政治中重新爆发。

从“9·11”悲剧事件中涌现出来的救赎回忆让我们瞥见构成性文化，其中民主再次有了可能性——社会契约的可能性与基于社会责任和社会正义原则的民主共同体结合起来。这样的记忆是一个例子，说明应对当今紧迫的政治和经济斗争所需要的资源。它要求我们超越现有框架思考，想象不可思议之事，将民主的崇高理想与愿意为了它的实现而斗争结合起来。我们在“9·11”事件后短期见证的共同体精神、勇气和同情心的大爆发提供了一种反记忆，它提醒我们集体斗争和共同希望的可能性远非消失在历史中的记忆。

［注释］

［1］Stephen Holden, “Perils of the Corporate Ladder: It Hurts When You Fall,” *New York Times* (December 10, 2010), p. C9.

［2］Stanley Aronowitz, “Notes on the Occupy Movement,” *Logos* (Fall 2011), online at: http://logosjournal.com/2011/fall_aronowitz.

［3］关于记忆和丧失的问题，请参阅：Roger Simon, *The Touch of the Past: Remembrance, Learning, and Ethics* (New York: Palgrave, 2005). On consumerism, see Zygmunt Bauman, *Consuming Life* (London: Polity Press, 2007) and Zygmunt Bauman, *Does Ethics Have a Chance in a World of Consumers?* (Cambridge, MA: Harvard University

Press, 2008)。

[4] Josh Domer, "Let Him Die?" *The Progress Report* (September 13, 2011), online at: http://thinkprogress.org/progress-report/let-him-die/? post_type = progress-report.

[5] Zygmunt Bauman, *The Individualized Society* (London: Polity, 2001), p. 55.

[6] Sheldon Wolin takes up this issue in "Political Theory: From Vocation to Invocation," in Jason Frank and John Tambornino, eds., *Vocations of Political Theory* (Minneapolis: University of Minnesota Press, 2000), pp. 3—22.

[7] Roger Simon, "A Shock to Thought: Curatorial Judgment and the Public Exhibition of 'Difficult Knowledge,'" *Memory Studies* (February 21, 2011), online at: http://mss.sagepub.com/content/early/2011/02/18/1750698011398170.abstract.

[8] Etienne Balibar, *We, the People of Europe? Reflections on Transnational Citizenship* (Princeton, NJ: Princeton University Press, 2004), p. 116.

[9] Ibid., p. 119.

[10] Reed Johnson, "Will War on Terrorism Define a Generation?" *Los Angeles Times* (September 23, 2011), online at: http://articles.latimes.com/2001/sep/23/news/cl-48761.

[11] Jean-Marie Colombani, "We Are All Americans," *Le Monde* (September 12, 2001), online at: http://www.worldpress.org/1101we_are_all_americans.htm.

[12] "Study Shows Rise of Cancer in 9/11 Firefighters," *CBS Evening News with Scott Pelley* (September 1, 2011), online at: http://www.cbsnews.com/stories/2011/09/01/eveningnews/main20100679.shtml? tag = contentBody;cbsCarousel.

[13] Alex Honneth, *Pathologies of Reason* (New York: Columbia University Press, 2009), p. 188.

[14] David Simpson, 9/11: *The Culture of Commemoration* (Chicago: University of Chicago Press, 2006), pp. 4—5.

[15] Joan Didion quoted in Frank Rich, "Day's End," *New York Magazine* (August 27, 2011), online at: http://nymag.com/news/9-11/10th-anniversary/frank-rich.

[16] Reuters, "45% Struggle in US to Make Ends Meet," *MSNBC: Business Stocks and Economy* (November 22, 2011), online at: http://www.msnbc.msn.com/id/45407937/ns/business-stocks_and_economy/#.T3SxhDEgd8E.

[17] Rich, "Day's End."

[18] Michiko Kakutani, "Outdone by Reality," *New York Times* (September 1, 2011), online at: http://www.nytimes.com/2011/09/01/us/sept-11-reckoning/culture.html? _r = 1 &pagewanted = all.

[19] Editorial, "Looking at America," *New York Times* (December 31, 2007), p. A20.

[20] Ibid.

[21] Ibid.

[22] Jonathan Simon, *Governing through Crime: How the War on Crime Transformed American Democracy and Created a Culture of Fear* (New York: Oxford University Press, 2007).

[23] Ibid.

[24] Michelle Brown, *The Culture of Punishment*: Prison, *Society and Spectacle* (New York: New York University Press, 2009), p. 7.

[25] Loic Wacquant, *Punishing the Poor: The Neoliberal Government of Social Insecurity* (Durham, NC: Duke University Press, 2009), p. 294.

[26] Noam Chomsky, "Was There an Alternative? Looking Back on 9/11 a Decade Later," *Tom Dispatch* (September 6, 2011), online at: http://www.tomdispatch.com/dialogs/print/? id = 175436.

[27] Mark Davis and Angel K. Brooks, "103-Year-Old Woman Won't Be Evicted from Atlanta Home," *Atlanta Journal-Constitution* (November 30, 2011), online at: http://www.ajc.com/news/atlcinta/103-year-old-woman-1245741.html.

[28] Richard R. J. Eskow, "Dimon's JPMorgan Chase: Why It's the Scandal of Our Time," *Crooks and Liars* (May 15, 2012), online at: http://crooksandliars.com/richard-rj-eskow/dimons-jpmorgan-chase-why-its-sca.

[29] See, for example, Margaret Griffis, ed., "Casualties in Iraq," *Anti-War.com* (July 18, 2011), online at: http://antiwar.com/casualties.

[30] Joseph E. Stiglitz, "The Price of 9/11," *Project Syndicate* (September 11, 2011), online at: http://www.project-syndicate.org/commentaiy/stiglitz142/English.

[31] Paul Krugman, "The Years of Shame," *New York Times* (September 11, 2011), online at: http://krugman.blogs.nytimes.com/2011/09/11/the-years-of-shame.

[32] See Sabrina Tavernise, "Soaring Poverty Cast Spotlight on 'Lost Decade,'" *New York Times* (September 13, 2011), p. Al.

[33] Zygmunt Bauman, *Living on Borrowed Time: Conversations with Citlali Rovirosa-Madrazo* (Cambridge, UK: Polity Press, 2010), p. 4.

[34] Christopher Robbins, Expelling Hope: *The Assault on Youthand the Militarization of Schooling* (New York: State University of New York Press, 2008); Henry A. Giroux, *Education and the Crisis of Public Values* (New York: Peter Lang, 2012).

[35] Erik Eckholm, "School Suspensions Lead to Legal Challenge," *New York Times* (March 18, 2010), p. A14.

[36] Wacquant, Punishing the Poor, p. 6.

[37] See for instance, Glenn Greenwald, "Obama's Illegal Assaults," *In These Times* (August 26, 2011), online at: http://www. inthesetimes. com/article/11787/obamas_illegal_assaults.

[38] Jane Mayer, "Covert Operations: The Billionaire Brothers Who Are Waging a War against Obama," *New Yorker* (August 30, 2010), online at: http://www. newyorker. com/reporting/2010/08/30/ 100830fa-fact_mayer.

[39] 对这些概念的详细解释，请参阅拙著：*Youth in a Suspect Society: Democracy or Disposability*? (New York: Palgrave-Macmillan, 2009)。

[40] Tamar Lewin, "If Your Kids Are Awake, They're Probably Online," *New York Times* (January 20, 2010), p. Al.

[41] C. Christine, "Kaiser Study: Kids 8 to 18 Spend More Than Seven Hours a Day with Media," *Spotlight on Digital Media and Learning: MacArthur Foundation* (January 21, 2010), online at: http://spotlight. macfound. org/blog/entry/kaiser_study_kids_age_8_to_18_spend_more_than_seven_hours_a_day_with_media.

[42] Susan Linn, *Consuming Kids: The Hostile Takeover of Childhood* (New York: The New Press, 2004).

[43] Matt Richtel, "In Online Games, a Path to Young Consumers," *New York Times* (April 10, 2011), p. Al.

[44] Ibid.

[45] Carly Everson, "Ind. Officer Uses Stun Gun on Unruly 10-Year-Old," *Guardian* (April 2, 2010), online at: http://www. guardian. co. uk/world/feedarticle/9014651.

[46] Henry A. Giroux, "Brutalizing Kids: Painful Lessons in the Pedagogy of School Violence," *Truthout* (October 8, 2009), online at: http://www. truthout. org/10080912.

[47] Zygmunt Bauman, *Wasted Lives* (London: Polity Press, 2004), p. 82.

[48] Ibid.

[49] Zygmunt Bauman, "Youth Unemployment—the Precariat Is Welcoming Generation Y," *Social Europe Journal* (May 22, 2012), online at: http://www.social-europe.eu/2012/05/youth-unemployment-the-precariat-is:welcoming-generation-y.

[50] 这些数字是从儿童国防基金总结报告中得出的: *America's Cradle to Prison Pipeline* (2007), pp. 4, 38, online at: http://www.childrensdefense.org/site/DocServer/CPP_report_2007_summary.pdf? docID = 6001。

[51] Ibid., p. 77.

[52] Claude Brown, *Manchild in the Promised Land* (New York: Signet Books, 1965).

[53] Ibid., p. 419.

[54] 见美国劳工统计局,美国劳工部,"Employment and Unemployment among Youth—Summer 2011," *News Release* (August 24, 2011), online at: http://www.bls.gov/news.release/pdf/youth.pdf。

[55] Joshua Holland, "White Families Have 20 Times the Wealth of Black Families: How Racism's Legacy Created a Crushing Depression in Black America," *AlterNet* (July 27, 2011), online at: http://www.alternet.org/module/printversion/151809.

[56] Andrew Sum, Ishwar Khatiwada, and Joe McLaughlin, *The Consequences of Dropping out of High School: Joblessness and Jailing for High School Dropouts and the High Cost for Taxpayers* (Boston: Center for Labor Market Studies, Northeastern University, October 2009), online at: http://iris.lib.neu.edu/cgi/viewcontent.cgi? article = 1022&context = clms_pub.

[57] Tavernise, "Soaring Poverty Cast Spotlight on 'Lost Decade.'"

[58] Paul Buchheit, "Half of America in Poverty?" *Counter Punch* (December 27, 2011), online at: http://www.counterpunch.org/2011/12/27/half-of-america-in-poverty.

[59] 见全国贫困儿童中心, online at: http: //www.nccp.org/topics/childpoverty.html。

[60] Lindsey Tanner, "Half of US Kids Will Get Food Stamps, Study Says," *Chicago Tribune* (November 2, 2009), online at: http://www.chicagotribune.com/news/chi-ap-us-med-children-food,0,6055934.story.

[61] Erik Eckholm, "Surge in Homeless Pupils'Strains Schools," *New York Times*

(September 6, 2009), p. Al.

[62] Marisol Bello, “Report: Child Homelessness up 33% in 3 Years,” *USA Today* (December 13, 2011), online at: http://www.usatoday.com/news/nation/story/2011-12-12/homeless-children-increase/51851146/1.

[63] Diane Ravitch, *The Death and Life of a Great American School System: How Testing and Choice Are Undermining Education* (New York: Basic Books, 2010).

[64] 更多细节，请参阅拙著：*Politics after Hope: Obama and the Crisis of Youth, Race and Democracy* (Boulder: Paradigm Publishers, 2010)。

[65] Marion Wright Elderman, “Ending the Cradle to Prison Pipeline and Mass Incarceration,” *Children's Defense Fund* (July 6, 2012), online at: http://cdf.childrensdefense.org/site/messagevlewer7em_id=28962.0&dlvjd=0.

[66] Stephen Graham, *Cities under Siege: The New Military Urbanism* (London: Verso, 2010), p. 7.

[67] Richard Wilkenson and Kate Pickett, *The Spirit Level: Why Great Equality Makes Societies Stronger* (New York: Bloomsbury Press, 2009). See also Robert Reich, *Aftershock: The Next Economy and America's Future* (New York: Knopf, 2011).

[68] Roger Bybee, “Aronowitz: Occupy Movement Needs Both Audacity and Long-March Strategy,” *In These Times* (November 17; 2011), online at: http://www.inthesetimes.com/working/entiy/12309/aronowitz_movement_needs_both_long_march_strategy_and_audacity.

[69] Balibar, *We, the People of Europe*, pp. 119—120.

[70] Aronowitz, “Notes on the Occupy Movement.”

[71] Jeffrey T. Nealon, *Foucault beyond Foucault: Power and Its Intensifications since1984* (Palo Alto, CA: Stanford University Press, 2008), pp. 70—77.

第二章　令人担忧的快乐：美学的堕落与“杀人队”照片

27 没有真理，但我们会找到真理的瞬间，这些瞬间实际上是我们能够给恐怖的混乱带来某种秩序的东西。这些瞬间就像沙漠中的绿洲都是自发产生的。它们是传闻，用最简洁的方法揭示出事物的真谛……这是当人们决定把世界颠倒过来时所发生之事。

——汉娜·阿伦特

“9·11”之后的若干短暂时刻，我们经历了展现共同人性的“真理瞬间”，这本来可能把美国引向更伟大的自我清醒认识和对他人的同情心；可是，统治美国的政治领袖、企业精英和军方权力经纪人三方共同选择了完全不同的路线。在过去的十年中，我们不仅见证了美国军队在追捕“恐怖分子敌人”的纯粹武力，而且看到了以追求强悍和攻击性男子汉气概等有毒观念为标志的支配文化的出现。[1]这种文化的堕落似乎已经渗透到美国社会的方方面面，吸引了老老少少的关注。约翰·科里正确指出，
28 美国的大部分媒体已经沦为“丑陋的马戏团”。这些媒体“拥抱名人而非内容，拥抱企业赞助商而非实质，拥抱无头脑的娱乐而非教育和启迪”[2]。但是，媒体所做的不仅仅是这些，它们还创造了一种构成性文化，其中暴力成为身份认同的最重要因素、权力的最重要基石、塑造社会关系最容易接受的中介力量。我们不应该低估这种让历史意识屈服于瞬间欢乐的文化，不能仅仅从其叙述和形象是否开启政治的、社会的和文化意识的可能性来评判。在缺乏批判性的反思和充满活力的反叙述情况下，主导美国大众文化的企业媒体依靠将痛苦、羞辱和虐待压缩进可消化的暴力场景来施加其影响力，通过电视广播、视频游戏、优酷帖子和新数字媒体

的其他扩散形式无休止地传播开来。

这种强硬意识形态及其为快乐经济的辩护也隐藏在不道德的权力关系背后，这种权力关系自里根总统时期之后一直在加强，当时首次发生了政府政策的转变，并为布什/切尼政府不受任何约束的酷刑和国家暴力的出现铺平了道路。[3]保守派和自由派政客现在花费巨资在世界各地发动战争，资助世界上军事力量最强大的国家，并为那些超级富豪和大公司提供巨额税收优惠；同时，他们大量消耗公共资金，增加人类贫困和苦难的规模，消除所有可靠的公共空间——无论是解决共同利益需要的社会福利国家、公立学校、公共交通或构成性文化的任何其他方面，还是可靠的和充满关爱的共同体建设。

曾经被莱特·米尔斯称为“文化机器”的东西在50年后甚至更为重要。[4] 21世纪初期，这台机器已经发展成为媒体垄断的巨大网络，旨在娱乐全球观众，提供世界信息，刺激消费者欲望，并偶尔提出对现有社会问题的见解。但是，这些垄断媒体的作为不止这些。它们还充当教学机器，生产某种特定身份认同模式并为之辩护，为推动塑造社会的问题、利益、 29
价值观提供框架机制。通过其规模效应和无处不在的巨大威力，媒体及其数字延伸部门影响了各大机构，塑造更大的文化，再生产特定的社会价值观。它们还设置标准；对政治施加影响力；常常将琐碎内容凌驾于实质问题之上，推崇消费者而不是公民，鼓吹最狭隘的利益而不是伦理和社会利益。由于新老媒体接管了公共和私人空间，它们已成为更坚决和更富攻击性的反民主力量——腐化政治、贬低公共利益、宣扬恐惧、用观点取代合法性论证、把新闻媒体变成展现痛苦和变态的景观，而且可能更糟。想想像格林·贝克、米迦勒·萨维奇、肖恩·汉尼提和比尔·欧瑞利这类人宣扬仇恨的广播和电视节目的巨大优势。也别忘了真人秀节目中无休止地展示出的各种自恋。听听右翼明星如米歇尔·巴赫曼和萨拉·佩林喋喋不休地说出残酷的和仇恨同性恋者的废话，看看主流媒体如何将这种谩骂当作严肃的争论报道出来。

鲁伯特·默多克的丑闻就是非常说明问题的例子，金钱和贪婪与腐败政治相结合令人震惊地产生一种残酷性文化，使其接触到的一切皆被污染。新闻集团不仅用其蹩脚的小报对世界狂轰滥炸，还通过窃听语音邮件账户侵犯英国王室、各路名人和 2005 年伦敦恐怖袭击受害者的隐私并辱没他们的尊严。据有些报道，新闻集团可能在美国犯下同样的罪行。[5]但新闻集团最令人厌恶的黑客攻击是闯入人们的头脑，用飞短流长的谣言、稀奇古怪的景观和无情的女性性欲化填满人们的日常生活，不间断地为市场社会摇旗呐喊，宣扬在当今社会最重要的就是成功和赚钱。不幸的是，当今有关大型媒体崛起，其所承担的令人震惊的义务和政治保守主义的叙述中常常被遗漏的，是它们作为公共教育工具所发挥的作用：作为一种教育力量，它们贬低了有关民主价值、社会关系和批判性能力的任何可行观念。

夸张的暴力现在统治着屏幕文化意味着什么？在这样一种文化中，暴
30 力伤害、不必要的残酷性和反常暴力场景以前所未有的强度充斥于社会，其社会和心理成本是什么？当暴力、羞辱和受害者意识的叙述成为娱乐的主要引擎时，我们如何对暴力做出负责任的反应？“除了复仇的声明外”还能有其他方法理解责任追究吗？[6]娱乐的公共教育因为在巨大的电影屏幕和 3D 屏幕上展现的暴力、人类痛苦和折磨的极端形象而极其猖獗，因为这些为观众提供了每一个可想象出的暴力行为细节描述，每一幅画面都比前一幅更加令人震惊和残酷。人们对虐待狂日益增长的偏好可以在诸媒体对彼得·莫斯科斯的《为鞭打辩护》一书的痴迷中看出，作者提出认真的建议，囚犯可以选择标准判决或大庭广众之下接受鞭刑。[7]莫斯科斯以改革为名义毫无讽刺地指出，公开的鞭刑是减少监狱人口的更诚实也更可靠的方式。这本书不仅在主流媒体上播出了很长时间，而且它对体罚的宣传也被视为具有合理性的改革建议。打垮精神的惩罚被呈现为囚犯除了服刑之外的唯一选择。此外，这种给身体带来疼痛的中世纪惩罚是公共景观的一部分。鉴于下面两个事实，鞭刑是最受欢迎的惩罚奴隶的方式之一，目前美国囚犯中的 70% 为有色人种，莫斯科斯似乎没有意识到提议的奴隶制遗产根源。当然，下一步将是电视真人秀特许经营，数百万人可以观看鞭挞示众的场景。这不仅仅是将野蛮残忍展示为改革，而且成为一个刺眼的指标，说明对施虐和暴力的迷恋已经到了何种程度。在以灭绝人性为乐的社会里，所有这一切都被视为理所当然。

由于社会福利连同理性、伦理学和民主的任何残余都遭到贬低，暴力

场景和残酷性现在合并为集体的快乐形式，这构成了我所认为的一种重要的和新型的由视觉快感、暴力和痛苦组成的共生体。陶醉在他人的痛苦中不应该再被简单地视为个别人的病态，因为它现在已经成为跨越更广泛文化和社会景观的大型快乐经济。在此，我强调的是，施虐狂冲动以及它如何将暴力场景和残酷性与集体快感融合起来。这就是我所说的美学的堕 31
落——体现社会秩序特征的加强版偷窥癖的新美学，这种美学缩小了社会表达和价值观的范围，转而追求快感和即刻的满足，并将其视为唯一的使命。重新塑造暴力与快乐经济的关系的新美学的基础是一种疯狂暴力，这种暴力不仅常常残忍地落在青年身上，而且为他们提供了用来表现自我和与他人关系的少数登记簿之一。在此背景下，新自由主义资本主义不仅产生了自私和贪婪的文化，而且产生了军国主义暴力支配的文化，其中别人的痛苦和死亡成为娱乐甚至快乐之源。在确立“杀人队”照片中显示的美学与暴力的关系之前，我将首先批判性地讨论人类痛苦的美学化过程，为的是强调自从堕落的美学第一次被概念化以来，更广泛的文化中发生了什么转变，以及美学堕落的兴起会带来何种危险。

堕落的美学

苏珊·桑塔格认为，资本主义社会需要形象以便渗透到日常生活的文化，为官方权力辩护，依靠视觉奇观麻醉国民。[8]这种形象在传播信息的同时传播军国主义监督和控制模式。桑塔格说，在后期作品中，战争和摄影已经成为不可分割的整体，由于这一融合，暴力的代表不再迫使人们产生自我意识和社会批判。相反，令人震惊的图像越来越呈现为一种娱乐，推动消费机器前进并破坏民主关系以及社会形态。她特别关心贩卖人类苦难形象的美学，它们从属于美感、设计和品味等形式性特征，因此，主要作用是“漂白对所展现内容做出的道德回应”[9]。在桑塔格和其他许多批判理论家看来，在将别人的痛苦——折磨、毁损的肉体和极度的痛苦等残 32
忍展示作为“先验性”对象，并同时抹去这样残酷和恐怖行为的受害者的名字、声音和历史时，堕落的美学就出场了。特别是在当前历史背景下，值得注意的似乎是，在抹掉受害者的名字、声音和历史时产生异乎寻常的乐趣。同样，在对毁灭尸体和从奥斯威辛到切尔诺贝利的环境进行反思时，保罗·维瑞里奥指出，这种堕落的艺术形式是“能描述20世纪的世纪末颓废特征（fin-de-siecle）的消失美学”[10]。这种模式的美学的例子之一充分展现在主流媒体对描述阿布格莱布监狱虐囚照片的报道上。正如马克·莱因哈特所指出的那样，主流媒体在展示受害者的面孔时没有任何担忧，因而侵犯了他们的尊严，却对展示受害者的裸体表示出广泛的愤慨，声称这样做表明其品味不高。[11]在此例子中，对美、礼仪和空洞的道德主义的担忧置换了主题——和事实上受害者的主体性，同时庇护观众不会被责骂为这些犯罪行为的共犯。

不用说，阿布格莱布监狱的虐囚事件绝非孤立，虽然它们证实了美国公众几十年磨炼出来的观看带来感官刺激的堕落欲望的升级。例如，自从20世纪90年代初以来，著名的服装制造商贝纳通已经证明，贩卖痛苦和人类苦难不仅对生意有利，而且有利于给这个附庸风雅热衷慈善的公司抹上一丝合法性的光泽。[12]贝纳通的色彩无界限沟通时尚诉求，邀请世界领袖和民众共同抵制仇恨文化的运动修改了暴力和仇恨的代表，那是令人震惊的和视觉效果惊人的。这样做的目的不过是卖衣服并把全球目光吸引到它的品牌之上。为此，贝纳通不仅仅把世界之美与苦难结合起来，而且推动了一种商业广告模式，其中可怕的不幸和痛苦行为等主题往往消失在无所不包的世界商标和品牌名称中。例如，贝纳通使用一个濒临死亡的艾滋病患者戴维·科尔比来卖毛衣的彩色图像。另一个利用痛苦形象进行美学
33 重构的活生生例子出现在未发表的采访中，杰奎琳·李奇登斯坦讲述了她在奥斯威辛参观博物馆的经验。她写道：

> 参观奥斯威辛的博物馆时，我站在展区前面。我在那里看到的是当代艺术的形象，我发现它绝对令人恐怖。看着这些手提箱、假肢、儿童玩具等展品，我不觉得害怕，也没有崩溃。我没有像行走在集中营时那样完全崩溃的感觉。不，在博物馆里，我突然有了在当代艺术博物馆的印象。我乘火车回来告诉自己，它们胜利了！它们之所以胜利是因为它们产生了感知形式，所有展品都是采用它们自己创造的同一种破坏模式。[13]

当我们迈进21世纪的第二个十年时，道德考量和社会成本因为市场驱动下的政策和价值观而被进一步掩盖。人类痛苦的形象越来越多地从社会和政治环境以及促成这种痛苦的条件中抽象出来，因而它们在视觉上具有强大的诱惑力。此外，由于公共问题被简化为私人麻烦，能动性、责任心和道德考虑等问题现在被纳入极端个人主义的话语框架内。根据新自由主义的逻辑，个体及其遭遇的问题已经从公共价值观、社会责任和同情心等更大的议题中清理出去。与贪婪、自私的达尔文主义伦理学（其中，暴力、攻击性和虐待狂已经成为生死主要标准）的崛起相比，让人类纽带成为可能的社会性和构成性文化的持续虽然很难说被打败，但显然已经处于下风。随着社会契约被社会秩序的混乱瓦解所取代，美国社会中出现了一种残酷性文化。这种新的集体行为模式类似于弗洛伊德的死亡本能理论，虽然它不是作为回归虚无的欲望，因而永远消灭危险感，而是作为通过对死亡形象一系列生产、传播和消费而达到的兴奋永久存在的顶点被重构的。随着暴力的代表越来越多地渗透到文化生产机器和屏幕文化的方方面面，只有在人们被高强度的暴力场面与死亡、切割肉体和痛苦等画面刺 34
激时，欲望似乎才被激活。

死亡和暴力已经成为美国国内政策——国家对待国内公民的方式与其外交政策的联系中介，一边是工作日不断延长的单调乏味，一边是施虐快感释放的刺激。可抛弃的身体现在消失在美国监狱、学校和庇护所里，就像尸体撒落在伊拉克和阿富汗的战场上一样。美国已经成为永久性战争国家，在为死亡机器辩护和提供神圣性论证的文化政治与相关配套文化机构中有巨额投资。美国公众对暴力和死亡的痴迷非常明显，这不仅仅体现在最近非常流行的吸血鬼和僵尸电影以及书籍，我们还可以在严肃的好莱坞电影如2010年奥斯卡金像奖的赢家《拆弹部队》中看到这一点。在这部电影中，美国炸弹处理专家威廉·杰姆斯（杰瑞米·雷纳扮演）为了消除炸弹威胁反复让他自己置身于危险中，因而突出显示了电影制作人对战争越来越强的“沉溺”。马克·费瑟斯通指出，电影呈现了不成熟的超级男子汉士兵的鲁莽行为的魅力，却没有对它提出太多的批判。杰姆斯这个人物的特征：

> 冒着不必要的风险，生活在极限体验中……当他最接近死亡的时候，他觉得自己的生命力最强。这是谈到向死而在（being towards death）的哲学家马丁·海德格尔支持的一种条件，他告诉我们，我们应该就像这是我们生命的最后时刻一样度过人生的每一分钟，这样我们就能够度过充实而又有意义的一生。当杰姆斯……扔掉身上的防弹衣，在没有任何保护的情况下站在炸弹前方，他把自己交给炸弹任其处置，这是死亡驱动力的表现。这是杰姆斯的致命冒险伦理观，他试图实现海德格尔的观点——向死而在，弗洛伊德可能认为这是一种变态，与炸弹共存亡……用弗洛伊德和克莱因学说支持者的话来说，炸弹也是对自我的保护，因为炸弹由很硬的外壳构成，里面装有强大的爆炸物质。[14]

费瑟斯通将海德格尔的概念“向死而在”粗俗化了，但他所谓的“硬壳”观点呼应了西奥多·阿多诺提出的强硬意识形态，阿多诺认为强硬意识形
35 态是纳粹大屠杀的根源之一。[15]根据阿多诺的理论，暴力在德国文化中根深蒂固，攻击性、残酷性、施虐狂等仪式已经成为日常生活中官僚化和常态的一部分。更具体地说，阿多诺相信：“没有能力认同别人毫无疑问是类似奥斯威辛集中营这样的事情能在多多少少还算文明和无辜的百姓中出现的最重要心理条件。”[16]这种心理状态的后果之一是生产一种致命的男子汉气概，它既预兆了与身体、疼痛和暴力的病态关系，又表现出对同情心、人权和社会正义的蔑视。

如今支配当今美国社会的攻击性模式和道德冷漠不仅仅是有些迹象而已。令人担忧的是，有迹象显示它已经从提供社会保障和确保公民自由转移到创建旨在推动共同恐惧和越来越具惩戒性的管理模式的立法项目，这种模式依靠将社会问题认定为犯罪行为，依靠模糊不清的惩罚形式和某些弱势群体的可抛弃性。[17]惩罚而不是治理成为政治的中心特征，结果自然是公众良心不再有道德和伦理方面的考虑。

因为暴力成为权力的最重要元素，人们越来越鄙视维持管理下的社会福利国家的任何残余做法，听任遭受掠夺性自由市场宗教激进主义和越来越强大的警察国家蹂躏的公民自己保护自己。与美国文化的坚硬冷酷匹配

的是对穷人的鄙视，根本不考虑他们可能无法控制自身命运和不幸的事实。一半的美国人生活在贫困条件下，许多人住在街上或停车场、帐篷和地下排水管道或隧道中，与产生这么多苦难的系统性条件相比，穷人和无家可归者遭到的轻视更多。虽然在美国大多数人看来，社会流动性已经接近停止，越来越广泛的贫困仍然被视为个人的失败，穷人越来越多地成为遭受鄙视、厌恶、恐惧和刑法惩处的对象。[18]

对贫困和包括从失业到缺乏足够的医疗保险在内的其他任何社会问题，右翼专制主义者的答案都是，人们只能责怪自己，问题无论多么可怕，都只能依靠自己解决。在对位于赌场资本主义核心的这种无情的个人 36
主义发表评论时，齐格蒙特·鲍曼总结了这种意识形态的合理性论证：“这是那些案例之一，‘解决问题’的机构被转化为制造问题的机构；一方面，你要为自己负责，但在另一方面，你要‘依靠完全不在你掌控之中的条件’（在大多数情况下，也超越了你的知识范围）；在此条件下，生活方式就成为系统性矛盾的个人解决方案。”[19]“这不仅是残酷和野蛮的态度，是为‘对弱者和穷人的惩罚性态度’辩护，而且也表明了一种情感冷漠，而这正是美国渐进式专制主义的先决条件。”[20]

美国公众从描绘无端暴力和灾难中寻找乐趣的意愿非常明显地体现了朝着不受约束的个人主义的更广泛文化转向、死亡驱动力及其产生的怪异欲望经济。这些描述证明了瓦尔特·本雅明的说法，即在现代性晚期，迷人的和诱惑性的权力语言表明了将美学与法西斯政治紧密融合起来的迷人场景的重要性。[21]本雅明认识到美学的情感力量和它有时候的反常能力，“将文化形态凌驾于道德规范之上”同时调动从他人的痛苦中取乐的情绪、欲望和快乐，从而成为寄生在他人痛苦之上的恶势力。[22]本雅明的美学及其与法西斯主义的关系的观点非常重要，虽然可能显得有些决定论色彩，因为它突出显示法西斯主义景观如何使用令人兴奋的感官刺激，为的是在牺牲思想参与的情况下将情感和本能置于特权地位。在对本雅明的美学观念进行分析时，卢茨·克普尼克进一步发展了这个观点，探讨了法西斯美学是如何“首先调动人们的情感来中立化感觉，抚慰心灵和情感，随后使得个体屈从于生命力的迷人魅力”[23]。

并非拒绝的被专门绑定在消费快感和暴力场景堕落的美学，即便不是

法西斯主义本身，桑塔格修改了本雅明的美学立场，认为美学可以扮演更
37 富成效的教学法角色。反对局限在拥抱形式特征的去政治化传统美学观，她支持丑陋的、不稳定的和令人震惊的形象。桑塔格认为，这种形象拥有能精确表现出极端暴行的潜力，为的是唤起怜悯和同情而不是单纯的娱乐。她断言："若要图片能指控某种行为甚至可能使其改变，它们就必须令人震惊。"[24]震惊和断裂成为抵抗的教学法登记簿，其中形象可能回击权力，颠覆常识性认识，同时"邀请你关注、反思、学习、考察现有权力提供的对多数人痛苦的合理化论证"[25]。桑塔格意识到在呈现痛苦的画面时，美学并不总是站在受压迫者一方。当然，她还意识到，在一个从暴力和人类痛苦中制造景观的社会，试图引起震惊的形象有可能会强化媒体诱发的习惯，并从"特定形象的恐怖"中找到安慰。[26]

美学的堕落

桑塔格、本雅明、维瑞里奥和其他人论述的堕落的美学，通过讨论美和设计的形式性特征将焦点集中在人们遭受的痛苦上，将记载人们痛苦的形象消费当作个人乐趣和品味问题，而非更广泛的参与性社会政治话语的组成部分。相反，我所说的美学的堕落考虑的是，人类苦难、羞辱和死亡的表现是集体参与的更大娱乐经济的组成部分。这种美学概念集中在死亡驱动力上，并使用滋养它的暴力场景来制造带来满足感和社会集体感受到的强烈快感之源。因为堕落和人类痛苦的形象变得更加可口、愉快，个人的身体以及身体政治不再成为能动性的特权空间而成为"暴力、犯罪和社会病理学的场所"[27]。由于颓废与绝望在更广泛的文化中被正常化——虽然还远未完成清除所有异议的目标——人们因为快乐阈值提高而被越
38 来越多地利用，而社会性的任何可靠观念屈服于拆除管制的市场经济暴力及其不断生产出的残酷性文化。[28]

人类的苦难不应该从一个更广泛的新自由主义政体中抽象出来，其中消费机器在不断产生出壮观的景象旨在激发、刺激和提供强烈的感官诱惑。对暴力场景来说，这特别真实，现在不仅风格上特别不寻常和怪异，而且也对生产出这些东西的文化做出怪诞描述。美国公众不再仅仅是

“每一次暴力和破坏行动”的旁观者，还急切地使用从人类苦难形象中获得的乐趣来替代任何可靠的道德责任感。[29]否则，如何解释许多保守派和自由派学者与美国公众的迫切需求？他们要求政府发布乌萨马·本·拉登尸体的恐怖形象，即使他遭暗杀的事实毋庸置疑。我们如何理解越来越多的民众支持国家批准的酷刑，却对揭露可怕的不公正现象的形象表现出越来越严重的冷漠无情？就在酷刑得到国家的批准，并在许多美国人看来已经正常化时，暴力场面正在比以往任何时候都更强烈的方式向文化领域蔓延。

虚拟的和真实的暴力狂欢现在造成了美学的堕落，其中残酷性文化繁荣发展，加上将极度兴奋与成就感、释放感、性兴奋和性快感结合起来的绝望能量、形形色色的痛苦为其推波助澜。特里·伊格尔顿对不受约束的欲望和感官刺激的政治影响、社会成本做出如下评论。他写道：“在此条件下，不管内容怎样，感觉成为与内容无涉的商品化的耸动效应问题：现在一切都可能成为快乐，就像已经变得麻木的吗啡上瘾者会不管不顾地抓住任何毒品。正如无情地控制思想一样，社会为了自身目的也会不断将肉体快乐具体化并对其进行调节。在这种社会秩序里，将身体及其快乐假定为毫不怀疑的肯定性范畴是危险的幻觉。”[30]因为快乐不受基于尊重他人的原则的道德指南所束缚，它越来越多地需要强烈的刺激和永无止境的高强度快感的冲击。是什么导致了这种免疫力与对残酷性和暴力淫秽图片的麻木不仁呢？这个过程部分归咎于下列事实，即美国公众被前所未有的 39
“海量的人类痛苦形象”连篇累牍狂轰滥炸。[31]鲍曼认为，沉浸在暴力不断上演的文化中必然付出社会代价。后果之一是“单单形象的数量增加和单调乏味就可能产生避开视觉疲劳的磨损效应，它们必须越来越血腥，越来越触目惊心，‘善于发明创造’以便激发观众的兴趣或引起注意。暴力的‘熟悉’程度在不断升高，低于这个水平的残酷行为就难以引起关注”[32]。超级暴力和残酷性的引人注目的展现，破坏和阻碍了我们在暴力实际发生时就从政治上、道德上对暴力做出回应的能力。在此情况下，不熟悉的暴力如酷刑和死亡的极端形象变得稀松平常，而几乎每天都发生的熟悉暴力事件则变得简直认不出来了，即便不是感到无聊至少也被贬低为不值得注意或容易被忽视之事。

残酷的行为虽然促成了美学的进一步堕落，但常常因为另一个原因而逃避人们的注意。随着新的和先进的电脑数字技术和屏幕技术的兴起，真实暴力的形象和后果之间的距离变得更大但不怎么有意义了，因为真实暴力变得更容易实施。例如，视频游戏不仅仅使年轻的参与者沉浸在卡通怪物疯狂的暴力、屠杀和混乱中。这种视频游戏还被视为20来岁的年轻人宝贵的培训源头，他们因为视频游戏技能出色而被国防部雇用，坐在加利福尼亚隐蔽的房间里同时操纵无人机，旨在瞄准和杀死在伊拉克、巴基斯坦和阿富汗等地的美国敌人。此种情况下的杀戮完全与道德责任隔离开来，人类行为被贬低为计算机失误。残酷性体现在由杀戮可能性的快感驱动和激发的堕落之中，根本不考虑还可能包括妇女、儿童等无辜受害者，如阿富汗事件。它已经被伊拉克著名的视频《附带谋杀》（Collateral Murder）① 描述出来。维基解密公布："来自巴格达的图像视频显示，在2007年7月的攻击中，美军武装直升机射击打伤了两个孩子，打死了十多名伊
40 拉克人，包括两家路透社员工。"[33]这一视频证实在场的有两位摄影师和一名受了重伤的男子，但他后来被故意杀害，同时被害的还有试图营救他的平民。磁带上电脑战士的声音残酷无情、紧张，显然极其兴奋，看来从故意的、放肆的杀戮中获得极大的快感。

在日益军事化的大众文化中展现的残酷性包括上文提到的例子：展示残酷竞争模式和被排除在外的威胁的电视真人秀节目与好莱坞电影如《速度与激情5》（2011）和《勇者行动》（2012），屏幕上充斥着无法无天的破坏，并提供让人血脉偾张的血腥视觉盛宴。《勇者行动》的制片人吹嘘这部电影使用真枪实弹，无耻地标榜把它作为招募海军海豹突击队和永久战争时代特种作战任务所需要的其他士兵的地点。[34]但是，残酷性文化横扫整个媒体圈，充斥在主流新闻、广告和在美国在线播放的大部分节目中。暴力密切跟踪和开辟新市场，已经进入向儿童出售玩具的广告中，正如它从前为了影响稍大些的孩子制造主体身份和消费者品味一样。例如，电影《生人勿进》（2010）、《汉娜》（2011）和《美少女特工队》（2011）从赞美高度暴力的女性转变为崇拜高度暴力的年轻女孩。[35]不是

---

① Collateral Murder，军事行动造成的非打击目标意外伤亡。

通过在纯真的表现与世界的复杂协商互动的成长过程中逐渐获得成熟，年轻姑娘的评价高低取决于杀敌数量多寡和在培训过程中作为杀人机器的灵巧性。好莱坞电影如《锯》系列、《无耻混蛋》（2009）、《僵尸之地》（2009）、《内心的杀手》（2010）和《惊声尖叫 4》（2011）超越典型的杀人狂电影的票价，也为观众提供了无尽的暴力信息，展现了超级清晰的酷刑、强奸、虐待动物、复仇、生殖器残缺等形象。另一个有关超强画面的例子是音乐视频《坏爱情》的最后画面，美国流行女歌手嘎嘎小姐（Lady Gaga）用性暗示的方式与一具尸体交媾的姿势——应该是曾经让她欲火焚身的情人的尸体。[36]

血腥场面——现在无缘无故地和令人愉快地带来票房利润，占据媒体头条，引领新闻广播，即使在呈现时没有携带任何可靠的背景以便让人明 41
白画面的含义，也没有任何批判性的评论可能削弱或者破坏观众被邀请从这些图片中获得的愉悦。暴力和人类悲剧的展现如今与新自由主义的残酷性教学法天衣无缝地结合在一起，其中风险和混乱强化了共同的恐惧而不是增强了共同的责任，反战的霍布斯提出的一切人反对一切人的战争变成创建大量美国金融机构和社会关系的组织原则。

随着企业资本主义转化成企业法西斯主义，著名政客如萨拉·佩林、电台主持人拉什·林堡，以及媒体垄断巨头如《福克斯新闻》上的那些人连篇累牍地使用暴力词汇攻击社会福利国家、工会、移民、年轻人、教师和公务员。同时，美学的堕落赢得了目前主流媒体的支配地位，没完没了地再生产对那些因为贫困、种族主义、残疾而受到限制的人进行诋毁和污蔑的形象与叙述。他们的苦难遭遇和痛苦现在成为深夜喜剧片、电台访谈节目主持人、电视节目的快乐之源，上面有很多对贫困个人和家庭及社区的丰富叙述与画面，这已经成为“贫困色情”[37]行业的素材。一些节目如真人秀系列《泽西海岸》、银团小报电视谈话节目系列《杰瑞施普林格脱口秀》（和无穷的模仿节目）以及《超级减肥王》都是例子，说明格里·穆尼和林恩·汉考克所说的话是对“体验贫困者的大规模袭击（抓住）”，是“贫穷的工人阶级社区‘功能瘫痪’的例子……（展现）对中产阶级的恐惧和不信任的表达，（同时）也显示对贫困以及受贫困影响的人的离经叛道生活方式的热衷——充满道德义愤的观众被鼓励去发现人们生活中最糟糕和最脆弱的时刻也充满乐趣和娱乐色彩”[38]。

羞辱景观提供了塑造市场驱动下的残酷性文化的重要因素，它赋予快乐经济和暴力、肢体残缺和人类痛苦等形象的结合一种新的含义。这并不是说当代美国唯一可接触的形象是充斥着暴力和痛苦的形象——或这种
42 文化已清除了所有异议——而是强调那些生产与暴力格格不入或者与之竞争的形象或提供暴力替代品的充满人道关怀的构成性文化似乎正在消失。我也并非在暗示暴力形象只能产生施虐快感的情感经济或者必然被贬低成一种解读或者一种视角。我在论证的接下来的文章中继续展开论述的是这个观点：在自由主义支配下的美国社会——已经远非全球民主领袖——已经演变成一个媒体饱和文化，热衷于从别人尤其是那些被认为边缘化者和可抛弃者的痛苦中获得可怜的快乐并为这种行为辩护。远离任何道德标准的中心，并与之切断联系，从死亡中寻找乐趣的原则加上寻找更强烈感官刺激和快感的趋势，已经成为塑造个体和集体身份认同的支配性教学力量、表演力量。在此背景下，残酷性被提升为构建社会的组织原则，并与痛苦的私有化相匹配，正是通过新自由资本主义鼓励下的美学的堕落，羞辱和暴力快感被最大化。

在新自由主义政策、关系和价值观支配下，不惜付出人的代价也要盈利成为唯一合理性的交易模式；私人利益取代公共利益；不受约束的个人主义影响了整个社会，其中，词汇中的恐怖、竞争、战争和惩罚等词汇支配了所有现存关系。自由与能动性被简化为压迫性的幼稚主义，被贬低为种种带来满足感的形式。利奥·洛文塔尔所说的“个体的原子化”很形象地说明了对他人感到恐惧的人物形象，简单地生活在“昏迷状态，道德昏迷状态”[39]。这种去政治化的内向思维——连同其否认共享的社会性的义务，推脱道德责任，完全鄙视那些因为贫穷、年轻或者年老而处于不利地位的弱势群体——绝不仅仅是加剧了新闻和娱乐业的严酷的、军事化的、超级男子汉的逻辑。这种“个人的原子化”认为死亡高于生命，自私高于同情，经济学高于政治学。否则，我们如何解释特雷沃恩·马丁被莫名其妙杀害的悲惨事件？马丁是 17 岁的非洲裔美国青年，佛罗里达州
43 一封闭社区充满热情的邻里守望志愿者。他的唯一罪过只是因为他是黑种人，冒失地走进一个有门禁系统的空间，那是在种族和阶级排他性上享受

特权的人才能居住的保护区。[40]

换句话说，起伏不定、不确定性和不幸灾祸打开了一个空间，其中脆弱性提供了强化残酷性文化快乐形式的借口。[41]即便如此，见证这种残酷性在美国社会面对广泛的苦难煎熬时产生一种功能失常性的沉默——几乎清除掉第一章提到的社会有关道德礼仪和互助性的集体记忆。新自由主义拥抱的根本“没有社会”的伦理观与社会责任感的减少直接相关。它推动了一种个人主义，其鄙视共同体、社会价值观、公共生活和公共利益已经成为病态。美学的堕落不仅提供了即刻的个人满足感的诱惑，而且掩盖了极度鄙视社会责任、蔑视正义和民主政治的隐蔽秩序。然而，快乐与堕落的结合不应被视为个体的病理学特征，相反，它通过一种影响力经济服务于社会病理学的构成性文化的发展，这种经济使人们陷入自恋欲望的旋涡，将暴力审美化，推崇一种由令人震撼的形象组成的无限景观。

在以生产原子化的、竞争性的、军事化的主体为标志的社会秩序中，快乐原则现在融合了死亡驱动力。这种相互交叉缠绕的表达是通过日益繁多的暴力场景广泛传播的，这种场景滋养了自恋和过分的消费主义社会。由于社会福利国家的消失，关键的公共空间被商业化和军事化完全掏空。后果之一是民主机构、价值观和社会关系开始消失。在此情况下，堕落的美学被重构、改组成为美学的堕落，破坏、改造、启蒙和批判性地指导意识的任何权力被统统放弃。与从痛苦形象中取乐的快乐消费和感官刺激形式绑在一起，美学的堕落发挥了在伦理和政治上麻醉自己的作用，在“面对创伤和不公正”时，推崇消极无为，甚至以此为乐。[42]

在当前的历史时刻，被缩减为“裸命”的生命从最好处说引出不受
外界影响的淡定，从最坏处说则是一种新型快乐。美学作为规范性和表演 44
性的实践如今被用来产生一种对任何可靠的脆弱性概念的集体鄙视，如果任其发展可能变成对生活本身的蔑视。莱特·米尔斯所说的“文化机器”不再仅仅是在文化与权威之间穿梭。这台机器及其公共教学法现在以通过新的登记簿与快乐经济和扎根于超级暴力场景的情感机器引诱美国人，虽然其运作方式并不简单。受害者不再需要人们盯着眼睛看，因为他们经常表现为电子屏幕上的一个点。现在上演的暴力是观众屏住呼吸在期待的东西，观众太愿意“用强烈刺激、快乐潜力和性激发等相关性组织起来的

美学世界”[43]取代道德标准。后果之一是行动者和抵抗性他者的“厚”世界被溶解成私心满足的无厚度世界，一个根本没有反对者的世界。

真理瞬间

牢记美学的堕落和残酷性文化，我想返回到阿伦特的“真理瞬间”观点中去。这样的瞬间常常以具有冲击性的形象、叙述和故事的形式出现。它们不是适应现实而是将其颠倒过来，剔除文化中有关自身的常识，同时暴露现有理性与理解模式中存在的思想和情感鸿沟。这种闪光点不仅破坏主导性的意识模式，而且引发充满激情的热烈辩论，有时还能引发大规模的集体愤怒和抵抗，甚至革命。著名的例子之一是 14 岁的非洲裔美国男孩艾莫特·泰尔的恐怖形象。1955 年，他在密西西比向一名白种人女子吹口哨后，被白人种族主义者杀害，身体还被肢解。他的畸形身体形象帮助美国引发了民权运动。还有在美莱村（大屠杀）① 拍摄的有 40 年
45 历史的标志性照片，显示至少 500 名无辜越南妇女、老人和儿童在越南战争中被美国士兵屠杀。这些照片成为重振更强大和牢固的反战运动的转折点。2003 年，美国民众再次被另一组照片和视频震惊，这次是在巴格达外的阿布格莱布监狱遭到咧嘴笑的美军士兵羞辱和折磨的拘留者，包括男人和女人。阿布格莱布监狱的照片使得布什政府失去了公信力，不过，更重要的是，美国作为民主捍卫者的形象在世界民众眼中遭到无法挽回的玷污，因为它使用了国家批准的酷刑，后来还公然为其行为辩护。后来，在 2011 年，揭露驻扎在阿富汗的一组美军士兵的暴力和谋杀等怪诞行为的系列照片再次浮出水面。这些照片先后由德国《明镜周刊》和美国《滚石》杂志发布。

《滚石》杂志发布的图片专注于 12 名美国士兵的谋杀行为，这 12 名士兵决定杀死阿富汗平民，据说是因为一场运动。他们用来称呼自己的绰号“杀人队”恰如其分地描述了小组的动机及其怪异举动。这群士兵的行动表现出他们沉浸在本章始终在讨论的死亡文化中。其行为既不是孤立

① 越南南方村庄，1966 年美军在此进行大屠杀。

的也不是个体化的，反映了明显的信念，即杀人运动在道义上可接受，而且行动后也不会受到惩罚。事实上，他们骄傲的标题“杀人队”被《时代》杂志作家认为暗含着“被控犯罪的纯粹堕落”[44]。据报道，士兵在坎大哈省进行疯狂杀人举动的5个月时间里，“他们用惯用的手法虐待和残害阿富汗当地人，导致四起预谋杀害无辜平民的暴行，在死者旁边举行尸体肢解仪式……疯狂拍摄庆祝的快照照片，死者好像是装在袋子里的鹿肉”[45]。在一张庆祝杀戮的特别令人不安的照片中，一名士兵杰瑞米·莫洛克被展示正在对着15岁的阿富汗男孩居尔·穆丁的尸体摆姿势。莫洛克脸上带着笑，竖起大拇指，跪在穆丁血腥和半裸的尸体旁边，揪住穆丁的头发举到自己沾满鲜血的脸前。

这支“杀人队”的班长，上士加尔文·吉布斯，显然非常享受杀戮 46
过程，除了参加该“杀人队”外还加入了亵渎年轻男孩尸体的队列中。马克·鲍尔引用了一位士兵对此事件的叙述：“对他来说，这就像他上班的另一天；吉布斯开始‘和这个孩子混在一起，移动他的手和嘴，好像这孩子在跟他说话’。”鲍尔又说：“然后，用一把锋利的医用剪刀，根据报道（吉布斯）割下死者男孩的小指给（士兵），作为他第一次杀死阿富汗人的奖杯。”[46]上士一心想杀害阿富汗平民，实际上他还对一名士兵夸口：“来到边界处，我们就会找到可杀之人。”[47]据说吉布斯告诉士兵，所有阿富汗人都是野蛮人，并说这支“杀人队”用有创意的方式杀死平民，这揭示了他是多么惨无人道。在一个几乎不可思议的场景中，士兵们打算“在开车穿过一个村庄时，从史崔克装甲车上往外扔糖果，然后射杀那些跑过来捡糖果的孩子”。据一名士兵说，他们还谈到第二个场景，他们会“把糖果从史崔克装甲车前面和后面扔出去，然后开装甲车从捡糖果的孩子身上碾过去”[48]。吉布斯的野蛮本性表现得如此无情，我们很难用言语来形容其罪行的恐怖性。

“杀人队”照片揭示的是他们很少得到美国媒体持续的关注，虽然这群美国士兵犯下令人发指的罪行。一些试图解释士兵杀人行为的媒体会求助于常见的简单化解释，或肤浅地与阿布格莱布监狱照片做比较，尽管这些罪行在许多方面与先前报道的暴行不同。只有极少数的报告试图做出更复杂的分析。例如，西摩·赫什就声称：“这些士兵逐渐接受恣意屠杀平民的行为——或血债血还或随意杀戮，将其视为现代非常规战争的一个方面。换句话说，杀戮本身已经成为寻常之事，无论是与塔利班交火，还是在陌生的土地上用陌生的语言与陌生的习俗和无辜的旁观者相互打趣。”[49]据赫什说，这种杀人行为是把年轻人送往战争前线所付出的社会
47 代价的一部分。《纽约时报》的戴维·卡尔进一步论述了这种情感，他声称，战时拍摄的照片“携带了战争的全部辎重及其附带损害”[50]。卢克·莫格森在《纽约时报》撰文认为：“美国士兵越来越愿意杀戮了。”[51]《滚石》杂志编辑和作家马克·鲍尔觉得，杀害无辜平民部分归咎于美国军队领导力的失败以及新兵在被送往前线之前在新兵训练营接受的杀戮教学法。一位上了年纪的美国官员的评论反映了稍微有些不同的观点，此人曾经负责训练即将参战的海军陆战队，他很少提及怎样训练年轻人依靠装备去杀人，而是强调了在更广泛文化中起作用的教学法机制，这个文化越来越多地造成年轻人没有能力认同他人，并习惯于使用暴力解决问题。这位军官说：“（20世纪）70年代在越南战争期间，我做这项工作。当时培养年轻人做好杀人的准备需要花费六个月时间。现在，我在伊拉克做同样的工作，但情况已经发生了变化。年轻人来到这里时已经被训练好了。他们已经准备好随时杀人。”[52]就战争的影响而言，这最后的评论最接近解释“杀人队”的照片，无论它多么恐怖或不可思议。更重要的是，它揭示出士兵从肆无忌惮的社会达尔文主义引发的集体的死亡驱动力中取乐的意愿。一般而言，回应既没有涉及“杀人队”照片中最令人恐怖的是什么，更重要的是，也没有讨论它揭露了美国社会当前的问题。杀戮的快感不再只有在战争中才被正常化，更喜欢无情暴力的文化和条件与美国社会的硬连接变得越来越紧密。

与为了羞辱囚犯的阿布格莱布监狱照片不同，“杀人队”照片暗含了更深层次的堕落，被不计任何成本地策划和执行的暴力行为的强烈快感，最高潮是带有虐待狂色彩地收集无辜者的身体部位作为奖杯。“杀人队”寻找的不仅仅是对他人的羞辱和客体化，它还包括了更深层的欲望，即从病态的杀戮行为中获得强烈快感，然后用照片记录这种野蛮行为作为纪念品，这样人们可以重温和再次体验堕入将暴力、快感和死亡连接起来的肮
48 脏色情地狱的快感。年轻士兵在作为杀戮奖杯的尸体边摆姿势，并且脸上

带着微笑，这并非私人暴力的快照而是施虐狂形象，是共享暴力快感已经司空见惯的社会病理学症状。正如同事戴维·克拉克指出的那样，“这毕竟不是美国电影中的杀人狂魔汉尼拔·莱克特而是乔。（然而，这些照片中的笑容显然）是公众因为暴力本身而喜欢暴力的证据，即不是亲密者之间分享快乐的微笑（日常生活的一种形式），而是标志着对残酷性和体育运动式杀戮的更广泛接受和肯定的微笑。那些微笑证明了对暴力心照不宣的快乐，等于说杀人是可以的，从杀人中获得快乐也可以”[53]。

对“杀人队”照片的这种分析很重要，因为照片并不表明极端的变态行为，而是表明美学的新领域和“失败社会性的深渊”的进一步加深。[54]在此情况下，社会性没有消失，而是被共享暴力的社会性重写——这种社会性的标志不是孤独的反社会者的有害暴力，而是越来越多的反社会者大军的增长。“杀人队”照片提供了窥探更大社会条件的窗口，在赢家通吃的社会，人们很难想象依靠市场文化和适者生存、优胜劣汰伦理支撑的暴力场景之外的快乐。这些照片的公然展示不仅仅说明了朱迪斯·巴特勒所说的“公平合理的冷漠”，而且证明了从他人痛苦中获得快感，指向“时髦的”和永远存在的病态的审美快感经济学。

问题不应该是“杀人队”形象是否过于令人发指因而根本无法进行美学评价，而是美学范畴本身是否告诉我们生产出这些照片的态度、价值观和行动如何首先变得可以理解的某些东西。揭露建立在将暴力快感最大化基础上的色情骚动污点的这些照片到底说明了什么？什么样的政治、经 49
济和社会力量如此容易地削弱美国社会提出有关战争、暴力、道德和人类苦难等关键问题的潜力？美学范畴如何重组，使其成为消费和暴力场景的更广泛集合体的组成部分并最终改造成为美学的堕落？

这并不是说，审美标准和价值观都不重要，而是要问它们如何在更广泛的文化中发挥作用。我不是说快乐原则、死亡驱动力和景观的共生一劳永逸地表明，任何美学考虑只是在人类苦难的描述之外增加了羞辱，因此在当今政治解放观念中并没有地位。正如米克·巴尔指出的那样，摄影师“动用艺术不仅是作为一种反映，而且作为能改变所见证内容的见证形式”[55]。巴尔也坚持认为艺术也可以被用于“重新征服美，（当）它成为对抗苦难的一种武器”，正如南·戈丁极具个人色彩的照片所代表的那样，展现了她与情人关系中的暴力和攻击性。与美学的堕落的兴起有利害关系的与其说是美学相关性辩论的开端，倒不如说是有关社会性的边界和被扭曲的构成性文化的对话，正是这种扭曲使得民主社会成为不可能。正是美学提供了表现形式，将人类苦难、痛苦、死亡作为欲望和快感的最终储藏地。这后一条思想路线提出了一系列不同的问题。

在面对一个助长暴力和残酷性景观的社会时，我们应该求助于什么责任形式和教学策略呢？什么形式的见证和教育可以被调动，在那种形式中，由人类痛苦的形象所引发的快感能够作为“批判性探索和深度思考的催化剂”起作用？[56]回应这些问题就意味着不仅通过质疑其描述的犯罪而拒绝听任形象在新自由主义的娱乐机器中消解于无形，而且要辨识、抗拒和改造文化机构的教学法功能，这些文化机构严重限制和破坏了可以扩展而不是压缩为未来民主服务的批判性思想、能动性和行动的可行美学概
50 念。不是被还原为宣泄快乐的机制，充斥暴力、侵略、战争和有毒的男子汉模式的社会形象必须成为对罪恶的控诉，成为记忆之源和需要想象其他选择的证据。

指出这些照片和新兴的残酷性文化，我并不是要暗示新自由主义社会形态已经获胜或斗争已经结束，因为似乎它在美国已占上风。我认为，人们很容易从分析占主导地位的力量滑向消除在不同背景下仍然不断斗争中的重大议题，虽然可能很不平衡。拉瑞·格罗斯伯格指出：“例如，一个人能全部流利地读出残酷性文化的各种表现，但这个事实并不意味着人们就是这样生活的。文化话语都是有关市场的，但这个事实并不意味着人们在生活中把市场作为价值观的唯一定义/中心。”[57]这些新的社会形态发生或穿插在不同的语境中，我们需要新的语言描述这些力量的性质、运行的领域以及反抗机会。我想论证的是，认识到美学的堕落并不意味着新自由主义统治和社会畸形已经是确定无疑的既成事实；相反，它们使得人们更加需要铭记对真理、正义和集体斗争的承诺。在复杂的斗争领域内确立自己的立场、位置并集体致力于文化和政治复兴正是这种承诺的核心。

当机会来临时，当阿伦特的“真理瞬间”与我们迎头相撞，令我们从昏迷中惊醒并迫使我们采取行动时，我们必须对变革的可能性持开放态度。来自利比亚、叙利亚、埃及的形象与来自伊朗的暴力和国民军暴徒杀

害和平抗议者的形象就是这种真理瞬间，因为它们被拍摄成视频并流传到世界各地。伊朗一名27岁的音乐学生妮达·艾嘉·索尔坦惨遭杀害的视频帮助鼓舞伊朗抗议活动浪潮一直持续到今天。同样，13岁的汉札·阿里·哈提布遭到折磨和杀害的可怕图像已传遍叙利亚，那是对国家安全部队的控诉。这些形象演变成能使人记住不同内容并想象不可想象之事的集体批判意识模式。正如乔治·迪迪-于伯尔曼在其他场合指出的那样，这 51
些影像的解放性在于它们无法通过他所说的“扼杀想象力的机器”进行处理；也就是说，这些是抓住残酷现实的图像，见证了不同形式的能动性、伦理行为和集体抵抗，它们“不顾一切地”顽强存在并继续给我们震撼，虽然占支配地位的教学法持续不断地竭力消除它们。[58]

这些形象已经点燃了整个阿拉伯世界大规模集体抗议专制政府的熊熊大火。这些形象没有滋养最卑鄙的集体欲望和脱离任何实际后果的快乐幻想。相反，这些遭受虐待和痛苦的形象引发民众的愤怒，使其愿意投身于斗争之中，竭力让真理瞬间在被精英的铁拳打得稀烂的世界不那么短暂反而更加持久，正是这些瞬间让我们在别人身上或者集体自我身上瞥见了人性的丑恶。因为美国公众每天晚上都在电视屏幕上见证安全和监督部门的公然暴力、非法行径，电影中的暴力快感作为虚幻的娱乐丧失了吸引力。随着越来越多的真理瞬间出现，美国公众对暴力现实和形象的痴迷不那么强烈了。美国各地的非暴力年青抗议者遭到殴打、用毒气攻击、逮捕，并受到各种各样的监控/侦察技术的约束，这些技术能进行“面部识别、互联网数据挖掘，甚至使用无人机”[59]。

噩梦不再轻易通过大众广告和文化产业转化成商品化的欲望或廉价娱乐。相反，随着占领运动在美国和全球的兴起，绚丽、奇观和娱乐让位于强加在年轻人身上的具有深刻压迫性的专制政权的现实。鉴于国家不愿解决年轻人面临的问题，它已经放弃了为其麻痹灵魂的治理意识形态合理性辩护的任何企图，变成了赤裸裸的战争文化和暴力文化。当然，惩罚抗议者在美国并不是新鲜事，新鲜的是美国对年轻一代下重手镇压的凶狠程度，他们的唯一“罪行”就是抗议庞大的结构性经济和政治不公剥夺了他们拥有美好未来的可能性。从魁北克和纽约到巴黎和雅典，争取民主的集
体呼声变得越来越强，国家对学生抗议活动的惩罚也越来越迅速。[60]在破坏 52

民主的可能性或政治可行概念的暴力行为面前，年轻人在全球各地开发出一种新的构成性文化，他们拒绝暴力在日常生活中的核心地位。他们提出新的语言、政治和反权力形式以便使民主再次成为争取平等、正义和自由的战斗口号。当这样一种构成性文化遍布全球之后，它将使世界各地的人都能将情感投资和欲望与这样一种政治结合起来，其中把对付不可想象的暴力行为作为更大承诺的一部分，该承诺就是："致力于政治问责、共同体建设、培养归属感和支持变革的积极情感的重要性。"[61]

［注释］

［1］Andrew J. Bacevich, *Washington Rules: America's Path to Permanent War* (New York: Metropolitan Books, 2010).

［2］John Cory, "The Ugly Circus," *Reader Supported News* (February 19, 2012), online at: http://readersupportednews.org/opinion2/276-74/10044-the-ugly-circus.

［3］最广泛和最详尽的酷刑技术史，请参阅：Darius Rejali, *Torture and Democracy* (Princeton, NJ: Princeton University Press, 2007)。布什政府时期有关酷刑的建设性书籍包括：Mark Danner, *Torture and Truth: America, Abu Ghraib, and the War on Terror* (New York: New York Review of Books, 2004); Jane Mayer, *The Dark Side: The Inside Story of How the War on Terror Turned into a War on American Ideals* (New York: Doubleday, 2008); and Philippe Sands, *Torture Team: Rumsfeld's Memo and the Betrayal of American Values* (London: Penguin, 2009)。

［4］C. Wright Mills, "The Cultural Apparatus," *The Politics of Truth: Selected Writings of C. Wright Mills*, selected and introduced by John H. Summers (New York: Oxford University Press, 2008), pp. 203–212.

［5］See Russ Baker, "Murdoch US Scandal Brewing?" *WhoWhatWhy.com* (July 21, 2011), online at: http://whowhatwhy.com/2011/07/21/murdoch-us-scandal-brewing.

［6］Judith Butler, *Precarious Life: The Powers of Mourning and Violence* (London: Verso Press, 2004), p. 4.

［7］Peter Moskos, *In Defense of Flogging* (New York: Basic Books, 2011).

［8］Susan Sontag, *On Photography* (New York: Picador, 1973).

［9］Susan Sontag, *Regarding the Pain of Others* (New York: Farrar, Straus and Giroux, 2003).

[10] Paul Virilio, *Art and Fear* (New York: Continuum, 2004), p. 28.

[11] See Mark Reinhardt, "Picturing Violence: Aesthetics and the Anxiety of Critique," in Mark Reinhardt, Holly Edwards, and Erina Duganne, eds., *Beautiful Suffering* (Chicago: University of Chicago Press, 2007), p. 17.

[12] 这一概念的更详细介绍，请参阅：Henry A. Giroux, "Consuming Social Change: The United Colors of Benetton," Disturbing Pleasures: *Learning Popular Culture* (New York: Routledge, 1994), pp. 3-24。

[13] Cited in Virilio, *Art and Fear*, p. 28.

[14] Mark Featherstone, "The Hurt Locker: What Is the Death Drive?" *Sociology and Criminology at Keele University* (February 25, 2010), online at: http://socandcrimat-keele.blogspot.com/2010/02/hurt-locker-what-is-death-drive.html.

[15] Theodor Adorno. "Education after Auschwitz," *Critical Models: Interventions and Catchwords* (New York: Columbia University Press, 1998), pp. 191-204.

[16] Ibid., p. 201.

[17] 例如, Loic Wacquant, *Punishing the Poor: The Neoliberal Government of Social Insecurity* (Durham, NC: Duke University Press, 2009); Jonathan Simon, *Governing through Crime: How the War on Crime Transformed American Democracy and Created a Culture of Fear* (New York: Oxford University Press, 2007); and Angela Y. Davis, *Abolition Democracy: Beyond Empire, Prisons, and Torture* (New York: Seven Stories Press, 2005)。

[18] Suzanne Moore, "Instead of Being Disgusted by Poverty, We Are Disgusted by Poor People Themselves," *Guardian* (February 12, 2012), online at: http://www.guardian.co.uk/commentisfree/2012/feb/16/suzanne-moore-disgusted-by-poor.

[19] Zygmunt Bauman, *The Individualized Society* (London: Polity Press, 2001), p. 5.

[20] Moore, "Instead of Being Disgusted by Poverty."

[21] Walter Benjamin, *Illuminations*, trans. Harry Zohn (New York: Schocken Books, 1969). See also Walter Benjamin, "Critique of Violence," *Reflections: Essays, Aphorisms, Autobiographical Writings* (New York: Schocken Books, 1986).

[22] Lutz Koepnick, "Aesthetic Politics Today—Walter Benjamin and Post-Fordist Culture," in Peter Uwe Hohendahl and Jaimey Fisher, eds., *Critical Theory—Current State and Future Prospects* (New York: Berghahn Books, 2002), p. 95.

[23] Ibid., p. 96. See also Susan Buck-Morss, "Aesthetics and Anaesthetics: Walter Benjamin's Artwork Essay Reconsidered," *October* 62 (Fall 1992): 3-41.

[24] Sontag, *Regarding the Pain of Others*, p. 81.

[25] Ibid.

[26] Ibid.

[27] Paul Gilroy, " 'After the Love Has Gone': Bio-Politics and Ethepoetics in the Black Public Sphere," *Public Culture* 7: 1 (1994): 58.

[28] 关于残忍文化概念的更详细讨论，请参阅拙著：Henry A. Giroux, *Zombie Politics and Culture in the Age of Casino Capitalism* (New York: Peter Lang, 2011)。

[29] Geoffrey Hartman, "Public Memory and Its Discontents," *Raritan* 8: 4 (Spring 1994): 25.

[30] Terry Eagleton, *The Ideology of the Aesthetic* (Cambridge: Basil Blackwell, 1990), p. 344.

[31] Zygmunt Bauman, *Life in Fragments* (Malden: Blackwell, 1995), p. 149.

[32] Ibid., pp. 149-150.

[33] Sarah Lazare and Ryan Harvey, "WikiLeaks in Baghdad," *Nation* (July 29, 2010), online at: http://www.thenation.com/article/38034/ wikileaks-baghdad.

[34] 例如这个完全没有批判性的报道庆祝暴力和武装力量，请参阅：John Anderson, "On Active Duly for the Movies (Real Ammo)," *New York Times* (February 19, 2012), p. AR16。

[35] 例如，A. O. Scott and Manohla Dargis, "Gosh, Sweetie, That's a Big Gun," *New York Times* (April 27, 2011), p. MT1。

[36] 嘎嘎小姐怪异的形象，请参阅："Bad Romance" video. A still photo can be viewed here: http://www.bjwinslow.com/albums/album90/Lady_Gaga_skeleton.jpg。

[37] "poverty porn" 这个术语请参阅：Gerry Mooney and Lynn Hancock, "Poverty Porn and the Broken Society," *Variant* 39/40 (Winter 2010), online at: http://www.variant.org.uk/39_40texts/Vari-ant39_40.html#L4。

[38] Ibid.

[39] Leo Lowenthal, "Atomization of Man," *False Prophets: Studies in Authoritarianism* (New Brunswick, NJ: Transaction Books, 1987), p. 182.

[40] Henry A. Giroux, "Hoodie Politics: Trayvon Martin and Racist Violence in Post-Racial America," *Truthout* (March 2, 2012), online at: http://truth-out.org/news/

item/8203-hoodie-politics-and-the-death-of-trayvon-martin.

［41］朱迪斯·巴特勒谈及这个议题，请参阅：Judith Butler, *Precarious Life: The Powers of Mourning and Violence* (London: Verso Press, 2004)。

［42］Reinhardt, "Picturing Violence," p. 21.

［43］Bauman, *Life in Fragments*, p. 151.

［44］Jim Frederick, "Anatomy of a War Crime: Behind the Enabling of the 'Kill Team,'" *Time* (March 29, 2011), online at: http://globalspin. blogs. time. com/2011/03/29/anatomy-of-a-war-crime-behind-the-enabling-of-the-kill-team.

［45］Mark Boal, "The Kill Team: How U. S. Soldiers in Afghanistan Murdered Innocent Civilians," *Rolling Stone* (March 27, 2011), online at: http://www. rollingstone. com/politics/news/the-kill-team-20110327.

［46］Ibid.

［47］Ibid.

［48］Ibid.

［49］Seymour M. Hersh, "The 'Kill Team' Photographs," *New Yorker* (March 23, 2011), online at: http://www. newyorker. com/online/blogs/newsdesk/2011/03/the-kill-team-photographs. html.

［50］David Carr, "War, in Life and Death," *New York Times* (April 24, 2011), p. Bl.

［51］Luke Mogelson, "A Beast in the Heart of Every Fighting Man," *New York Times Magazine* (April 27, 2011), online at: http://www. nytimes. com/2011/05/01/magazine/mag-01KillTeam-t. html.

［52］Cited in Franco Bifo Berardi, *Precarious Rhapsody: Semio-capilalism and the Pathologies of the Post-Alpha Generation* (London: Minor Compositions, 2009), pp. 96–97.

［53］David L. Clark, personal correspondence, May 15, 2011.

［54］Alex Honneth, *Pathologies of Reason* (New York: Columbia University Press, 2009), p. 188.

［55］Mieke Bal, "The Pain of Images," in Mark Reinhardt, Holly Edwards, and Erina Duganne, eds., *Beautiful Suffering* (Chicago: University of Chicago Press, 2007), p. 107.

［56］Ibid., p. 111.

[57] Lawrence Grossberg, personal correspondence, June 18, 2011.

[58] Georges Didi-Huberman, *Images in Spite of All*: *Four Photographs from Auschwitz*, trans. Shane B. Lillis (Chicago: University of Chicago Press, 2008), pp. 1—2.

[59] Erik Hoffner, "Punishing Protest, Policing Dissent: What Is the Justice System For?" *Common Dreams* (February 11, 2012), online at: http://www.commondreams.org/view/2012/02/12-6.

[60] Ibid.

[61] Clare Hemmings, "Invoking Affect: Cultural Theory and the Ontological Turn," *Cultural Studies* 19: 5 (September 2005): 557—558.

第三章　挪威比你想象的更近极端主义与美国政治危机

你代表所有自由的欧洲人作为陪审员、法官和行刑者工作。宁可错杀也不可放过坏蛋……对话的时间已经结束……武装抵抗的时代已经来临。 53

——安德斯·贝林·布雷维克，《2083：欧洲独立宣言》①

右翼基督教极端分子安德斯·贝林·布雷维克在一周之内杀死 77 人，被害人大多数还是孩子。为了努力召集成员与奥巴马政府展开预算案之战，美国共和党领袖从本·阿弗莱克的电影《城中大盗》（2010）[1]中截取了一个短视频。这个短视频呈现的是年轻暴徒道格·麦克雷（阿弗莱克）与其地痞同伙杰姆斯·考夫林（杰瑞米·雷纳）的对话，内容如下：

麦克雷： 我需要你的帮助。我不能告诉你是什么。以后你也不能问我。我们会去害人。

考夫林： 我们要用谁的车？

接着两人戴着曲棍球面具闯入一间公寓，用棍棒连续击打两人，并用枪击中了第三人的腿部。

采用这样的暴力意象作为政治策略令人震惊，其理由不仅仅是它紧跟 54
着媒体对意识形态极端主义者在挪威屠杀几十名无辜年轻人进行报道这

---

① 布雷维克指出，自己的作案动机是想在挪威社会引发一场反对多元文化主义的革命。此外，他自诩为中世纪十字军的后嗣，要在 2083 年以前将所有穆斯林赶出欧洲，届时正赶上维也纳战役 400 周年纪念。布雷维克说，他花了 9 年时间来策划这场恐怖袭击，其中 3 年用于撰写《2083：欧洲独立宣言》。在发动袭击前数小时，他将该宣言通过电子邮件寄送给 5 700 人。

一事实。这样明目张胆地拥护暴力形象与仇恨以及有时候随之而来的残忍行为之间的关系，揭露了共和党领袖对党内成员和其他地方不断增长的极端主义即便不是道德盲目，至少是无动于衷。两位华盛顿圈内人托马斯·曼和诺尔曼·奥恩斯坦在《华盛顿邮报》的评论专栏文章中强化了这个观点，他们认为：“共和党在意识形态上非常极端；鄙视妥协；不会被事实、证据和科学的常规理解所打动；否认政治对手的合法性”[2]。在《城中大盗》视频短片中，冷漠变成了某种更加令人担忧之事。看来，共和党领袖使用摧毁精神的暴力和报复等无端的形象作为合法的甚至鼓舞人心的框架来激励人们支持可能对美国弱势群体特别是儿童产生有害影响的立法。作为政治改革，它不仅是公然宣示野蛮行径而且说明施虐狂和残酷剧场在政府最高层人员中已经被正常化。而且，它暗示美国已经到达了这样一个历史时刻，此时，政客们把快乐建立在道德上站不住脚的愿景和赤裸裸的残酷政策上，对此绝大多数美国人会感到羞愧。

尽管有种种被前布什政府拿来为“反恐战争”辩护而大肆宣传的观点，但极端主义不仅仅是在美国以外的国家特别是那些被认为与美国民主作对的国家诞生和繁殖。事实上，就像挪威的恐怖暴力事件一样，美国的大部分恐怖主义行动都是本土恐怖分子而非外国极端组织成员犯下的罪行。[3]据与全国恐怖主义研究联盟一起工作的研究人员说，“美国国内恐怖分子袭击的威胁非常显著，而且在不断增加中”[4]。美国国土安全部特别警告：“右翼保守派极端分子最有可能在美国实施大规模的暴力行动”[5]。然而，美国那些并非由于伊斯兰激进分子立场的种种恐怖主义形式通常都没有引起充分的理解和重视。挪威社会学家辛德雷·班斯塔德
55 说：“近年来，现有欧洲统计数据表明，伊斯兰激进分子恐怖袭击只占欧洲土地上有记录的恐怖袭击总数的很小一部分”[6]，但许多反恐专家认为，最大的威胁来自伊斯兰激进运动。这里，起作用的不仅仅是种族主义和排外的社会失忆症。在有关美国国内恐怖主义行为的报道中通常会被隐藏的事实是，这种行为的很大一部分袭击目标是孩子。美国近代历史上有许多例子，20 世纪 50 年代和 60 年代时三 K 党和其他种族主义者经常攻击黑种人儿童及其家庭，1999 年哥伦拜恩中学和 2007 年弗吉尼亚理工大学的枪击事件同样如此。[7]

挪威的悲惨杀戮让人不得不重新考虑国内恐怖主义、右翼意识形态根源、宗教激进主义运动和蔓延全球的病毒性基督教民族主义运动等一系列严重问题。布雷维克的《2083：欧洲独立宣言》及其残暴行为提醒我们，在本质上反动和专制的右翼极端主义对美国安全来说，绝不仅仅是微不足道的威胁——这是我们太容易忘记的事实。[8]这种暴力的基础及其对与正义、平等和实质性民主理想有关的每个正当原则的持续威胁不仅体现在最极端和残酷的行为中，而且表现在产生这些行为的绝对主义和种族主义世界观中。[9]马蒂亚斯·加德尔坚称："奥斯陆的恐怖袭击并不是非理性狂热的突然爆发，而是经过精心计算的政治暴力。如果想避免灾难的重复发生的话，我们就能够和应该将这次屠杀解释为特定逻辑的表现。"[10]这种政治逻辑的种种元素已经完全展现在美国社会中，并且似乎赢得越来越多的支持。如前所述，极端主义与宗教激进主义意识形态和世界观——无论体现在宗教、政治、军国主义中，还是市场中——的影响都可以在政府最高层的现有言论中找到。否则，我们怎么解释，仅仅在华盛顿的债务上限协议达成后一天，科罗拉多州斯普林斯的共和党众议员道格·兰伯恩在接 56
受丹佛电台采访时暗指奥巴马总统为"沥青男孩"（Tar baby）？[11]①鉴于"沥青男孩"是长期与非洲裔美国人联系起来的贬义词，我们很容易知道其种族主义本质。此后不久，布坎南写了一篇专栏文章，开头就是公然的种族主义评论："被《华尔街日报》和参议员麦凯恩嘲笑为哈利·波特系列书的小人物，茶党'霍比特人'的确返回到中土——将浣熊皮钉在墙上。"[12]紧接着橘子镇的共和党中央委员会成员和茶党积极分子玛丽莲·达文波特发送一封电子邮件，把总统巴拉克·奥巴马的脸画在一头幼小的黑猩猩身上。[13]这些事件表明"宗教激进主义仇恨的粗俗语言"仍然充满活力，仍然存在于美国政治之中；不过很少引人关注，更不大可能引起公愤。[14]他们还指出，这种类型的种族主义话语创造了一种将仇恨、暴力变成合法政治和意识形态选择的氛围。此种宗教激进主义和极端主义不仅仅

① Tar baby，指责对象或无法摆脱的事物，该词源于1881年出版的《雷默斯大叔》故事系列第二部中的人物，是用沥青和松脂做成的玩偶用以诱捕兔子（Br'er Rabbit）。兔子越挣脱，被粘得越紧。在现代英语中指难以脱身的麻烦处境。

与茶党的崛起有关。

现在用普遍存在于《福克斯新闻》中令人作呕的种族主义例子攻击移民和穆斯林，在美国主流文化中已经被广泛接受。右翼媒体在对奥巴马总统进行没完没了的种族主义评论时似乎得心应手，信手拈来。例如，2011 年 6 月，保守派电视明星埃里克·博林称“巴拉克·奥巴马白宫的客人为‘家中来了流氓’”[15]。还有更糟的情况。《纽约时报》在报道庆祝奥巴马总统五十岁生日的私人派对时，引用《福克斯全国新闻》的标题是《奥巴马的嘻哈烧烤并不创造就业机会》。《纽约时报》指出，“标题下面是奥巴马先生的照片，另外还有参加聚会的三位黑种人明星：篮球运动员查尔斯·巴克利、喜剧演员克里斯·洛克和说唱歌手杰斯（Jay-Z）。更不用说其他有黑人种族背景的参与者如演员汤姆·汉克斯、芝加哥市长拉姆·伊曼纽尔”[16]。似乎越来越明显的是，保守派电台、电视评论员和茶党支持者的种族主义言论越来越多，已经成为像极限运动那样普遍和流行了。专制性民粹主义和极端主义这两种话语及其表现已经从美国人生活的边缘转移到中心。种族主义、暴力和与之伴随的残酷羞辱不是代表美国
57 人生活的邪恶背面，反而成为美国社会的定义性特征，成为日常生活、政治和媒体中不断增长的凶险力量。

安德鲁·巴塞维奇指出，在美国，暴力已经成为治国的首选工具，就像战争已经成为国内外政策的正常状态。[17]鲁莽的军事冒险现在有了国内长期存在的军事化文化与之相配。布什政府和奥巴马政府走向战争的政策都“表明回归最深、最黑暗的根源（我们的文化）和新政治时代的到来。它标志着民主制度与军队之间危险的和空前的融合”[18]。僵硬的、好战的心态创造了这样一种氛围，其中对话被视为软弱，妥协被理解为个人失败。理查德·霍夫斯塔特认为，50 年前，宗教激进主义思想建立在反智主义和拒绝接受别人视角的基础之上。[19]他人不是值得你尊重的人而是敌人，是必须彻底击败的威胁性存在。米歇尔·福柯阐明了这个观点，即宗教激进主义者不是把碰到的其他人看作“寻找真理过程中的伙伴而是对手，是有错的、有害的敌人，其存在本身就是一种威胁……这里有更严重的问题，在这部喜剧中，人们模拟战争、战役、毁灭或无条件投降，尽可能多地激发出人的杀手本能”[20]。

宗教激进主义工具箱中缺少的是自我反省的必要性：批判性地思考个人论证中不可避免的局限性，从道德上阐述拥有种族主义意识形态和推动某些政策的社会成本，那些政策可能加剧种族主义排外性、引发恐惧并为政府越来越大的惩罚与监禁机构辩护。[21]右翼共和党人如巴塞维奇拥抱暴力形象以调动其拥有极端主义僵化心态的追随者，其道德破产在于他们都将被新旧宗教激进主义者稳定下来的暴力过分浪漫化——其终极结局是对福利国家、年轻人、移民、穆斯林及其他被视为危险的和可抛弃的人的致命一击。如今，战争已经指向社会本身，就像“当今的生产和再生产 58
模式已成为旨在毁灭的模式，是再生产不大可能被有效使用或利用而是总处于过剩状态的人口，这些人可通过‘政治的’或‘自然的’手段处理掉——某些拉丁美洲裔社会学家发人深省地称其为等待被‘扔出全球城市’的‘垃圾人’（poblacion chatarra）”[22]。

此外，不断增长的企业权力和主权在脱离了任何监管或维持人类生命的伦理承诺后，只会进行象征性暴力和真实暴力的交易。主流媒体向文化中倾泻声音、形象和电影配音，它们把屏幕文化消解在病态和仇恨的血腥屠杀中。正如第二章详细讨论的那样，追求即刻的快感是流行文化的重要组成部分，其收视率是由向观众提供的级别越来越高的震惊和暴力而衡量的。电视节目如《绝望主妇》和《莫里》、好莱坞电影如《野蛮人》（2012）以及无休止的真人秀系列节目中充斥的粗俗、奇观和暴力，里面的适者生存、优胜劣汰伦理观提供了论证经济达尔文主义合理性的话语。正是这种达尔文主义支配了当今社会。鲍曼指出：“在当代梦想中，‘进步’形象似乎已经从‘共同改善’话语转向‘个体生存话语’。”[23]与公共话语的贫瘠般配的是所有人反对所有人的战争伦理观①，它不仅为巨大的财富和收入差距辩护，而且为日益严重的拆除管制、私有化和日常生活的军事化提供了道德理由和政治合理性论证。[24]在一个由企业、金融和军队占主导地位的社会秩序中，美国在模仿 19 世纪末镀金时代一度猖獗的“野蛮的不平等和社会残酷性”[25]，这并不令人感到奇怪。

在自由市场宗教激进主义支配下，被命名或被认可的社会性统统被视

---

① 霍布斯的用语。

为病态，就像责任被去政治化和完全个体化一样。现在，人人都必须单独
面对他或她的命运，为那些经常并非因为自己造成的问题承担起全部责
59 任。暴力往往出现在越来越多地被称为社会遗弃区的地方，在那里法律和
正式的治理机制造成了治安维持会、紧急状态和社会性死亡。在此情况
下，政府“撇清了为公民提供福利的任何义务，除了在平息社会动荡时
军事和警察权需要加强之外”[26]。福利国家在萎缩，警察国家却在增长。
鉴于战争已成为永久性条件，残酷性文化、超级男子汉和暴力与社会秩序
实现硬连接的事实，美国已经不费吹灰之力地从福利国家转移到战争国家
和零宽容社会。有关民主的最薄弱主张虽然保留下来，但因价值观、权
利、公共产品与公共空间的贫瘠而蒙上了阴影。

因此，巴塞维奇激进的反伊斯兰和反马克思主义观点多次引用包括安德鲁·博斯特罗姆、戴维·霍洛维茨和丹尼尔·派普斯等在内的美国极端分子的著作并未令人警惕。尽管媒体提供令人感到安慰的幻觉，我们提及这些个体不是在谈论右翼分子中出现的在仇恨和暴力中发狂的孤狼，而是一种越来越普遍的宗教激进主义世界观。它包含了一连串的确定性，求助于摩尼教徒一样在善与恶之间徘徊挣扎，鼓吹反智主义民粹主义，呼吁驱逐学界的批判性知识分子，攻击后殖民主义、女权主义、和平和民族研究等批判性学术领域的研究。虽然许多宗教和世俗的宗教激进主义者并不直接鼓吹暴力，但他们流露出的源源不断的仇恨为象征性暴力和真正暴力创造了条件。因此，巴塞维奇自认为是基督徒和保守的民族主义者，他的宣言呼应了美国许多白种人基督教民族主义者和激进群体既可恨又激进的理想，这并不令人感到惊讶。巴塞维奇认为欧盟被移交给穆斯林，这个观点在美国引起共鸣，美国的右翼势力宣称美国社会正在遭受墨西哥移民的侵略。

我并没有暗示巴塞维奇的行为能够与国会和更广泛的美国社会的右
翼极端主义有直接联系，但是，我认定他们都有一些共同的核心问题不是
没有道理的，包括将移民视为对国民纯洁性的威胁、拥护反穆斯林言论、
60 鼓吹军国主义和市场宗教激进主义、支持一系列倒行逆施的社会政策等。
这些都旨在削弱工会，收回妇女权利，深度怀疑作为民主基础的平等观。
克里斯·哈吉斯概括了这种宗教激进主义的基本元素，他写道：

> 宗教激进主义者对历史、文化和社会以及语言差异都没有兴趣……他们都是乡巴佬……他们摸索了一条能确保集体解脱的路线。他们拥护暴力和肉体消灭其他人。所有宗教激进主义者都崇拜同样的神，即他们自己。他们崇拜自己授权的美好未来前景。他们认为这样的授权对文明或者基督国家的进步和保护是必需的。他们将国家神圣化。他们拥有工业化国家交给他们的能力，作为个人和群体根据自己的想法来改变世界，并以此作为其优越性的证据……宗教激进主义者的这种沉溺自我的世界观让社团主义者窃喜，他们从人们忘却道德和思想探索中受益，我们为此付出代价。[27]

起作用的宗教激进主义逻辑是一种道德和政治上的绝对主义，它将年轻人、移民、女权主义者、穆斯林，以及文化马克思主义者和所有其他人非人化，统统贬低为狭隘公共空间的圈外人，那里只是白种人、基督徒和男性公民的专属区。巴塞维奇通过谋杀年轻人来发泄他对穆斯林、左派和移民的仇恨，因为这些人在工党阵营的活动说明，他们可能会迎来一个与他根深蒂固的种族主义和专制主义观点格格不入的未来。[28]斯科特·谢恩在《纽约时报》中指出（有重复），巴塞维奇“深受美国一批博客写手和作家的影响，他们多年来一直警告来自伊斯兰的威胁”[29]。就像美国新一代种族主义者一样，巴塞维奇不支持基于生物学理由宣称种族优越感的策略：他认识到“基于种族的理由反对移民和伊斯兰教（该论点吸引不少人）”[30]是不明智的战略。相反，他赞赏和采纳将从前的种族主义信仰修改成新的反穆斯林叙述的极右派群体意识形态。由这种观点看来，移民和那些所谓的他者“并非在生物学上低人一等，但从文化上说是不兼容的”[31]。 61
在此情况下，被视为民主威胁的是文化差异，而非生物学上的低劣。[32]

巴塞维奇称右翼极端分子帕米拉·盖勒是给他带来主要影响的人之一。盖勒曾经称“奥巴马总统为‘吉哈德总统（President Jihad）/圣战总统’，并声称阿拉伯语言课程是用来颠覆美国的阴谋”[33]。最近，盖勒发表排外言论的博客《阿特拉斯耸肩》一再试图“挖掘奥巴马与伊斯兰教的关系。并（证明）伊斯兰教是与民主格格不入的政治意识形态”[34]。盖勒的种族主义和充满仇恨的博客暗示，巴塞维奇对工党青年营的攻击可能有某种程度正当性，因为她说，受害者可能成为“该党未来的领导人，负责向挪威大量引进拒绝同化的穆斯林，这些穆斯林可能成为对挪威本地人肆无忌惮地犯下包括暴力轮奸的严重暴力而不受惩罚的人或领取失业救济金的人”[35]。李芳指出，盖勒试图通过在博客上贴一张在巴塞维奇疯狂谋杀前几个小时在岛上营地拍摄的照片证明其立论，并且写上如下图片说明，没有丝毫的后悔之意：“请注意这些面孔更像中东人或混血人种而非纯种挪威人。”[36]虽然这种令人震惊的种族主义言论不应直接与形形色色的宗教激进主义联系起来，没有任何东西能让拥护这种世界观的人变得思想开放，愿意独立判断、批判性探索或缜密的思考，这些是抗衡和抵制其现有视角以及由此引发的暴力所需要的东西。他们的世界观在确定性的一面运行，置身于毋庸置疑的逻辑之中，拒绝妥协与对话，通常求助于军事化的词汇来定义他们的支持者，即为西方文明而战的勇士。在这种世界观中，无知、莽撞与暴力汇合起来，并得到在崇尚一致性和专制性民粹主义的基础上兴盛起来的宗教激进主义的认可。

虽然美国的大多数右翼政客、个人和团体谴责巴塞维奇犯下的恐怖暴力，但他们还是用自己妖魔化的修辞和几乎不加掩饰的种族主义生产了一种暴力文化，并为之做出了贡献。这种种族主义破坏了对差异性、民主价值以及个人和社会责任等广泛概念的尊重。正如反诽谤联盟在最近的研究中所说：

62 围绕着移民辩论的仇恨言论已经超越了反移民鼓吹者的集合、游说和媒体表现。除了政治领袖，许多电台和广播等媒体人物在美国讨论移民问题时都使用了同样的语言。这些已经从前国家电台记者卢·多布斯延伸到更加极端的政治评论员帕特·布坎南再到本地广播名人，到国会议员如汤姆·坦克雷多和史蒂夫·金等等……反移民言论已经渗透到美国文化中。[37]

右翼极端主义者如专打医疗官司的律师马德琳·科斯曼与广播电视名人卢·多布斯之间存在一定程度的差别，但二者都认为墨西哥移民是罪犯和麻风病那样的传染病患者。这种排外情绪也体现在纽约州共和党众议员彼得·金的文字和行动中，他身为众议院国土安全委员会主席开启了有关美国穆斯林激进化的听证会，等于是在为只有穆斯林才是恐怖威胁的荒谬观念辩护。这种种族主义歇斯底里（这就排除了对其他激进化形式的调查）对本土的仇恨和恐怖主义却熟视无睹。这种调查不仅忽略了美国种族主义和伊斯兰恐惧症特别是自“9·11”悲剧以来的长期传统，而且得到保守派公众人物种族主义谩骂的辅助和怂恿。

例如，布坎南写了《告别洛杉矶》这样的专栏文章，里面充斥着美国将被有色人种占领的世界末日恐怖景象，并称穆斯林是美国的“第五纵队”①[38]。这种言论极具吸引力，在美国传播得非常广泛，不仅体现在一些州出台的反移民政策（最具破坏性的例子是由亚利桑那州议员提出的法案）[39]上，而且出现在已故哈佛学者塞缪尔·亨廷顿、反穆斯林博客、基督教宗教激进主义者和《福克斯新闻》评论员的著作中。宗教激进主义就像三K党一样是本土产物，白种人民兵组织的观点已经在很多话语中获得新的生命力，其中既有基督教右派也有世俗的宗教激进主义者 63
如萨姆·哈里斯。[40]在这些话语中，充满仇恨的言语与采取行动的呼吁间的界限很难描绘，尤其是在情绪激动和政治情势不确定的情况下。这种言论很容易被拿来进行政治操作，可轻易转化为语言之外的东西，成为暴力煽动的手段。

这种言论所造成的偏执狂和毁掉很多人生活的政策似乎像疾病一样传播，感染者在美国似乎每天都在大量增加。事实上，可以说自20世纪80年代以来，美国发动的唯一成功的战争（尽管很难说是成本低廉的）就是针对有色人种穷人的战争，这些人目前占了美国监狱囚犯的70%。[41]这个令人不安的观点基于米歇尔·亚历山大所说的事实：“与1850年的遭受奴役相比，今天有更多的非洲裔美国人处在矫正性的控制之下，无论是在监狱还是在拘留所，无论是缓刑还是假释。如今，因为恶劣的剥夺公民权的法律而丧失权利的非洲裔美国人比1870年代还多。”[42]

随着仇恨的对象日益增多，攻击中体现出的公然仇恨、强烈厌恶变得更加理直气壮和毫不掩饰。男女同性恋者、双性恋者和变性人群体是仇恨

① 指在内部进行破坏，与敌人里应外合，不择手段意图颠覆、破坏国家团结的团体。源自美国作家海明威的同名小说。

的另一个目标，这体现在布坎南最近写的专栏中。他写道："同性恋正常、自然和健康的论调的道德基础何在？近几年来，同性恋一直与艾滋病和肠道疾病的高发率有关，从同性恋报纸讣告中看出，同性恋还导致早死。将同性恋婚姻视为正常的成功社会何在？"[43]还有针对年轻人的战争，目前在高速运转的是社会保障安全网、体面的住房、医疗保健的内爆和惩罚性国家的同时崛起——这是若干州议会和州长被激进保守派控制和众议院被右翼极端分子控制的结果。越来越普遍的情况是，联邦政府和州政府的共和党极端分子发起了针对妇女权利的斗争，制定苛刻的反堕胎措施，剥夺女性在工作场所不受歧视的法律保护，限制可负担生育控制服务和削减国家支持的医疗保健。[44]

64 虽然在美国发生的事并不是我们在挪威所看到的那种直接暴力，但它仍然是一种战争形式。短期内可能不太引人注目，但从长期看必然会招致更多伤亡。鉴于亚利桑那州州长简·布鲁尔的行动，"带头提出议案来取消该州的医疗补助计划——儿童保健，虽然亚利桑那州 23% 的儿童生活在贫困中"[45]。"缅因州州长保罗·莱帕赫最近签署了一项企图软化童工法并降低对青少年工作时间限制的议案使其成为法律，人们怎样评论呢？"[46]还有更糟糕的情况。参议员哈里·瑞德通过强调引进法案削减或消除医疗和儿童健康保险计划而引起人们对共和党现有极端主义的关注。到了 2016 年，超过 170 万个孩子会失去健康保险。[47]《共同的梦想》新闻网站进一步报道："佛罗里达州共和党议员拒绝了急需的超过 5 000 万美金的联邦防治儿童虐待项目，因为这是奥巴马医疗改革方案的一部分。"[48]

当最极端的领域爆发血腥事件时，暴力就成了新闻。然而，还有另一种暴力可以理所当然地被视为国内恐怖主义。一系列统计数据指向目前政府忽视和虐待儿童：其中二分之一的美国人是低收入者或生活在贫困中，总计有 1.46 亿美国人；五分之一的孩子是穷人。[49]此外，"与其他西方国家和日本相比，美国的婴儿死亡率、低出生体重比率和五岁以下儿童的死亡率最高。在经济合作发展组织的国家中，只有墨西哥、土耳其和斯洛伐克共和国的婴儿死亡率比美国更高"[50]。这是右翼保守派政策提供合理性论证的暴力，这种政策导致了令人震惊的不平等，其中西班牙裔和黑种人的财富在 2005 年至 2009 年各自下降了 66% 和 55%。美国社会解体的程度也令人震惊。截至目前，在工业化国家中，美国的不平等和贫穷率最高也是众所周知的。诺贝尔奖获得者、经济学家约瑟夫·斯蒂格利茨指出："1% 以上的美国人现在占有了每年全国总收入的近四分之一。就财富而非收入而言，最上面的 1% 的美国人控制了总财富的 40%……在过去的 10 年中，最上层 1% 美国人看到其收入上升了 18%，中产阶级人群的收入却 65
在下降。"[51] 在全球金融危机爆发后的占领华尔街抗议活动使得社会不平等更加明显，马特·泰比指出："华尔街的几乎每一家大银行和金融公司都卷入卑劣的犯罪丑闻，让数百万人陷入贫困和集体毁掉数百亿美元，事实上是数十兆美元的世界财富，除了伯纳德·麦道夫外，没有一个人被关进监狱。那是一位耀眼的和病态的骗子明星，他的受害者恰巧是其他富豪和名流。"[52]

美国年青的一代的未来由于银行家、华尔街的腐败和罪行以及挽救他们的政客而被蒙上阴影，更糟糕的是，奥巴马政府在面对拆除管制的政策时退回到头脑麻木的沉默中，正是这种政策造成金融精英的犯罪行为和数以百万计美国人的巨大经济损失。美国的政治文化走向反常，以仇恨代替同情，以违法乱纪代替正义，数以百万计的人面临失业威胁或已经失业，他们被驱逐出家园。除了金融精英，人人都会面临日益贫困、无家可归、失业和看不到希望的未来。

许多右翼学者和政客已经对大得惊人的不平等和贫穷的话语做出回应，他们声称这种言论代表了一种阶级战争；如果此言可信，那它将是一场反对富人的战争，富人被置于遭到无情迫害的受害者地位。沃伦·巴菲特在《纽约时报》上写了一篇评论文章，坚持要求富人应该多缴税，《福克斯新闻》的肖恩·汉尼提和共和党参议员奥伦·哈奇等保守派人士则谎称，50% 的美国家庭不再交税，穷人应该被征更多的税。[53] 其实，47% 的美国家庭的确不缴纳联邦所得税，但他们却要缴纳其他税。根据税收政策中心规定，这些税包括"资助社会保障和医疗保险的联邦工资税，汽油、航空、酒精和香烟消费税。许多人还支付州政府或地方政府在销售、收入和财产方面的税"[54]。这里被忽视的是，530 万人已受到按揭抵押赎回权丧失潮流的影响；1 400 万人失业，数以百万计的人从事低技能的、 66

报酬不足的工作；20%的儿童生活在贫困中；4 500万人缺少医疗保险；数以百万计的人对生活失去希望。这些数据指向那些不仅卑劣而且残忍和残酷的政策，拒绝承认政府有义务帮助年轻人和在社会、经济方面被边缘化的群体。共和党宗教激进主义者派别鼓吹的进一步强化这种残酷性文化的政策显然还不够，这些极端主义者现在想通过新的税收法律进一步惩罚穷人和弱势群体，这必然会让人们陷入更加贫穷的境地。宗教激进主义者需要明确定义的敌人，他们在越来越多的穷人中找到了敌人。《蝇王》①不再仅仅是一部小说，而是对当下现实的预言，只要看看美国右翼政客以及学者对仇恨、偏见和权力的疯狂追求就彻底明白了。

保罗·克鲁格曼正确地指出：“共和党的预算计划并非让美国金融大厦恢复秩序的真诚努力；它是巫毒经济学，加上额外的小剂量幻想和一大堆狭隘吝啬的思想。”[55]克鲁格曼进一步认为，美国政府被一帮共和党极端分子绑架了，他们故意让政府陷入瘫痪。右翼狂热分子如米歇尔·巴赫曼、纽特·金里奇、罗恩·保罗、里克·桑托勒姆、得克萨斯州州长里克·佩里和保守的福音派同胞体现出一种宗教激进主义模式。攻击同性恋者，蔑视社会保障，模糊教会与国家之间的界限，表达对政府的刻骨仇恨——所有这些与其说是源于政治经济分析，倒不如说是源于故意的无知、对《圣经》约束的误解和扭曲的宗教价值观。[56]佩里州长在2012年总统大选中竞选失败，宣称科学家提出全球变暖的警告是要谋取利益，他这么说时没有一丝讽刺或自我反省的痕迹。他将进化论当作“那边的一种理论”而不屑一顾。[57]众议员巴赫曼说：“如果你过同性恋的生活方式，那是一种束缚……这是撒旦的一部分。”[58]她还坚持认为，如果奥巴马政
67 府要求年轻人强制性服兵役，他们将被迫“参加劳改营”[59]。这样的评论在美国政治中变得越来越频繁，不再局限于政治光谱的狂热极端。例如，参议院少数党领袖米奇·麦康奈尔（肯塔基州）表示：“经过多年讨论和几个月的协商，我几乎可以肯定，只要这位总统还在椭圆形办公室，真正的解决方案就不可能实现。”[60]

---

① 英国现代作家、诺贝尔文学奖获得者威廉·戈尔丁（William Golding，1911—1993）的代表作。

这里起作用的不仅仅是隐蔽的种族主义，或者共和党很多人拥有的对奥巴马的极端主义观点。还有一种对确定性的崇拜，它给予政治极端主义一种令人担忧的常态，与此同时表明了这种思想在美国社会弥漫的严重程度。事实上，绝对主义思想正在指导州政府和联邦政府的官方政策，迫使据说有自由派思想的奥巴马转向极右立场，此种转变的外表是总统怯懦地呼吁两党合作和存在严重缺陷的共识概念。市场驱动下的赌场资本主义势力不仅处于顶峰，而且宗教激进主义文化已经成为美国政治的驱动力，现在看来它距公然拥抱 21 世纪的专制主义仅有一步之遥。

克鲁格曼对美国政治中越来越多的宗教激进主义与宗教的分析中有意思而且很可怕的是他富有远见的主张，这种转变得到占主导地位的媒体机器的支持，媒体是在他所谓的“平衡崇拜”框架内看待极端主义观点的，即这种观点应该被当作个人看法的合理表达。听美国国家广播公司新闻主播布瑞恩·威廉姆斯，每天晚上你都会亲眼看到《平衡崇拜》的最狂热支持者之一。沿着此问题上行，克鲁格曼的观点值得引用。他写道：

> 新闻报道描述各政党都不愿妥协；专家们幻想着某种“中间派”起义，好像问题在于双方有太多的党派偏见。有些人一直在抱怨“平衡崇拜”，持续将两党都描述为同样都有错误，在任何问题上都有过错，根本不管事实如何。我很久以前就开玩笑说，如果一个政党宣布地球是平的，报纸的大幅标题可能是《在地球形状问题上观点不同》。但是，这种崇拜在我们面临最严峻挑战时还能发挥作用吗？其中一方显然在敲诈勒索，另外一方就赎金的多少在讨价还价。结果证明答案是肯定的。这绝非好笑之事：“平衡崇拜”在将我们带到灾 68
> 难边缘的过程中发挥了重要作用。在报道政治纷争时总是隐含着双方都应该遭到谴责，极端主义因而不受惩罚。[61]

显然，正如克鲁格曼指出的那样，除了排外情绪、仇视同性恋、反政府、反女权主义者和憎恶青年等观念外，右翼宗教激进主义还有另外一面需要考虑，它们越来越多地被正常化、合理化，并被松散地定义为美国社会的另一种观点。文化转型不仅仅是蔑视辩论、对话和批判性交流的充满仇恨的宗教激进主义和反智主义民粹主义崛起，而且表现出政治终结的症状，若再延伸一下就是民主本身的死亡丧钟。当对话、批判性交流、理性争论、事实和批判教育学模式成为嘲笑与蔑视的对象时，政治也就奄奄一息了。当使民主成为可能的构成性文化缺乏资金支持，被商业化，被不断削弱时，右翼极端主义就会欣欣向荣。当民主遭到彻底破坏和侵蚀后，也许有一天就不再存在。

右翼极端主义分子及其拥抱的宗教激进主义逻辑不仅仅是安全威胁，他们不仅仅制造恐怖分子。他们积极地发动一场针对判断、知情争论和能动性本身的可能性的战争。他们打开了大门，将谎言和疏忽当作真理，将无知当作知情论证来庆祝，将抛弃科学视为另一种宝贵观点。最终，暴力作为合法的策略出现，旨在消灭掉那些不站在绝对道德主义一边的人。教育被重新定义为培训；恐惧是由政治无知造成的；专制性民粹主义被伪装成民众的意志——所有这些都涉及汉娜·阿伦特一度所称的“黑暗时代”，她指的是极权主义和法西斯主义势力消灭理性、思想交流、敏锐判断、正义和真理的那个历史阶段。[62]我们再一次在黑暗时代的边缘徘徊，时钟不只是滴答作响。警报在咆哮，然而美国公众拒绝从噩梦中醒来，那噩梦即将成为可怕的惩罚性现实。亨利·华莱士在 1944 年《纽约时报》上的文章中警告说：“美国的法西斯主义不会真的危险，除非卡特尔主义
69 者、公共信息的故意毒害者和代表三 K 党那样的煽动者有意识地组成一个联盟。”[63]这样的描述如此怪异地与美国社会当前的历史时刻一致，不仅有先见之明而且也令人感到恐惧。

当然，历史具有开放性，并非预先确定下来的。我们在埃及、伊朗、叙利亚、希腊、利比亚和其他国家见证了男人、女人尤其青年人如何拒绝新旧各种形式的专制主义，引发表现出极大勇气和希望的集体反抗。在美国，占领华尔街运动已经为汹涌的抗议运动注入新生命。青年人正在引进一种新的政治语言，重新激起新的政治想象来揭示在现有赌场资本主义制度下遭受的巨大不公平、不平等现象和种种痛苦。他们明确表示，他们被排除在高等教育、体面的医疗保健和就业之外，这不可能与国际金融体系截然分开。虽然现在我们不清楚这次运动会走多远，或是否能够成功，但毫无疑问，现在到了美国人超越现有领导形式、现有政党令人厌烦的词

汇、主流媒体传播的不动脑子的速记型论述、官方将民主视为另一种形式的消费主义和空洞投票仪式的时候。现在到了考察既拥抱民主又体现公民勇气的国内外斗争的时候，思考和道德感指导他们支持这样一个世界，其中青年人可以蓬勃发展，政治成为高尚的实践，民主拥有未来。现在到了个体和社会运动收回对民主承诺的时候，因为民主的机构、价值观和社会关系已经被掏空，被贬低为自由市场、金融资本和大型跨国公司的工具。

[注释]

[1] Judd Legum, "House GOP Plays Ben Affleck Movie Clip to Rally Caucus," *Think Progress* (July 26, 2011), online at: http://thinkprogress.org/politics/2011/07/26/280239/house-gop-plays-ben-affleck-movie-clip-to-rallycaucus-i-need-your-help-were-going-to-hurt-some-people.

[2] Thomas E. Mann and Norman J. Ornstein, "Let's Just Say It: The Republicans Are the Problem," *Washington Post* (April 27, 2012), online at: http://www.washingtonpost.com/opinions/lets-just-say-it-the-republicans-are-the-problem/2012/04/27/gIQAxCVUlT_story.html.

[3] 正如迈克尔·卡津观察到的那样，这种反政府极端主义和思想宗教激进主义在右翼比左翼更加普遍。大多数自由主义者和激进分子认为政府是留存下来的为数不多的国家机构之一，目的提供社会保护，满足社会需要，而这些需要与商业和慈善的需要相悖。请参阅：Michael Kazin, "Paranoia Strikes Deep in America ... Over and Over," *AlterNet* (September 18, 2009). online at: http://www.alternet.org/story/142690。右翼专制主义的最好历史，请参阅：Sarah Diamond, *Roads to Dominion: Right-Wing Movements and Political Power in the United States* (New York: Guilford Press. 1995); and Sarah Diamond, *Not by Politics Alone: The Enduring Influence of the Christian Right* (New York: Guilford Press, 2000)。

[4] CNN Wire Staff, "Far Right Domestic Terrorism on Par with Foreign Threat, Experts Say," CNN. com (July 25, 2011), online at: http://edition.cnn.com/2011/US/07/25/domestic.extremism/index.html? hpt=hp_bnl. See also Ben Armbruster, "After Right-Wing Pressure, DHS Now Has 'Just One Person' Dealing with Domestic Terrrism," *Think Progress* (July 27, 2011), online at: http://thinkprogress.org/security/2011/07/27/280665/dhs-domestic-terrorism-right-wing-pressure.

[5] Chauncey DeVega, "A Reminder That Whiteness Is Not Benign: Of Warnings about White, Middle Class Domestic Terrorists in the U. S. and the Norway Massacre," *AlterNet* (July 28, 2011), online at: http://blogs. alternet. org/speakeasy/2011 /07/28/a-reminder-that-whiteness-is-not-benign-of-warnings-about-white-middle-class-domestic-terrorists-in-the-u-s-and-the-norway-massacre.

[6] Sindre Bangstad, "Norway: Terror and Islamophobia in the Mirror," *Open Democracy* (August 22, 2011), online at: http://www. opendemocracy. net/sindre-bangstad/norway-terror-and-islamophobia-in-mirror? utm_source = feedblitz&utm_medium = FeedBlitzEmail&utm_content = 2012 10&utm_campaign = Nightly _% 272011-08-24% 2005% 3a30% 3a00% 27.

[7] See Douglas Kellner, *Guys and Guns Amok: Domestic Terrorism and School Shootings from the Oklahoma City Bombing to the Virginia Tech Massacre* (Boulder, CO: Paradigm Publishers, 2008).

[8] 一些左翼为“极端主义”辩护，称其是一种意味着挑战政治常规的立场。这种观点认为，该词代表着一种并无贬损含义的反常行为。不过，我用该词指代右翼民粹主义，指一种对任何与正义、平等和实质民主的理想等正当原则发起攻击的反动而且专制的反常行为。

[9] See Theodor Adorno's more recently available works on this type of worldview, especially Theodor W. Adorno, *Guilt and Defense: On the Legacies of National Socialism in Postwar Germany*, ed. and trans. Jeffrey K. Olick and Andrew J. Perrin (Cambridge, MA: Harvard University Press, 2010). This followed the classic Theodor W. Adorno, Else Frenkel-Brunswik, and Daniel J. Levinson, *The Authoritarian Personality* (New York: W. W. Norton, 1993 [1950]).

[10] Mattias Gardell, "The Roots of Breivik's Ideology: Where Does the Romantic Male Warrior Ideal Come from Today?" *Open Democracy* (August 1, 2011), online at: http://www. opendemocracy. net/mattias-gardell/roots-of-breiviks-ideology-where-does-romantic-male-warrior-ideal-come-from-today.

[11] Quoted in Aliyah Shahid, "GOP Congressman, Doug Lamborn of Colorado, Blasted for Likening President Obama to a Tar Baby," *Daily News* (August 2, 2011), online at: http://www. nydailynews. com/news/politics/2011/08/02/2011-08-02_gop_congressman_doug_lamborn_of_colorado_blasted_for_likening_president_obama_to . html? print = 1 &page = all.

[12] Pat Buchanan, "The Day of the Hobbits," *Town Hall* (August 2, 2011), online at: http://townhall. com/columnists/patbuchanan/2011 /08/02/the_day_of_the_hobbits.

[13] See Luke Roney, "Orange County Republican Censured for Obama-Chimp E-Mail," *Newport Beach News* (May 4, 2011), online at: http://newportbeach. pach. com/articles/orange-county-republican-censured-for-obama-chimp-e-mail.

[14] Chris Hedges, "Fundamentalism Kills," *Truthdig* (July26, 2011), online at: http://www. truthdig. com/report/item/fundamentalism_kills_20110726.

[15] Paul Bentley, "Fox Host Forced to Apologize after On-Air Tirade about Obama's 'Hoodlum in the Hizzouse,'" *Daily Mail Online* (June 14, 2011), online at: http://wvmv. dail3m1ail. co. uk/news/article-2003560/Revoltingly-racist-Fox-host-forced-apologize-air-tirade-Obamas-hoodlum-hizzouse. html.

[16] Brian Stelter, "Fox News Site Calls Obama Party a 'Hip-Hop BBQ,'" *New York Times* (August 5, 2011), online at: http://www. msnbc. msn. com/id/44041546/ns/politics-the_new_york_times/#. TjyTkBzmbqI.

[17] See Andrew J. Bacevich, *Washington Rules: America's Path to Permanent War* (New York: Metropolitan Books, 2010).

[18] Kevin Baker, "We're in the Army Now: The G. O. P. 's Plan to Militarize Our Culture," *Harper's Magazine* (October 2003), pp. 37—38.

[19] Richard Hofstadter, *Anti-Intellectualism in American Life* (New York: Vintage, 1966). 最近的著作，请参阅：Susan Jacoby, *The Age of American Unreason* (New York: Pantheon, 2008)。

[20] Michel Foucault, "Polemics, Politics, and Problematizations: An Interview with Michel Foucault," *Ethics: Subjectivity and Truth: The Essential Works of Michel Foucault 1954—1984*, ed. Paul Rabinow, vol. 1 (New York: The New Press, 1994), pp. 112—113.

[21] See Michelle Alexander, *The New Jim Crow: Mass Incarceration in the Age of Colorblindness* (New York: New Press, 2011).

[22] Etienne Balibar, *We, The People of Europe? Reflections on Transnational Citizenship* (Princeton, NJ: Princeton University Press, 2004), p. 128.

[23] Zygmunt Bauman, *Liquid Times: Living in an Age of Uncertainty* (London: Polity Press, 2007), p. 103.

[24] Stephen Graham, *Cities under Siege: The New Military Urbanism* (London: Verso, 2010).

[25] Robert Reich, "The Rebirth of Social Darwinism," Robert Reich (November 30, 2011), online at: http://robertreich.org/post/13567144944.

[26] David Harvey, *A Brief History of Neoliberalism* (New York: Oxford University Press, 2006), pp. 152-153.

[27] Hedges, "Fundamentalism Kills."

[28] 奇普·伯兰特很早就用很流行的方式记录了美国天主教权力和其他宗教激进主义团体的崛起。参见他关于《巴塞维奇宣言》和白种人基督教民族主义关系的睿智评论。他还撰写了巴塞维奇对文化马克思主义的厌恶。See Chip Berlant, "Updated: Breivik's Core Thesis Is White Christian Nationalism v. Multiculturalism," *Talk to Action* (August 31, 2011), online at: http://www.talk2action.org/story/2011/7/25/73510/6015.

[29] Scott Shane, "Killings in Norway Spotlight Anti-Muslim Thought in U.S.," *New York Times* (July 24, 2011), online at: http://www.nytimes.com/2011/07/25/us/25debate.html? ref = scottshane.

[30] Matthew Goodwin, "Norway Attacks: We Can No Longer Ignore the Far-Right Threat," *Guardian* (July 24, 2011), online at: http://www.guardian.co.uk/commentisfree/2011/jul/24/norway-bombing-attack-far-right.

[31] Ibid.

[32] 这种种族主义的精彩分析见大卫·西奥·古登堡的很多著作，请参阅：David Theo Goldberg, *The Threat of Race: Reflections on Racial Neoliberalism* (Malden, MA: Wiley-Blackwell, 2008)。

[33] Lee Fang, "Pam Geller Justifies Breivik's Terror: Youth Camp Had More 'Middle Eastern or Mixed' Races Than 'Pure Norwegian,'" *Tunk Progress* (August 1, 2011), online at: http://thinkprogress.org/security/2011/08/01/284011/pam-geller-race-mixing-breivik-rlght.

[34] Ibid.

[35] Geller's blog Atlas Shrugs can be found at http://atlas shrugs2000.typepad.com/atlas_shrugs.

[36] 英文如下："Under the picture, Geller writes: 'Note the faces which are more Middle [sic] Eastern or mixed than pure Norwegian.'" Fang, "Pam Geller Justifies

Breivik's Terror."

[37] American Anti-Defamation League, *Immigrants Targeted: Extremist Rhetoric Moves into the Mainstream* (July 2007), online at: http://www.adl.org/civil_rights/anti_immigrant/rhetoric.asp.

[38] Patrick Buchanan, "Goodbye to Los Angeles," *World NetDaily* (June 27, 2011), online at: http://www.wnd.com/index.php? pageld = 316201.

[39] See, for example, Samuel P. Huntington, *The Clash of Civilizations and the Remaking of the World Order* (New York: Simon and Schuster, 2011).

[40] See Hedges, "Fundamentalism Kills"; also see Kazin, "Paranoia Strikes Deep in America."

[41] Alexander, *The New Jim Crow.*

[42] Amy Goodman, "On Eve of MLK Day. Michelle Alexander & Randall Robinson on the Mass Incarceration of Black America," *Democracy Now!* (January 13, 2012), online at: http://www.democracynow.org/2012/1/13/on_eve_of_mlk_day_mlchelle. Also see Alexander, The New Jim Crow.

[43] 这篇温和的文章和批判性的评论，请参阅：Mr-shedz, "MSNBC's Bigotry Problem—Pat Buchanan—Flares Up Again," *Crooks and Liars* (July 2, 2011), online at: http://crooksandliars.com/murshedz/msnbc-s-bigotiy-problem-pat-buchanan-flar。

[44] CC, "GOP Do NOT Think They're at War with Women & That Speaks Volumes," *Daily Kos* (April 6, 2012), online at: http://www.dailykos.com/story/2012/04/06/1081188/-The-Mere-Fact-GOP-do-NOT-Think-They-re-at-War-with-Women-Speaks-Volumes.

[45] Sarah Jaffe, "The 10 Scariest GOP Governors: Bringing a Radical Right-Wing Agenda to a State Near You," *AlterNet* (July 7, 2011), online at: http://www.alternet.org/story/151535/the_10_scariest_gop_governors%3A_bringing_a_radical_right-wing_agenda_to_a_state_near_you? page = entire.

[46] Ibid.

[47] Harry Reid, "GOP Would Cut Health Insurance for 1.7 Million Kids," *Huffington Post* (May 31, 2011). online at: http://www.huffingtonpost.com/sen-hany-reid.

[48] "When Ideology Gets Abusive," *Common Dreams* (July 21, 2011), online at: http://www.commondreams.org/further/2011/07/21-2.

[49] Les Leopold, "How Can the World's Richest Country Let Children Go Hungry?

6 Tricks Corporate Elites Use to Hoard All the Wealth," *AlterNet* (December 27, 2011), online at: http://www.alternet.org/module/printversion/153531.

[50] Ghali Hassan, "American (Real) Exceptionalism." *Counter Currents* (July 22, 2011), online at: http://www.countercurrents.or/hassan220711 .htm.

[51] Joseph E. Stiglitz, "Of the 1%, by the 1%, for the 1%." *Vanity Fair* (May 2011), online at: http://www.vanityfair.com/society/features/2011/05/top-one-percent-201105.

[52] Matt Taibbi, "Why Isn't Wall Street in Jail?" *Rolling Stone* (February 16, 2011), online at: http://www.rollingstone.com/politics/news/why-isnt-wall-street-in-jail-20110216.

[53] Warren Buffett, "Stop Coddling the Super-Rich," *New York Times* (August 15, 2011), p. A21.

[54] FiredupinCa, "Sen. Orrin Hatch: The Poor Are Not Taxed Enough," *Daily Kos* (July 7, 2011), online at: http://www.dailykos.com/story/2011/07/07/992277/-Sen-Orrin-Hatch:-The-Poor-Are-Not-Taxed-Enough.

[55] Paul Krugman, "Ludicrous and Cruel," *New York Times* (April 7, 2001). 对促成这些政策的新自由主义意识形态和赌场资本主义的更详细分析，请参阅：David Harvey, *A Brief History of Neoliberalism* (New York: Oxford University Press, 2005); also see Jacob S. Hacker and Paul Pierson, *Winner-Take-All Politics* (New York: Simon and Schuster, 2010)。

[56] See Sarah Posner, "God's Law Is the Only Law: The Genesis of Michele Bachmann," *Religion Dispatches Magazine* (August 1, 2011), online at: http://www.religiondispatches.org/archive/politics/4838/god%E2%80%99s_law_is_the_only_law%3A_the_genesis_of_michele Joachmann. See also Adele M. Stan, "Because the Bible Tells Me So: Why Bachmann and Tea Party Christians Oppose Raising the Debt Ceiling," *AlterNet* (August 1, 2011), online at: http://www.altemet.org/teaparty/151795/because_the_bible_tells_me_so%3A_why_bachmann_and_tea_party_christians_oppose_raising_the_debt_ceiling; Amy Davidson, "Michele Bachmann's Vows," *New Yorker* (July 13, 2011), online at: http://www.newyorker.com/online/blogs/closeread/2011/07/michele-bachmann-debt-ceiling.html; and Ryan Lizza, "Leap of Faith," *New Yorker* (August 15, 2011), online at: http://www.newyorker.com/reporting/2011/08/15/110815fa_fact_lizza.

[57] Quoted in Thomas Lane, "Is He Even Trying? Huntsman Seems Determined to

Alienate the GOP Base," *TPMMuckracker* (August 19, 2011), online at: http://reader-supportednews. org/off-site-opinion-section/72-72/7112-huntsman-seems-determined-to-al-ienate-the-gop-base.

[58] Quoted in Mark Duell, "'Gays Are Part of Satan and Their Life Is Bondage': Bachmann's Thoughts on Homosexuality," *Daily Mail Online* (July 13, 2011), online at: http://www. dailymail. co. uk/news/article-2014289/Michele-Bachmann-says-gays-Satan-homosexual-life-bondage. html #ixzzlUeMCHLZl.

[59] Chris Stellar, "Bachmann Fears 'Politically Correct Reeducation Camps for Young People," *Minnesota Independent* (April 6, 2009), online at: http://minnesotain-dependent. com/31237/bachmann-reedcuation-camps.

[60] Quoted in Carol E. Lee, Damian Paletta, and Naftali Bendavid, "As Talks Stall, New Debt Plan Offered," *Wall Street Journal* (July 13, 2011), online at: http://online. wsj. com/article/SB10001424052702303678704576441833014116822. html.

[61] Paul Krugman, "The Centrist Cop-Out," *New York Times* (July 27, 2011), p. A27.

[62] Hannah Arendt, *Men in Dark Times* (Orlando, FL: Harcourt Brace and Company, 1968 (1955]).

[63] Henry A. Wallace, "The Dangers of American Fascism," *Truthout* (February 28, 2011), online at: http://www. truth-out. org/the-dangers-american-fascism68098.

第四章 可抛弃的知识与可抛弃的身体：亚利桑那州的焚书

71 焚书者，必将焚人。

——海因里希·海涅

每隔一段时间就会在我们眼前发生一些事件，若从当时的政治或意识形态特征考虑，它们起初看似微不足道、稀松平常，但事实上，这些事件有时候包含了隐蔽的政治秩序，暴露出社会责任和道德责任的逃逸，传达了驱动美国社会的黑暗专制主义势力的可怖事实。这些势力常常与反对平等的热情联系起来，受到全民团结呼吁的推动，并被当作狂热的爱国主义行为来辩护。事实上，为持续存在的根深蒂固的种族、经济和社会不平等辩护的愿望常常是出于对某些人的恐惧，他们被视为他者或者被视为危险人物，其存在、声音和观点驳斥了已经动摇的思想一致性以及仅仅强化“常识”、现状和右翼民粹主义的知识体系。对平等的厌恶和轻蔑很容易转变为偏执，因为这类势力驱使保守派政客和反大众的官员惩罚那些因为阶级、种族和民族而被边缘化的人群。与此同时，保守派和右翼群体竭尽
72 全力要消除公共空间、批判性观点、知识体系和社会关系，正是这些表达着复杂的差异性历史、多层次文化和文化记忆，也正是这些记忆允许被认定的无声者能够陈述自我。这是试图让某些群体消失的政治，是美国历史上有悠久遗产的政治，如今体现在平权行动、女性生育权、移民、穆斯林和青年遭到越来越频繁的攻击上。伴随着对那些被认定为病人或可抛弃者的怨恨、偏见和蔑视政治的政策催生了一种受种族主义影响的反智主义和政治形式，其目标是管理那些对历史、权力、文化和社会景观提供不同的或批判性的解读的观点的个人和团体。

现行的审查行动和国家种族主义被包装成意识形态纯洁性或者道德确定性的形式，旨在清洗那些据说玷污美国文化和性格的回忆模式下的更广泛政治。这些行为包含了早期专制主义意识形态的特征，这些意识形态对20世纪上半叶德国和苏联的极权主义国家的塑造具有根本性作用。例如，1933年4月，纳粹德国当局下令文字清洗——焚烧被认定为堕落的书本、报纸和艺术品。因为它们据说损害了“纯洁的”德语、文化和传统价值观。包括阿尔伯特·爱因斯坦、西格蒙德·弗洛伊德、约翰·多斯·帕索斯、贝尔托·布莱希特、瓦尔特·本雅明、厄恩斯特·布洛赫、安德烈·纪德、乔治·格罗兹、弗兰茨·卡夫卡、安德烈·马尔罗、卡尔·马克思在内的作家的书都以包含危险思想和令人担忧的知识为由而遭到焚烧。很明显，所有这些作家出版的书籍都威胁到意识形态纯洁性和政治宗教激进主义的守护者。随着这类书籍被冠以毒害的罪名，一系列法案得以出台，而在对这些书籍进行审查和焚烧之后，正如同海因里希·海涅的墓志铭所说的那样，被认定为对纳粹政治思想和种族纯洁构成威胁的男人、女人和小孩也开始被焚烧了。

焚书事件不久后，纳粹通过纽伦堡法律，将第三帝国支持的种族理论制度化。根据这些法律，任何一个人的祖父母和外祖父母中有三个或四个犹太人就被认定为犹太人，他们将受到剥夺其帝国公民权的法律的限制，被禁止“升降帝国旗帜或国旗”，禁止与“德国人或有德国血统的人”通婚或有性关系。[1]在这些例子中，法律被引入为可能被称为合法的违法行为提供合法性——正如吉奥乔·阿甘本所写，某些个体或群体可能处于无端获罪的例外状态，因为司法机构现在受到一种对正义、民主法治毫不尊重的管理和主权观念的影响。[2]最终，例外状态和制造出这些例外的法律融为一体。法院的权力和法律的起草受到对他者感知的影响，将他者视为不正常、低人一等和威胁，同时为征服这些群体并且把他们当作牺牲品的行为提供辩护。 73

这些事件似乎与经常声称支持民主机构、人文价值观、人权和平等的美国毫不相干。有人认为法西斯主义植根于德国的国民性格，是特定历史经验的产物，这样似乎也说得过去。但是，极权主义支配形式是变动的，并非植根于尘封已久的国民性格中，而是存在于这样的社会，其特征被阿多诺归纳为“经济发展和行政管理权高度集中，导致个体根本没有运作空间”[3]。这些专制主义行径已经成为美国人生活的深层结构的一部分。例如，现在美国发生越来越多的事件不仅表明专制主义的出现，而且表明社会没能意识到这个可怕事实，即美国民主现在已经四面楚歌，美国民主在面对完全无视民主价值观和理想的势力时节节败退。例如，过去这十年，在乔治·沃克·布什总统和奥巴马总统领导下，我们目睹了一场通过立法对公民自由的攻击——从 2001 年通过《爱国者法案》到 2012 年通过《国防授权法案》——赋予政府无证监视、无限期拘押美国公民和在美国境内使用武装力量拘留恐怖分子嫌疑人的权力。[4]

74 不仅如此，现在美国政府有合法的权力暗杀“任何被认为是恐怖分子或恐怖主义教唆犯的公民”[5]，绑架公民和非公民，把他们押送到别的国家进行折磨，绕过司法程序，扩大监狱系统，所有这些都是在国家保密法的保护下秘密进行的。可以保持沉默不受惩罚，但包括前总统和副总统在内的政府官员都默许国家批准的虐待折磨。管理已经成为战争、恐怖和废除公民自由的合法理由。由于美国政治已经成为战争的延续，尤其是在 2001 年“9·11”悲剧事件之后，国家安全和不断扩展的监控网和军国主义战胜了保障民主权利的呼吁。就若隐若现的国家安全体制大厦给美国投下的阴影而言，吉姆·加里森写出一篇评论批判《国防授权法案》，该评论直击蔓延全国的专制主义乌云的中心。他写道：

> 在这个法案中困扰我们的问题是，反恐战争是否比宪法规定的自由更好地塑造我们的命运。由此又引发出另外一个问题，我们是仍旧在进行民主实验，以实现所有人的自由和公正的名义开拓新疆域，还是进入国家安全体制，让民主受金融腐败和军事化的影响如此之高以致像斯巴达一样只能通过战争危机来定义自己？[6]

事实上，各种迹象逐渐表明，美国已经放弃对民主的诉求，无论在“9·11”以前民主理想已经受到了多大的毁坏。

除了取消公民自由以及日常生活的军事化之外，专制社会的体现还有更多方式。通常，在此之前会出现一种反民主的构成性文化——以仇恨批判性思维，嘲笑理性辩论和证据，蔑视真理，贬低同情心、公民勇气和社

会责任感而闻名。这种构成性文化的教学法的任务是创造一群被恐惧、个
人利益和政治一致性支配的国民。通过唤起民粹主义话语，这种专制主义
文化的现有版本推动民众反对大政府和反公共性言论，借此说服美国人产 75
生政府和公共服务部门要么是私人企业要么服务于企业利益的深刻印象。在此，利害攸关的是创造愿意在情感上和政治上投入这个政权的主体、身份认同和欲望。这样的政权削弱个体和公众的能动性意识，使民众沉浸在“一种消除一切重要性的语言中”[7]，并且只给民众一个空间，使其扮演冷漠的旁观者角色，无视道德责任和公平正义的要求。在一个把适者生存法则提升为国家理想的社会，不可能存在呼吁人类团结和要求在道德上回应苦难和广泛的种族歧视的空间。在当今美国社会，人类团结和民主价值遭到嘲笑和贬低，因为对他人的苦难做出道德反应会遭到蔑视，会被当作性格软弱的标志。

在 2012 年总统选举中，我们见证了共和党候选人兜售的残酷性文化。当被问及死刑怎么是奴隶制的残余时，他们眼睛都不眨一下，毫无歉意地建议应该停止童工法的执行，这样贫穷的黑种人青年就能够在学校里做看门人，或者不停地抱怨穷人没有职业道德，不配享受社会保障。[8] 米特·罗姆尼、里克·桑托勒姆、纽特·金里奇认为，社会保障网并不是不够充分而是被过分扩大了，促成了依赖者和一群毫无忏悔之心的乞丐组成的国家，创造了右翼政客和反公共知识分子所谓的“福利社会”（entitlement society）。共和党总统提名人米特·罗姆尼赞同众议院预算委员会主席保罗·瑞安的财政紧缩政策，这些政策实际上在缩减社会支出的同时为企业和富人提供了巨额减税优惠。保罗·克鲁格曼准确指出，这种政策与减少赤字没有多大关系，实际上是“攻击医疗保险、医疗补助、社会保障和食品券”的借口而已。[9]

实际上，这样的政策揭露了存在于赌场资本主义中心的经济达尔文主
义丑陋和野蛮的嘴脸。如同克鲁格曼指出的那样，像罗姆尼和瑞安这样的
“假赤字骗子”支持的政策旨在“抢夺小孩嘴中的食物”（字面意思也是
如此，削减必要的营养援助项目），而且在他们看来，这样做能带来正面 76
效益——瑞安说，社会保障网不应该成为“四肢健全者的舒适吊床，优哉游哉地依靠福利生活，同时主张降低利润和资本收益应缴纳的税额并且

将进一步减税视为神圣不可侵犯的立场”[10]。他们认为，解决之道应该是废除社会保障网，妄想让自由市场施展魔法，这样穷人、老人、患者、失业者和流浪汉都能依靠自己的积蓄度日。

右翼对美国人面临议题的分析中所缺少的不仅是同情心和社会责任感，而且还有对这类政策的社会和经济成本的理解。尽管金里奇、桑托勒姆和罗姆尼等政客的高谈阔论既不切实际又残忍且不公平，但真正的问题在于实施这类政治经济措施将会造成人类更大的痛苦，为此付出更大的代价。当今的新自由主义符咒如缩小规模、私有化、外包、拆除管制等继续推动的经济政策往往以在道德和政治上无法无天为特征。这种常规和政策不仅会造成收入和权力的极大不平等，并且产生了很多带来巨大苦难的行为。尽管 2008 年经济危机带来了巨大灾难，却并没有阻断赌场资本主义鼓吹者推动为少数人的积累资本却把其他人置身于水深火热的进程。想想最近摩根大通集团的不法行为和巴克利银行令人厌恶的犯罪行为与丑闻吧，但两件事都没有引起美国民众哪怕一丝的注意。

在新自由资本主义政权领导下，社会开支和现有美国社会保障网都远远不够：39% 的成年人和 55% 的小孩挣扎在贫困线上下，接近 1.46 亿美国人——两个人中就有一个——属于低收入者或穷人。戴安娜·斯威特指出，更糟糕的是缺乏经济适用房，“美国接近 350 万人无家可归，其中很多都是老年人……此外，有 160 万儿童在一年中有时候无家可归”[11]。在世界上最富有的国家，超过 3 000 万人失业，4 800 万人没有医疗保险，在 2009 年 140 万人申请破产。[12]在此情况下，政治致力于创造冷酷无情和野蛮残忍的可抛弃性区域，或者像阿基里·班贝所说的“死亡世界”——
77 一种“活着的死亡”[13]。因为社会抛弃区的出现，青年人的生存以小心翼翼为典型特征，表现形式有日益恶化的学校、惩罚和拘留中心、非人化的工作环境以及即便不是导致整整几代人的精神和社会死亡至少会加剧其退化的其他地方。市场价值观通过求助于常识来发挥神奇魔力，为的是通过谈论能动性消除社会责任的任何残余。在此情况下，孤立的、自主的人不必承担社会责任，也不必去探索推动赌场资本主义力量的象征性和结构性关系。因为被掏空或被剥夺了公共功能，政治把为企业和金融机构创造条件以便它们可不受任何限制地行动作为第一要务。超级男子汉气概、不受限制的个人主义、军队规模等成为衡量国家强大与否的标准。在支持这种政治的构成性文化中，推崇市场宗教激进主义和战争注定成为美国人生活方式中最持久的标志。

在这种社会，正义成为逐渐出现的专制主义倾向的第一个受害者。我们甚至无法设想公平、平等和正义，更不用说为其辩护了。阿兰达蒂·洛伊预见性地警告：

> 今天，不仅仅是正义本身，连有关正义的思想都遭受攻击。针对社会中的弱势群体的袭击既彻底和残忍又非常聪明——面面俱到且目标明确，明目张胆地残忍而又极度阴险——它极端的厚颜无耻已经腐蚀了我们对正义的定义。它迫使我们放低眼光和期待。[14]

洛伊正确指出，专制主义的构成性文化得以扎根和维持的基础可以在往往很抽象的领域如法律、政策和国家安全内被确定下来。在相关实践、价值观和话语中经常被揭露出来的是这样一个事实，遵循正义要求的不懈愿望——这应该是可靠民主的基础——却被引领到实现正好相反目标的方向：个人不惜任何社会代价来“追求自身物质利益”的权利；狂热而不加鉴别地崇拜消费主义和不受限制的市场；持续地冷漠对待“破败不堪的高速路、破产的城市、垮塌的大桥、倒闭的学校、失业人口、低收入者 78
和没有保险者”；极度蔑视公共领域，恨不得社会福利制度早日灭亡。[15]现在以商业为中心的教学法、恐惧政治、死灰复燃又理直气壮的种族主义沆瀣一气促成了野蛮社会规则的形成，人们生活在恐怖、排外、种族隔离、“狂热的消费主义和霍布斯式的无政府状态”中。[16]我们现在看到的美国是右翼政治和经济阶层的崛起，它们想把国家拉回到 19 世纪晚期镀金时代为标志的不平等和社会残酷性时代。[17]

值得记住的是，在 19 世纪晚期，大企业和实业界强盗大亨控制着州政府和国家政治，黑种人、女人、移民和穷人都受到自由市场资本主义的残酷统治，弱势群体只能完全依靠自己，无力招架结构性暴力和社会达尔文主义等意识形态的冲击，正是它们塑造了影响其生活的力量。[18]在这个时期，异议者被认为是反美主义者，那些鼓起勇气揭露政治腐败的人遭到轻视，并且经常受到政治上的残酷对待，甚至直接被单位开除。此外，在这段时期，种族和民族差异而不是盲从被视为民主的敌人。历史记忆被粉饰，被认为是神圣的和值得敬仰的，而不是建立在批判性对话、深刻质疑、知情判断和辩论基础上的尊敬。文化记忆对历史合法性的主张不足置信，因为文化记忆只是被用来贬低真相，从历史上抹去那些挑战社会精英所著的正统历史的叙述、故事和分析模式，这种历史服务于掌控主流经济、政治和文化机构的少数特权者的利益。现在，这些虚假的正统历史及其被扭曲的遗产正逐渐盛行起来。

随着当代社会秩序的沦陷，美国公众见证了那些黑暗势力的病态和令
79 人担忧的死灰复燃。这些黑暗势力曾经影响了镀金时代组织结构和政策，现在则由那些狂妄自大的金融巨头所把持。但是，在道德空虚、政治腐败和残酷性方面，历史上可能没有如此严重到像当今银行家、对冲基金经理和金融寡头们这样的先例。他们骗取工人阶级和中产阶级的钱财，让自己成为世界范围内最富有和最贪婪的阶级（例如，伦敦银行同业拆放利率的银行丑闻）。伴随着财富和权力的极度不平等而来的不仅仅是特权。更糟糕的是，他们会使用无限的资源来贬低、边缘化和惩罚那些渴望共享财富、资源和机会的人，这些正是曾经为美国梦提供滋养的源泉。批判性思维、知情判断和读写能力自身都受到重创，因为人们对利润的过分热衷让智慧的价值、艺术和人文科学的公民素质培养功能以及创造多样性的知情公民群体的复杂努力都相形见绌。在提高竞争力的号召声中隐藏着对那些被认为可抛弃的、外来的或靠不住的消费者的深刻恐惧，如果不是仇恨的话。在此历史此刻，惩罚性国家的出现、种族主义的持续加剧、财富和收入差距越来越大已经制造了这样一个美国：心安理得地适应道德昏迷、恐惧与仇恨政治。[19]

最近，亚利桑那州发生了两起引人注目的事件，从中可以看出恶性种族主义的诞生，它是为反民主的和专制主义利益驱动下的压迫性教育政策和文化实践服务的。第一件事是废除民族学课程，这是亚利桑那州众议院通过 2281 号法案的结果。该法案禁止州内公立和特许学校提供诸如“鼓动推翻美国政府”、“鼓动对某个种族或某个阶级的仇恨”、“专门为特定种族儿童开设”或“宣扬种族团结而不是把儿童视为个体”的课程。[20]法案的起草是在亚利桑那州发起右翼攻击行动时进行的——以该州为先

行者的若干州推出了反移民和反拉丁美洲裔人的观点、意见和政策——该法律不仅是为了给寻求政治职位的亚利桑那州保守派建立政治标记，也是强行“解散该州深受欢迎的墨西哥裔美国人/种族研究项目”的法规。[21] 80
在一个被广泛传播的事件中，茶党保守派现任公立教育主管约翰·胡鹏塞尔兑现他早前所说的“停止联合民族”①，通知图森联合学区（TUSD），由于新法规禁止民族研究，深受欢迎的墨西哥裔美国人研究项目违反了禁令，除非终止这个项目，否则图森联合学区将丧失政府每年划拨的1 500万美元的补助。该项目最终被学区取消，尽管它被称赞“降低了拉丁美洲裔学生的辍学率，解决了纪律差、出勤率低和挂科等问题”[22]。

攻击民族学课程后不久，图森联合学区董事会就决定禁止与该领域研究有关的大量书籍。在搜查被禁的书籍时，在有些情况下的的确确就是从哭泣的学生手中夺走。禁书包括一些经典作品例如重新思考学派出版的《重新思考哥伦布：下一个500年》，鲁道夫·阿库纳的《被占领的美利坚（墨西哥裔的历史）》，保罗·弗莱雷的国际畅销书《被压迫者教育学》。图森联合学区董事会致力于消除一切以“民族、种族和压迫为主题”的文本和课程，也禁止阅读莎士比亚的戏剧《暴风雨》。禁书事件中值得注意的是，图森联合学区的创始人就是美籍墨西哥人，而且超过60%的学生都来自墨西哥裔美国家庭。杰夫·比格斯说，在“焚书”这种形式中起作用的种族主义不是隐蔽的，因为“行政机关同样清除了有关美国—墨西哥历史的所有书籍”，包括罗萨莱斯的《奇卡诺人：墨西哥人权运动史》，该书记载了图森教育家所罗门·巴尔内德洛的生平。其他被清除的书包括伊丽莎白·马丁内斯的《500年的墨西哥裔美国人历史图集》与理查德·德尔加多和让·斯特凡契奇的《批判种族理论》教材。[23]

除了茶党政治的崛起和具体的审查行动之外，还有很多别的力量在亚利桑那州攻击民族学课程和查禁那些被认为危害儿童的书籍中发挥了作用。还出现了系统性种族主义的深层结构以及新自由主义意识形态越来越大的动员能力，以便为不间断地攻击有色人种、移民以及那些由于阶级和 81
种族不同而被视为异类的人进行辩护。在新自由主义政权领导下，种族没

① La Raza，Spanish = The United Race，美国政治组织。

有被忽略——至少在第一个例子中。相反，种族成为一种风格、商品或被贬低为一种犯罪文化，是对臆想中遭受围困的白种人基督教国家的威胁。随后，作为政治范畴的种族逐渐被抹去，被降低成表达个人偏好、心理或偏见的狭隘参数。将种族主义个体化就保留了占支配地位的权力结构不变，正是这种权力结构产生了结构性种族主义。这种种族主义包括发生在学校、政府、银行、抵押公司以及其他地方的形形色色的种族歧视和种族排斥。在这种私人化的话语中，种族主义伪装成新自由主义幸存下来，作为把人类能动性想象成简单的个人选择问题的巧妙应答——是有效公民素质和能动性的唯一障碍，是原则性的自我帮助和道德责任的缺失。将种族主义个体化起到种族神话的作用，既鼓励用个体的方法解决社会问题又揭露那些声称种族主义只是“释放种族紧张情绪的心理空间”的自负错觉。[24]更糟糕的是，种族主义虽不被承认却被伪装成一种惩罚性语言而出现，用以迫害和妖魔化任何敢于提出种族主义指控的人。例如，罗伯特·罗德里格斯教授就明确指出：

> 曾抗议（图森联合）学区取消墨西哥裔美国人研究的学生……在没有经过听证会的情况下，在本周六已经被惩罚去看大门：一个令人吃惊的消息正出自纽特·金里奇的剧本（他在共和党总统提名竞选中提议雇用学生当看门人以培养其职业道德）。显然，图森联合学区的行政管理者将这个建议听进去了。[25]

同时，很多与青年有关的机构——学校、青少年管教中心和刑法体系——继续采用惩罚策略而不是应对系统性种族主义问题。例如，非常明显的例子就是学校的零容忍政策，不仅过多地惩罚非洲裔美国青年，而且在常规训诫实践中也是如此。

82 他们担心的是，讲授民族学课程的方式会培养学生批判地解读历史、权力、思想，并对组织机构进行反思。这被保守派和白种人至上主义者视为危险之举，因为课堂学习可以被用来揭露种族排外的具体模式、阶级不平等和对年轻人持续不断的惩罚与压制。尽管图森公共学校学生的绝大部分是墨西哥裔美国学生，讲解其遗产和文化的课程却被认为不仅具有颠覆性，而且是反美举动。显然，右翼基督教极端主义者不能容忍少数族裔的学生深入了解自身的历史，不能容忍他们反思所获得的教育，不能容忍他们有能力成为积极投身批判的公民。种族主义者的恐惧、偏执阻止了州政府的政客和保守党支持者奖励、扩展这个帮助墨西哥裔美国青年毕业率高出其他拉丁美洲人两倍的工程。

许多新当选的茶党宣传家认为，批判教育学有力量挑战美国持续存在的种族不平等现象。更重要的是，他们害怕这种教学法在让少数民族学生成为知情公民过程中发挥的作用，学生可能使用权利改变影响他们生活的基础机构和权力结构。学区管理当局的反应之一就是，像压制“国家机器本身中从属派别代表的形式和可能性”一样压制历史并将其最小化。[26]毁灭从属族群间已经存在的或可能存在的政治、文化、和社会纽带就提供了让这些群体在历史及其存在的社会秩序中消失的基础。否则，我们如何解释亚利桑那州司法部部长汤姆·霍恩一直诋毁种族研究课程，指控这些课程加剧民族怨恨，教导粗俗，将群体凌驾于个体之上——连亚利桑那州学校主管和右翼人士委托的调查都证明这些指控没有根据。[27]这种最新版的种族主义的胡言乱语中被忽视的地方是，现存的种族等级制度植根于权力的不平等，并且此刻正给人们的生活带来巨大影响，正在改变当代美国社会。查尔斯·加拉格尔说：“这个途径通过暗示人们社会经济、政治权力和流动性均衡地分配给不同种族来淡化美国的种族等级制度。忽视了种 83
族影响生存机会的程度和方式就稳固了白种人在现有种族等级体系中的社会地位，同时论证了维持、再生产种族不平等和特权的政治经济安排的合理性。”[28]霍恩不仅连续十几年发起对墨西哥裔美国人的种族攻击，他还有即便不是犯罪行为至少算腐败的长期历史，被终身禁止进入美国证券交易委员会。作为茶党的拥护者，他总是公然宣扬反移民种族主义，尤其是在一个以极其严厉的移民法而臭名昭著的州担任公职以后。该州经常把种族主义攻击目标对准移民和所有拉丁美洲人。

亚利桑那州公立教育主管约翰·胡鹏塞尔已经成为支持种族研究和有关书籍禁令的最重要公众人物。杰夫·比格斯对胡鹏塞尔性格特征的描述，“种族研究的阿尔帕约警长（Sheriff Arpaio）或许被低估了”[29]。胡鹏塞尔曾在茶党聚会中演讲，参加“参与者公开称奥巴马总统为纳粹”的聚会，宣称墨西哥裔美国人研究项目的教化模式与希特勒时期准军事组织“希特勒青年团”的灌输教育模式相似。[30]胡鹏塞尔支持“基于世界五百强企业管理模式”的教学法。[31]很明显，他完全不理解教育，只知道教育在很大程度上受到市场驱动下的价值观和支配性权力结构的影响。胡鹏塞尔淘汰了保罗·弗莱雷这位世界闻名的教育家的著作，原因只是保罗·弗莱雷在为其最受欢迎的书命名时使用“被压迫者”这个词，这倒不让人吃惊。胡鹏塞尔给《被压迫者教育学》的作者贴上马克思主义者和煽动家的标签就说明他对弗莱雷的解放神学、人道主义、语言学和许多其他领域的哲学基础一无所知。他也不知道弗莱雷关于批判能力、对话、赋权、社会责任或教育宗旨（教育应该是为儿童提供从道德上说公平正义的生活）的研究。[32]胡鹏塞尔一本正经地主张禁书是教会孩子们学习批判性思考的最佳方式，看起来这是既模糊不清又莫名其妙的。[33]

84 深藏在亚利桑那州新型教育形式、教学法和政治之下的是骇人的反民主意识形态与一系列反动政策的回归。这种求助于审查、禁止种族研究和攻击批判思想的转变暗示了对20世纪80年代文化战争的进一步强化，代表了基督教极端分子和政治基要主义者新的、更大的努力，他们要确保公立教育、高等教育不赋予越来越多的墨西哥裔美国人与其他因种族和阶级被边缘化的人群公民权。[34]公立教育主管胡鹏塞尔、司法部部长霍恩和政府雇佣的发言人将批判性思考、读书识字能力和知情对话视为教育的敌人。任何挑战现状的历史叙述都以可能具有煽动性和让人不安而被贬低为说教和灌输——给胡鹏塞尔的自我认知带来的威胁显然比给学生的身份认同带来的威胁更多。学生们学习了墨西哥裔美国人研究课程就能够驳斥胡鹏塞尔的论证。他声称教授墨西哥裔美国人研究课程会加剧种族仇恨，这实际上是为自己的种族主义找借口，为自己蔑视那些挑战右翼观念的知识找借口，因为他们相信无任何冲突的美国历史叙述。如果胡鹏塞尔的阴谋得逞，美国课堂将会只允许讲授唐纳德·特朗普/沃尔特·迪斯尼的历史观，那是称赞企业成长，鼓吹商业在促进世界进步中的先驱地位，支持军队在美国人生活中占据核心地位，支持19世纪强盗式企业大亨的观念，支持不加批判地完全接受建立在白种人基督教叙述和原则基础上的美国社会观。这是吃了兴奋剂的商会叙事。

胡鹏塞尔深爱必胜主义者那种“历史由胜利者书写”的考察方式。

这是霍华德·津恩在《美国人民的历史》中著名的批判内容。不幸的是，从胡鹏塞尔的世界观来看，忠实于这种版本的历史不仅需要为占支配地位的历史叙事辩护，还要从课堂上消除任何其他版本的历史观，尤其是那些宣扬常被认为无权者的文化、斗争和故事的版本。这些无权者使用词语的力量挑战和抵制占支配地位的意识形态的帝国遗产、文化遗产和政治遗产。否则，我们如何解释在亚利桑那州参议院 1202 号法案中最初引入的一项条款，即禁止老师使用党派性教科书，灌输党派教条或在学校进行任何党派活动？尽管该法案后来在修改时，去除了禁止党派性书籍这一条款，但审查制度继续禁止那些被确定为危险的书、与多样文化叙述有关的书以及把历史纳入批判性叙述的书。我们如何解释禁 85
止老师在课堂上有违反联邦通信委员会有关污秽、亵渎和下流言论的参议院 1205 号法案？[35]按照这项法规，讲授诸如《坎特伯雷故事集》和《麦田里的守望者》之类经典著作是违法行为——或讨论案件名字中有亵渎词汇的案例也不合法。同样，这帮想把课堂变成孵化无思想学生的温箱的宗教激进主义立法者也想“设立讲授《圣经》和《圣经》在西方文化中地位的高中课程”，一点也不让人吃惊。[36]指向过去将犹太人、知识分子和被看作国家威胁的人统统消灭的专制主义政体，在当今历史时刻，亚利桑那州这样的软法西斯主义致力于用不同方式来“消灭”，因为它开始了朝向“黑暗时代”的漫长路程，首先是消灭思想、书本、电影和其他持不同见解的文化产品。

霍恩、胡鹏塞尔及其追随者们都意识到，持续的种族显著性会产生对历史意义的争论，改变传统课程和知识模式，暗示严肃对待多样性的历史和学生的复杂呼声，对美国公立学校中少数种族、阶级遭受的歧视和训诫等做法提出了严肃批评。[37]受到反种族主义批评、教学法和社会关系的困扰，霍恩和胡鹏塞尔试图消除批判教育学的途径，因为这种教学法能突出显示出审视历史、文化产物、文本和政策的需要，正是这些维持了学校、政府和其他社会领导机构中的种族主义复杂形式、种族排外做法。因此，在亚利桑那州政府发起的对种族研究的攻击中起作用的绝不仅仅是种族主义者对学术中立的认识。在此案例中，学校政策是美国右翼更大计划的一部分，保留自身扭曲的历史不动，同时抹去所有形式的政府补助、公共 86

空间、语言、教学法和批判形式，因为这些提供了培养具有批判能力的行动者的教学法环境。正是这些行动者才让民主正常运行起来。

亚利桑那州不过是说明问题的一个例子而已，在当今时刻，美国文化有什么、媒体传播什么、公立学校和高等教育讲授什么都受到社会各方面的右翼宗教激进主义者的严格控制。这些显示一场针对移民、青年和被认为可抛弃的人的激烈战争已经打响。我们目睹了新的惩罚区、抛弃区和排外区的出现——越来越多地把他者看作不正常的、低等的、危险的和可牺牲的人，这就为镇压移民和贫穷黑种人提供了合理性。这些新出现的现实应该被理解为针对年轻人尤其是因为阶级、种族和民族被边缘化的人的更大战争的组成部分，也是对让民主成为可能的构成性文化的攻击。因此，迫切的问题是包括学校在内的各种文化机器在创造构成性文化和为不断增长的专制主义提供组织基础的过程中发挥什么样的作用？禁止民族研究课程及其批判性文学作品清楚表明的是，在许多右翼思想家和反动政客看来，任何挑战主流历史观念，支持自由和理性价值观，追求更加公平的世界，拥抱推动民主的公共价值观的教学法不仅危险而且成为公立学校和更广泛的文化竭力要消除的目标。

亚利桑那州的例子向我们表明，像墨西哥裔美国人研究这样的学校课程形式的文化教学法成为种族主义保守派的真正威胁，因为它展现了包括被压迫者和被边缘化人群的呼声在内的历史。它展现的知识能让人期望“通过知识的他者性来邂逅自己……让自己遭遇愿意和能够理解的东西的极限”[38]。“事情并非表面上看起来那样”的教学法观念，正义要求“把
87 责任转化为社会语言”和“‘公正社会’是认为自己不够公正的社会”等准则，对右翼煽动家尤其是那些操纵美国教育政策的煽动家构成了真正的威胁。[39]取消可能给被压迫群体提供批判声音以及开阔受压迫者群体道德和政治视野的课程是教学法的敌人，因为这些教学法试图通过为年轻人提供自我发展、批判性思维、自主性，以及公民责任所需要的知识、技能、价值观来赋予他们力量。威胁茶党及其思想同伴的不仅是那些包含批判思想的书籍和课程，而且这种学习模式可能说服年轻人抵抗校内外教育模式，鼓励他们参加有关机构权力分配及其实际影响的反种族主义者斗争的可能性。这些理论家明白——而且害怕——批判思想的发展，因为它能把想法

转化成争取人人平等并致力于将资源、权力和机会分配民主化的社会运动。

本章开始时评论了纳粹的焚书事件。我之所以返回这个例子是因为美国现在正处于把过去的许多专制主义元素纳入现有社会秩序的历史时刻。种族排外体现在许多方面，通过多种实体和意识形态机构发挥作用——包括反民主的说服和实践模式。我们必须从此例子中认识到的是，除了这些事件对民主的危害，我们必须明白培养有批判思维的知情民众才能确保民主的生存。这就要求年轻人愿意经常关注真正影响民主的权力关系、政府机构和公共空间。对能带来知情判断、批判意识、公民勇气和社会责任的构成性文化冷漠无情无异于掏空民主的意义而使民主成为空壳，即便不是没有意义——果真如此，那就是为 21 世纪新版专制主义铺路。换句话说，亚利桑那州事件不仅威胁到批判性教育，而且威胁到民主本身。它不仅象征着黑种人青年被边缘化现象的加剧，也象征着某些群体、历史和知识成为病态被视为可抛弃的垃圾的一场更大规模的战争。在这场战争中，群体 88
消失了，历史不见了，民主遗落在废墟中。亚利桑那州审查民族研究课程，毁灭相关知识，打压不同意见乍看只是在我们面前一闪而过的愚蠢、荒谬或反常事件，但事实远非如此。从长远的历史观点看，它清楚表明反民主势力的形成，它们正在等待时机把美国拉入专制主义的万丈深渊。

亚利桑那州推动的焚书政策的反民主本质清楚表明，这场针对青年的战争已经部分被指向那些能够教导年轻人批判性思考并带着强烈的社会责任感加入更广大世界的教学机构。在亚利桑那州和其他向青年开战的州，敌人并不是抽象的民主，而是教会青年进行批判思维、创造性思考、学习问责权力和大胆行动的构成性文化、行动者与机构。这样，其攻击目标就不仅是青年，还包括老师、课堂和严肃承担批判性教育者责任的学校以及重要的民主公共空间。攻击的结果是出现一种教育观念，不仅从教学法角度看是不负责任的，而且在道德上是破产的。这种反民主剧本继续演下去极其危险。它一边努力将青年人置于高度无知、历史遗忘症、政治被动性的世界，一边却创造了让青年产生普遍不满和集体抗争的条件。考虑到青年反抗运动在蒙特利尔、巴黎、雅典、伦敦和美国各个城市逐渐增多，著名的古代数学史家和古代天文学史家奥托·诺伊格鲍尔的观点具有特别重要的意义，他坚持认为：“人类历史上的任何教育体制都不可能毁灭所有人。”[40]

［注释］

[1] See "Nuremberg Law for the Protection of German Blood and German Honor, September 15, 1935," online at: http://www.owlnet.rice.edu/~rar4619/blood.html.

[2] Giorgio Agamben, *Homo Sacer: Sovereign Power and Bare Life* (Stanford, CA: Stanford University Press, 1998), especially pp. 71-115.

[3] Theodor W. Adorno, "Appendix 1: Discussion of Professor Adorno's Lecture 'The Working through the Past,'" *Critical Models: Interviews and Catchwords*, trans. Henry W. Pickford (New York: Columbia University Press, 1998 [1963]), p. 298.

[4] See, for example, Glenn Greenwald, *With Liberty and Justice for Some* (New York: Metropolitan Books, 2011).

[5] Jonathan Turley, "10 Reasons the U.S. Is No Longer the Land of the Free," *Washington Post* (January 13, 2012), online at: http://www.washingtonpost.com/opinions/is-the-united-states-still-the-land-of-the-free/2012/01/04/gIQAvcD1wP_story.html.

[6] Jim Garrison, "Obama's Most Fateful Decision," *Huffington Post* (December 12, 2011), online at: http://www.huffingtonpost.com/jim-garrison/ob£ uiias-most-fateful-decis_b_1143005.html.

[7] Angela Y. Davis, *Abolition Democracy: Beyond Empire, Prisons, and Torture* (New York: Seven Stories Press, 2005), pp. 90-91.

[8] See Paul Krugman, "Romney Isn't Concerned," *New York Times* (February 12, 2012), online at: http://www.readersupportednews.org/off-site-opinion-section/72-72/9776-romney-isnt-concerned. See also Paul Thomas, "Gingrich's Strategy: Racism," *Daily Censored* (January 25, 2012), online at: http://dailycensored.com/2012/01/25/gingrichs-strategy-racism.

[9] Paul Krugman, "Big Fiscal Phonies," *New York Times* (May 28, 2012), p. A17.

[10] Ibid.

[11] Diane Sweet, "3.5 Million Homeless and 18.5 Million Vacant Homes in US," *Occupy America* (December 30, 2011), online at: http://occupyamerica.crooksandliars.com/diane-sweet/35-million-homeless-and-185-million-va.

[12] David DeGraw, "The Economic Elite Have Engineered an Extraordinary Coup,

Threatening the Very Existence of the Middle Class," *AlterNet* (February 15, 2010), online at: http://www.alternet.org/story/145667.

[13] Achille Mbembe, "Necropolitics," trans. Libby Meintjes, *Public Culture* 15: 1 (2003): 21.

[14] Arundhati Roy, "Peace and the New Corporate Liberation Theory," The 2004 Sydney Peace Prize Lecture, *Sydney Morning Herald* (November 4, 2004), online at: http://www.smh.com.au/news/Opinion/Roys-full-speech/2004/11/04/1099362264349.html.

[15] Tony Judt, *Ill Fares the Land* (New York: Penguin, 2010), pp. 2, 12.

[16] Jean and John Comaroff, "Criminal Obsessions after Foucault: Postcoloniality, Policing, and the Metaphysic of Disorder," *Critical Inquiry* 30 (Summer 2004): 84.

[17] Robert Reich, "The Rebirth of Social Darwinism," *Robert Reich* (November 30, 2011), online at: http://robertreich.org/post/13567144944.

[18] 有关第二次镀金时代到来的详细讲述，请参阅拙著：Henry A. Giroux, *Twilight of the Social* (Boulder, CO: Paradigm Publishers, 2012); Henry A. Giroux, *Youth in a Suspect Society* (Boulder, CO: Paradigm Publishers, 2009); Henry A. Giroux, *Public Spaces/Private Lives* (Boulder, CO: Paradigm Publishers, 2003)。

[19] 这个主题在苏珊·希尔斯·吉鲁的《种族与理性：暴力、知识责任和未来大学》中有很好的解释。请参阅：Susan Searls Giroux, *Between Race and Reason: Violence, Intellectual Responsibility, and the University to Come* (Stanford, CA: Stanford University Press, 2010)。

[20] See "Fact Sheet on Arizona House Bill 2281 Ethnic Studies Week (October 1-7, 2010)," online at: http://ethnicstudiesweekocto-ber1-7.org/arizona-hb-2281-fact-sheet.html. 立法文件，请参阅：http://www.azleg.gov/legtext/491eg/2r/bills/hb2281s.pdf。

[21] Jessica Calefati, "Arizona Bans Ethnic Studies," *Mother Jones* (May 12, 2010), online at: http://motherjones.com/mojo/2010/05/ethnic-studies-banned-arizona.

[22] Roxana Rahmani, "Arizona HB 2281 Aims to End Ethnic Studies in Tucson," *Harvard Civil Rights-Civil Liberties Law Review* (April 16, 2011), online at: http://harvardcrcl.org/2011/04/16/arizona-hb-2281-aims-to-end-ethnic-studies-in-tuscon.

[23] Jeff Biggers, "Who's Afraid of The Tempest?" *Salon* (January 13, 2012), online at: http://www.salon.com/2012/01/13/whos_afraid_of_the_tempest. 罗伯特·罗德里格斯在对本土声音、文化和历史的攻击上做出过许多重要贡献。请参阅他的重

要著作和他的博客：Roberto Cintli Rodriguez's blog *Dr Cintli online at*：http://drcintli.blogspot.com/. See also Roberto Cintli Rodriguez, "Arizona's 'Banned' Mexican American Books," *Guardian* (January 18, 2012), online at：http://www.guardian.co.uk/commentisfree/cifamerica/2012/jan/18/arizona-banned-mexican-american-books? newsfeed = true。

[24] Charles Gallagher, "Color-Blind Privilege：The Social and Political Functions of Erasing the Color Line in Post Race America," *Race*, *Gender*, *and Class* 10：4 (2003), online at：http://aca.lasalle.edu/schools/sas/sscdept/content/faculty/gallagher/Color_Blind_Privilege.pdf. 有关批判性种族理论的最优秀著作，请参阅：David Theo Goldberg, *The Threat of Race*：*Reflections on Racial Neoliberalism* (Malden, MA：Wiley-Blackwell, 2008)。

[25] Cintli Rodriguez, "Arizona's 'Banned' Mexican American Books."

[26] Etienne Balibar, "Outline of a Topography of Cruelty：Citizenship and Civility in the Era of Global Violence," *We*, *the People of Europe*? *Reflections on Transnational Citizenship* (Princeton, NJ：Princeton University Press, 2004), p. 128.

[27] Amy Goodman, "Tucson Orders Closure of Mexican- American School Program as Ethnic Studies Faces Nationwide Threat," *Democracy Now*! (December 29, 2011), online at：http://www.democracynow.org/2011/12/29/tucson_orders_closure_of_mexican_american.

[28] Gallagher, "Color-Blind Privilege."

[29] Jeff Biggers, "Will Tucson School Board Stand Up and Defend Ethnic Studies?" *Common Dreams* (January 9, 2012), online at：http://www.commondreams.org/view/2012/01/09-9.

[30] Jeff Biggers, "AZ School Chief Compares Mexican-American Studies to Hitler Jugend (As He Endorses White Supremacist-Backed Candidate)," *Huffington Post* (January 12, 2012), online at：http://www.huffingtonpost.com/jeff-biggers/az-school-chief-compares_b_98539ahtml.

[31] Biggers, "Will Tucson School Board Stand Up and Defend Ethnic Studies?"

[32] 在此，只需看看弗莱雷后期的著作就明白了。请参阅：Paul Freire, *Pedagogy of Hope* (New York：Continuum Press, 1994) and *Pedagogy of Freedom* (Lanham, MD：Rowman and Littlefield Publishers, 1999)。

[33] Amy Goodman, "Debating Tucson School District's Book Ban after Suspension

of Mexican American Studies Program," *Democracy Now*! (January 18, 2012), online at: http://www.democracynow.org/2012/1/18/debating_tucson_schooLdistricts_book _ban.

[34] 克里斯托弗·纽菲尔德的论文考察了 20 世纪 80 年代严重影响高等教育的文化战争，很睿智地解释了这个主题。我相信他的论文也提到了对公共教育的袭击。他写到，其中值得引用的是："也许有些过于简单化了，那些因为战后受过大学教育的经济领域多数人而感受到威胁的保守派精英已经把多数人赶回原处，他们的迂回武器就是对高等教育发起文化战争，对创造中产阶级并为其提供公民权的公立大学中的进步文化潮流发起攻击。在拙著《废除公立大学》中，我说过文化战争与大多数人的经济地位下降有关，简单的理由是这些战争通过降低公立大学及其毕业生的公共重要性和经济诉求而导致了美国高等教育的衰落。虽然多数评论家认为文化战争只是对经济的干扰，但我指出文化战争就是经济战争。他们通过诋毁赋予目标群体——越来越多受过大学教育的人群——力量的文化框架来降低他们的经济诉求。"请参阅：Christopher Newfield, *Unmaking the Public University* (Cambridge, MA: Harvard University Press, 2008), p. 6。

[35] 关于参议院 1202 号法案的详情，请参阅：http://www.azleg.gov/ legtext/491eg/2r/bills/sb 1202s. pdf。

[36] Paul Davenport, "Arizona House Approves Bill for Bible Course," *Stamford Advocate* (February 21, 2012), online at: http://www.stamfordadvocate.com/news/article/Arizona-House-approves-bill-for-Bible-course-3347241.php.

[37] 详情请参阅拙著：Henry A. Giroux, *Youth in a Suspect Society: Democracy or Disposability*? (New York: Palgrave, 2010)。也可参阅：Christopher Robbins, *Expelling Hope: The Assault on Youth and the Militarization of Schooling* (New York: State University of New York Press, 2008)。

[38] Roger I. Simon, "A Shock to Thought: Curatorial Judgment and the Public Exhibition of 'Difficult Knowledge,'" *Memory Studies* (February 25, 2011): 2. See also Deborah Britzman, *Lost Subjects, Contested Objects: Toward a Psychoanalytic Inquiry of Learning* (Albany: State University of New York, 2003).

[39] Zygmunt Bauman and Keith Tester, *Conversations with Zygmunt Bauman* (London: Polity Press, 2001), pp. 65, 63.

[40] Cited in Anthony Grafton, "Can the Colleges Be Saved?" *New York Review of Books* (May 24, 2012), online at: http://www.nybooks.com/articles/archives/2012/may/24/can-colleges-be-saved/? pagination = false.

第五章　涓滴效应的残忍与财政紧缩政治

89 历史的不利条件之一是太多人在社会变革的重要时期都无法保持清醒。每个社会都有现状维护者及其无视革命的同伙，他们因为在革命时沉睡而臭名昭著。我们当今只有保持清醒和警惕、接受新思想并勇敢面对变化的挑战才能存活下来。

——马丁·路德·金

令人担忧的迹象似乎越来越多，美国社会正朝着专制主义国家的方向前进，这个国家越来越多地被企业和荒诞且不负责任的金融精英所控制，与之相伴产生的是给其他人带来更多痛苦的恶意政治和政策。[1]长期投资被短期收益和利润取代，而同情被认为是软弱，民主的公共价值观因为把市场考量置于公共利益之下而遭到蔑视。在此情况下，道德变得无关痛痒，帮助他人的义务和对集体幸福的责任被悉数剥夺。因为私有化、拆除管制和商品化的语言取代了公共利益话语，从学校、图书馆到公共服务等所有公共事物要么被视为市场上的损失和负担，要么被视为病态。此外，
90 财富和收入的不平等加剧，像毒素一样在日常生活中蔓延开来，毒化了民主，并将越来越多的个体贬低为日益庞大的可抛弃的人类垃圾。[2]残酷性文化在市场话语、价值观和政策文件中得到呼应甚至模仿。现在，政府各项政策的设计就是用来为金融服务机构、特大企业和最上层的10%富人的利益服务的，与此同时大幅度削减教育、医疗卫生和其他社会服务开支，并对贫穷的少数民族实施“极其残忍的管制”。[3]

右翼政客不遗余力地诋毁穷人，暗示穷人的困境是由于他们不够自立和性格缺陷。例如，在2012年共和党初选时，纽特·金里奇丝毫没有歉

意地宣称，美国童工法“非常愚蠢”，建议学校应该辞退看门人，雇用未满16岁的学生来做这项工作。这样，纽特想剥夺穷人的低收入工作，以更低的工资雇用穷人的孩子来做这项工作。聪明得很呐！当他因为这个真正的狄更斯式立场而遭受攻击时，他为自己辩护时说穷人的孩子缺乏体面的工作习惯，因为周围的人都不工作。考虑到“在穷人孩子的家庭中，83%的家庭里至少有一个成年人在工作”[4]的事实，纽特的言论就不仅仅是卑鄙和无知了。纽特似乎不知道，16岁到24岁的年轻人失业率是18.1%，达到历史最高峰，超过410万年轻人找不到工作。真正阻止年轻人找到工作的原因不是童工法的存在而是没有足够的就业岗位。

残酷性文化还体现在一些广为流传的标语中，例如：“政府太大了”“竞争和自我利益最有效”“贪婪有好处”“集体讨价还价是一种社会主义”“依靠福利救济生活者是病态的乞丐”。这些不仅仅是陈词滥调和讽刺漫画，而且将医疗保健、高质量的教育和宝贵的社会福利贬低为政府骗局，将给穷人和不幸者提供的帮助贬低为不应该得到的施舍的强大框架体系。把那些身在高层拥有高额工资者奉为民族英雄，他们拿国家命运进行赌博，非但不创造就业岗位还用下流手段迅速搜刮钱财。与此同时，他们 91
支持的政策带来了财富、收入和机会的极端不平等。少数人获得巨额财富，大多数人则遭受无尽的苦难。贫困率超过40%的地区正在快速增加，并蔓延到美国越来越多的地方。[5]居住在“贫困率高的地区”的穷人比例快速增加，从2000年的11.2%一跃上升到2010年的15.1%。[6]与此同时，过去十年间郊区的贫困率上升了26%。自20世纪80年代以来，只有5%的富人见证了工资的上升，而50%的美国人生活在贫困中，或者谨慎地描述为：勉强维持基本生活的“低收入水平”。[7]在美国，自从2009年以来不能赎回抵押房屋的家庭就已经达到800万，现在每天都有超过1万套的房屋抵押贷款被取消赎回权。[8]在这个世界上最富有的国家里，4 800万人依靠食物券生活，相比2007年，增长了2 000万人。当然，在权力、财富和收入极端不平等产生的苦难面前，这些数字黯然失色。这些不平等将美国推向在经济上和政治上都已经不可救药的境地和道德深渊，使国家有关公平正义和民主的宣言即便不是幻想至少也变得不够真诚。然而，2012年共和党总统提名人米特·罗姆尼提出提高军队预算的预算案，“给所有年收入超过100万美元的人平均减税25万美元”，同时大幅度削减医疗保险、医疗补助、穷人食物券和学生的佩尔奖学金开支。[9]正当美国慢慢朝着19世纪后期的镀金时代后退时，在那些超级富豪眼中，福利变成了庸俗的爱情故事，民主不过是欺骗和阶级斗争的隐喻而已。

工人阶级和中产阶级已经注定遭遇“新的现代性，其中：只奉行一种价值观，即市场价值观；只承认一种成功，即赚钱；只承认一种存在，即商品；只承认有一种社会关系，即市场”[10]。全球经济衰退只是加剧了反对美国公众的战争，因为构成世界商业阶级的专业人士和政客现在摈弃民主，呼吁财政紧缩。果真如此，就能产生一种隐匿的政治秩序，其中“财政紧缩的呼吁就掩盖了风险和脆弱性的不平等分配过程”[11]。事实上，影响富人的紧缩措施几乎并不存在。理查德·沃尔夫详细地描述了他所说
92 的“‘合理’紧缩措施的某些替代选择”。他写道：

> 认真努力地征收以美国为基地的跨国公司的所得税，尤其是那些使用国内定价机制来逃避美国税收的公司将产生新的庞大的联邦收入。这也适用于富裕的个人。美国没有对股票股份、债券和现金账户征收联邦财产税（州政府和地方政府也没有征收类似的财产税）。如果联邦政府对资产介于10万美元到49.9万美元的人征收1%的税，对资产超过50万的人征收1.5%的税，那将能大量提高联邦收入（任何人第一次赚10万美元不需要缴税，正如现有的美国所得税对个体首次获得的几千美元工资不收所得税一样）。从伊拉克和阿富汗的灾难中撤出驻军也能达到同样效果。终止那些超级富有的私立教育机构（如哈佛、耶鲁）以及宗教机构（常去做礼拜的人到时需要为教堂缴税）的免税待遇也是“合理”紧缩措施的替代选择。相似的替代选择已经被应用于其他国家——或正在努力争取中。[12]

与将债务负担和越来越严重的就业危机加在本就处于劣势地位的人肩上相比，这些建议更具合理性。但是，没有任何地方显示采取紧缩措施的呼吁是受常识驱动的。如今正在推行的紧缩模式即便不是腐败的，至少也是不理性的，其副作用正是本章所说的涓滴效应的残忍政治。

在财政紧缩的幌子下，有人出于政治动机开始大肆攻击青年、低技能

工人、穷人、劳工、非洲裔美国人和老人。激烈而无情的残酷性明显体现在紧缩性削减政策中，它们被用来奖励公司和亿万富豪（给予减免税优惠），同时消除福利国家提供的种种保护措施，并从预算危机中牟利。结果，国家开支的减少大幅度削减了许多基本的社会福利，使得许多年轻人和位于极端经济不平等的社会结构边缘者的生活陷入困境。例如在费城，“预算削减已经导致消防部门难以维持日常运转”，这将延缓做出紧急反应的时间。费城消防队 22 分队的迈克・凯恩说，已经出现了一个本来可能避免的不幸后果，“两个孩子从燃烧的家中被转移出来时已经太晚了， 93
我们不知道如果消防队及时反应，孩子是否能活命，但如果不是灯火管制，这些孩子本来不会受伤”[13]。在亚利桑那州，简・布鲁尔州长签署了一项法案，事实上等于取消了 47 000 多名低收入儿童的医疗保健。[14]最近，一位住在北卡罗来纳州加斯托尼亚的 59 岁老人从银行抢走 1 美元以便有机会得到医疗保险。他递给银行出纳员一张纸条，仅仅要求 1 美元和医疗协助。他坐在银行的椅子上等待警察的到来。他告诉媒体自己曾经是可口可乐快递员，但 17 年前就丢掉了这份工作，最后在一家便利店打零工。但这个工作异常辛苦，每天累得腰都要折了，再加上他患有关节炎、腕管综合征（手腕长期受力压迫神经引起手和手指疼痛）、胸口疼肿等疾病。因为没有医疗保险，他认为最好的选择就是抢劫银行以便在监狱里获得医疗保健。[15]

我们还听说美国在 19 世纪就已经废除的债务人监狱现在又死灰复燃。据《明尼阿波利斯星星论坛报》报道：“人们因为不能偿还债务被投进监狱，在有些情况下，人们待在监狱中直到筹集到最低限度的欠款。2010 年 1 月，法官宣判伊利诺伊州一个名叫肯尼的人‘终身监禁’，直到他拿出欠锯木厂的债务 300 美元。”[16]一名 57 岁的病人福利鼓吹者乔伊・乌姆耶在监狱里待了 16 小时，因为她错过了有关信用卡债务的法庭听证。[17]当然，很难忽略因为不能支付少量债务而把人投进监狱的讽刺味道，马特・泰比已经指出，奥巴马政权的法律实施没有判处“一个已经证明犯罪的公司高管有罪，他们弄虚作假利用骗人的金融热潮和大量兜售错误标记的虚假抵押贷款支持的证券骗局大发横财”[18]。这些金融骗子背着投资者藏匿了数十亿资产，给美国人造成难以言说的痛苦和苦难。但是，执法部门并不认为他们犯罪，奥巴马政府给他们的奖励是虚弱的监管法律和对可耻奖金的渔猎开放期。

残酷性文化的运行基于这样一个假设，即没钱就没道德。这种思想在
94 将穷人污蔑为可抛弃的垃圾的社会中很流行。穷人会遭到不公平的惩罚，即使其行为与或许可以笼统地称为无法无天的行为并没有任何关系。否则，我们如何解释加利福尼亚某个警察协会售卖印刷有“你们供养他们，我们逮捕他们”字样的短袖衫？[19]骚扰贫穷青年与讥讽、诋毁他们的父母完全是两回事，后者不仅愚蠢，而且蕴含着危害。在此案例中，警察不仅强化了对影响极坏的种族形象定性，而且事实上把贫穷青年认定为不可避免的罪犯，还把这些行为的罪过归咎于父母抚养孩子的方式不当。国家支持的种族主义是如此地理直气壮以至于现在又把种族主义行为伪装成令人不安的街头幽默。

当刑罚体系把矛头指向因为种族和阶级而处于边缘化的群体后，它就开始越来越多地放弃公正概念。例如，因为无家可归的母亲坦尼娅·麦克道威尔不恰当地为自己的孩子报名上康涅狄格州学院赫赫有名的幼儿班就被判刑 12 年。我们对这样的社会还能说些什么呢？詹·勒施指出：“她的‘罪过’在于试图把自己的孩子送进有更好机会获得优质教育的学校。”[20]麦克道威尔本来应该把儿子送到每年学费为 8 000 美元，辍学率高达 25% 的布里奇波特公立学校，而不是花费 15 686 美元，辍学率低得多的诺沃克学校。学校董事会主席杰克·查蒙德声称，这个案件涉及服务盗窃。但是，真正的犯罪行为是不公正的学校财政体系的再生产，这种体系歧视贫穷家庭出身的孩子，并与刑事司法系统一起对特定阶级和种族实施隔离制度。很明显，此处发挥作用的不仅是以极端不公平和根深蒂固的种族隔离为标志的学校体系，而且还出现了一种完全与惩罚性国家融合的公立学校体系，其中“种族主义、贫穷、隔离与不公平地惩治穷人和黑种人的刑事司法体系紧密联系起来”[21]。在此，美国社会犯下的最严重罪行是它已经放弃把学校教育视为公共利益的观念，即人人都应该缴税，人人都能上学。相反，公共利益已经被转变为私人权利，上学的机会仅限于达
95 官贵人。[22]这种私有化观点忽略的重要概念是受到良好教育的社会更健康、更平等，也更民主。作为公共利益的教育观建立在这样一种前提之

上，正如艾瑞卡·希克注意到的那样，我们都能从知情公民中受益，我们不仅在为他人的教育买单，而且在为“生活在受过良好教育的社会的权利买单。这样的社会能带来种种利益”[23]。

这样的故事在危机社会里成为爆发点。鲍曼说，尽管这些事件几乎不能告诉我们深层的因果关系，但它们能“激发想象力，能给人警示。它们求助于良知和求生本能。它们同样证明一个人能‘独自完成’的想法是致命的错误，仅仅依靠自我、关心自我是不够的”[24]。这些例子都显示出赌场资本主义的附带性危害，而其现在又把财政紧缩当作号角，鼓吹取消社会保障，削弱劳工和工会权利。紧缩政策用来奖励有钱人，却给那些因为种族、残疾、年龄和阶级而被边缘化的群体带来贫穷、痛苦和无数苦难。对很多人来说，我举出的例子显示出关乎他们未来的不祥之兆，该信息的确很黑暗。

右翼政客、保守派专家有关联邦赤字攀升的抱怨与他们关于财政紧缩的严厉政治呼吁是虚伪的和不真诚的。虚伪在于他们支持针对富人的大幅度减税，不真诚在于他们实施以市场为基础的议程的赤裸裸目标，把政府服务和利益减少的负担强加在穷人、年轻人、失业者、工人阶级以及中产阶级个人与家庭的肩上。正如这一章前述沃尔夫的言论所指出的，在这透明的场景中，财政紧缩措施适用于穷人而不是富人，富人在政策支持下继续繁荣，这些政策包括政府财政救助、支持造成赤字的战争、针对富人的减税和有利于大公司的拆除管制等。保守派、右翼政客和以平衡预算的名义呼吁共同做出牺牲的政策制订者根本没有兴趣去推动正义、平等和公共利益。他们的政策是将自我利益最大化，支持有组织的不负责任的文化，加剧不平等，增加军事开支并导致贫困日益严重。财政紧缩在当今政治气 96
候下推动赤字以便让美国回到20世纪20年代的镀金时代政策中。[25]

具有讽刺意味的是这样一个事实，鼓吹财政紧缩的家伙来自所谓的“负债党”。他们属于共和党，即那个把我们带入两场战争的政党，他们使得军队开支大幅增加，同时税收大量减少，因为要给大型的企业和富有的美国人减税。这是把克林顿时期的财政盈余之后变成巨额赤字的政党。诺贝尔奖获得者经济学家保罗·克鲁格曼提出问题：2000年联邦政府预算盈余之后发生了什么？并给出了下面这个答案：“三大要点。第一，布什提出的减税，在过去十年使国家债务上升将近 2 兆美元。第二，伊拉克和阿富汗战争使债务再增加约 1.1 兆美元。第三，经济大萧条导致政府收入大幅减少，并使得政府在失业保险和社会保障方面的支出大幅度增加。”[26] 总之，乔治·布什总统总共带来 4 兆美元的政府债务——而当时对提升债务限额没有任何辩论，导致在布什执政期间债务即便提高了七倍，照样得到国会的支持。[27]

这些讨论中常常错过的东西是，赤字一直都是右翼共和党人和同样保守的民主党人的目标，他们把赤字看作削减社会福利的借口，从而造成对富人有利的巨大不平等。[28] 迈克尔·汤姆斯基继续解释：“共和党根本不在乎公共债务。实际上，它希望越多越好。它是债务党、赤字党、衰退党、失业党、不平等党、中产阶级停滞和滑动党。共和党人高喊危机就是因为他们的愿望是使用危机作为借口对这个国家做强硬右派过去 30 年一直想做之事。”[29] 汤姆斯基漏掉没有说的地方是控制华盛顿和无数州政府的右翼共和党精英还热衷于“急切地想要给人们痛苦”[30]。否则，如何解释两党领袖在最近的协商辩论中，只要民主党人建议需要讨论不仅削减有
97 利于穷人的项目，而且限制针对公司老总、风险投资经理、卑鄙的有钱人以及公司的税收减免时，共和党领袖就拂袖离开了。

根据安·兰德、米尔顿·弗里德曼和罗纳德·里根的门徒们的说法，个人利益和市场需要战胜社会需要；聪明的个人更适合管理政府，更容易在经营机构中取得成功，自由很大程度上被定义为摆脱管理的自由；任何通过提供社会保护、管制企业或减少不平等政策的政府，要么极端独裁，要么就是愚蠢。在此背景下，尤其是在罗纳德·里根政府时期，政府被宣称是敌人，而市场被赋予管理社会的权力。20 世纪 80 年代出台了一系列持续攻击工人阶级和中产阶级的政策，通过“破坏工会，把无数体面的工作出口到国外，把大量财富积聚到富人手中。最富有者的税负下降了一半。贪婪得到了激励”[31]。

因此，赌场资本主义宣传家相信，因为有钱人和公司支付税款减少，不平等不受任何约束，整个社会都将因为财富的涓滴效应而受益。当然，在过去十年实际发生的是不受任何约束的、西部荒野式的、布什风格的赌场资本主义，是工人工资停滞不前，人口中最上面的 1% 获得巨额财富，

大多数人的医疗保健在恶化，学校变成了考试中心，国家基础设施继续衰败，导致数百万人失去工作、家庭和希望。当三分之二的美国公司完全不缴税时，这种情况愈演愈烈。例如，美国银行 2010 年和 2011 年都没有交税。[32]在此情况下，当美国的不平等加剧让世界其他地方相形见绌，管理层工资的增加戳穿了民主国家的假话时，我们一点儿都不感到惊讶。

保守派以紧缩之名发起的攻击的隐含意义不仅仅是谨慎支持没有责任追究的企业统治和反动政府政策的实施。在欺骗和支配政治的背后是残
酷性文化的泛滥，其受害者臣服于残忍严苛的管制和控制策略，尤其是青 98
年、黑种人、失业者、老人、穷人、移民以及从 20 世纪 20 年代以来承受最严重经济衰退的无数个体与组织。在此案例中，残酷性不仅仅指富人的性格缺陷或求助于呼吁一种左翼道德主义的形式，而是记录资本、财富和权力机构合并所产生的影响，尤其是 20 世纪 80 年代后，这一合并造成了极端不平等并给社会弱势群体带来无数苦难和痛苦。[33]但是，影响还不止这些。乔纳森·谢尔指出：

> 最近很多迹象显示，美国正在滑向一条残酷性的崎岖之路。很难解释为什么会出现这样的事，但它似乎与越来越强烈地相信用武力来解决国内外问题的信仰有关。对杀戮的激情无疑是残酷性的象征。这同样发生在杀害本·拉登之后，全国一片欢呼。相信必须杀死一个人是一回事，因此而陷入狂欢则完全不同。尤其令人担忧的是，不仅政府官员如此，连普通民众也都加入到这种欢呼之中。[34]

美国逐渐增长的残酷性文化，不仅显示出腐败和道德败坏的赌场资本主义的出现，而且显示出超级男子汉意识形态的诞生，其中社会福利国家和政府的最基本特征被认为是“女性的、软弱的、没有男子汉气概的，而政府和社会政策中的反社会方面（精英论的、军事化的、个人主义的）特征则被认为是有男子汉气概的、强壮的”[35]。事实上，我们现在只剩下“削弱集体主义概念的男子汉式个人主义”[36]。这种战争式男子汉思想成为军事化惩罚性国家的意识形态外衣，其中重要的是紧缩政策、国际事务和治理政治都急急忙忙从考量社会开支或道德义务中抽身。应该明确指出的是，紧缩政治并不是为了公共利益而重新思考优先顺序。相反，它成为

羞辱个人的话语的组成部分，这种话语模仿赌场资本主义的经济政策和残
99 酷性政治等做法，二者都与利用羞辱来设想更美好的世界没有任何关系。相反，羞辱现在被用来发起一场战争，攻击对象是穷人而不是贫穷，是青年而不是毁掉他们未来的经济和政治力量，是被看作“他者”的人而不是体制性的和国家种族主义的基础结构与意识形态。羞辱还被用来侮辱教师，将教师的个人业绩评估公开，似乎在公共媒体上羞辱教师就能激励他们或者帮助他们改革这个残破不堪的教育体系。[37]我们生活在理性与合理性脱节的时代，他人的痛苦，尤其是那些被认为是可抛弃者或无价值者的痛苦成为美国人讥讽和取笑的对象，而非同情的对象。财政紧缩话语暴露了隐藏起来的新封建社会秩序政治，它对自身的腐败无能为力，再也无法提出合理的民主诉求。迈克尔·托马斯用下面的评论刻画了美国社会的黑暗转型：

> 我现在75岁，感觉到自己活了很久。如果有人问我，我一生中经历过的美国最美好的故事是什么，我有现成的答案。正是腐败和金钱至上像一层厚重的雾气一样包裹着我们的希望，蔓延到所有机构和存在的隐秘处，并对我们的生活方式产生真正的影响。在60年前如果你问我腐败有没有可能成为这个国家的常态，以我一直以来所受的教育来看，我肯定会说你是傻瓜。但我似乎大错特错了。[38]

随着福利国家的解体，取而代之的是惩罚性国家的残酷事实。结果，社会问题变成刑事犯罪问题，社会保障要么被取消，要么遭到致命的削弱。新社会秩序的残酷价值观体现在越来越多的青年遭到监禁；体现在以监狱模式管理公立学校；体现在反动的反移民法；体现在紧急救助投资银行家而听任中产阶级和工人阶级陷入贫穷、绝望与不安全之中的国家政策。对贫穷的青年和黑种人而言，这种监狱工业联合体特别具有毁灭性。米歇尔·亚历山大曾经指出，处于刑法体系控制下的美国黑种人比1850
100 年代的奴隶还多，因为针对毒品的战争，在有些社区五分之四的黑种人青年预计将进监狱或“在人生的某个阶段被刑法体系之网俘获”[39]。在佐治亚州、亚拉巴马州和南卡罗来纳州等地，新的移民法案

> 使得那些无证件者不可能不生活在恐惧之中。它们给予没有接受

> 移民法训练的地方警察新权力。它们迫使企业清理劳动力，学校检查学生的移民地位。这将极大地增加随意搜查、虚假抓捕、种族定性（racial profiling）和其他滥用公权力的危险，不仅针对移民，而且针对看起来像警察眼中非法移民的任何人……法案还规定乘载没有合法证件者属于违法行为，因此儿子可能因为开车送母亲去超市而锒铛入狱，教堂志愿者可能因为带着全家人开车去施粥所而入狱。[40]

奥巴马政府在惩罚移民问题上也没有取得什么进步，“通过刑事司法体系和执法机构，花费5 000万美元把39.3万人驱逐出境”[41]。政府在移民问题上的立场显示其用错地方的优先选择，拒绝制裁华尔街骗子，折磨、虐待伊拉克男人、女人和孩子的中央情报局坏蛋。白领骗子因为骗人的交易造成全球金融灾难，但没有受到任何惩罚，寻找大部分美国人不愿意做的工作的非法移民却被关进监狱。

残酷性文化、非法的法律行为和政治文盲也可以在针对富人的社会主义实践中看到。这种实践拒绝把税收作为重新划分财富的手段，反而声称市场体系奖励有美德者和勤奋工作者，故意不提及每个人得到的人生机会是不平等的——出生在所谓的自由市场社会中的人更是如此。这种社会心态认为，政府支持穷人、失业者、病人、老人的项目荒谬可笑，因为它们要么加速赤字上升，要么削弱市场驱动的个人责任感。反征税、反公共领域、反政府极端分子的涓滴效应的残忍充分体现在明尼苏达州，那里的共和党人拒绝了州长马克·代顿为增加收入对付州政府预算赤字问题而“针对每年收入超过百万美元的7 700位明尼苏达人”征税的呼吁。不是对富人征税，共和党立法机构人员反而呼吁削减“教育、卫生和社会保 101
障项目的数百亿美元”，为了扫除障碍，已经实际上关闭了州政府。[42]结果是，2.2万名工人被迫下岗，儿童福利补贴已经干涸，针对穷人的基本福利项目已经暂停，所有这一切都是为了不提高富人的纳税额。新泽西州州长克里斯·克里斯蒂也遵循同样的剧本使用否决权消除了13亿美元的开支，其中大部分是学校、医疗保健和城市补贴方面的开支。而他也否决了民主党人喜欢的更小项目，如帮助受虐待儿童和为穷人提供法律援助等项目。还有更糟糕的情况，州政府预算资金因为实施公司福利政策面临干涸的情况下，有些城市已经降低了公务员的工资。在宾夕法尼亚州的斯克顿，警察、消防员和其他公务员的薪水已经被降到最低标准。

现在很容易看到的现象是，那些攻击“大政府”的批评家们没有任何讽刺意味地为政府支持富人、银行家、永久的战争经济，为那些被认为是国家命脉的企业提供补贴进行辩护。显然，这种言论是仅仅对有钱有势者有利的简单论证，是在为西部荒野赌场资本主义放纵式提供合法性辩护。因为公共服务被取消，超过百万儿童的医疗保险被削减，教师和公共工作人员被裁员。2010 年美国工人人均收入是 3.9 万美元，到 2011 年增长 0.5%，工资上升到 4.01 万美元。与此同时，企业利润暴涨，华尔街高管有了利润丰厚的年终奖。据《纽约时报》报道：“2010 年 200 家大公司高管的平均工资是 1 080 万美元。这相当于在 2009 年的基础上增加了 23%。”[43] 当 1 400 万人在寻找工作、百万人失掉家园、数千家庭试图依靠食品券生活之时，如此高薪的道德卑劣就变得更加明显。一个自称民主和平等的社会怎么能够为如此怪异的高工资辩护呢？很难想象这么多财富怎么花销？例如，人们怎么能为美国媒体巨头维亚康姆的老总菲利普·道曼 2010 年 8 500 万美元，或者直播电视公司的迈克尔·怀特的 3 290 万美元辩护？[44]

102 当耐克老总马克·帕克因为削减了 1 750 个工作岗位在 2010 年获得 1 310万美元、韦恩-狄克西公司的首席执行官彼得·林奇削减了 2 000 个工作岗位而获得 530 万美元之时，政治的隐蔽秩序和残酷性文化变得更加清晰起来。最令人气愤的事件是，沃尔玛首席执行官杜克削减了 13 000 个工作岗位，却在 2010 年获得了 1 870 万美元工资。[45] 更值得警醒的是，有一部分给冒风险的银行家的奖金用的是纳税人的钱。例如，本杰明·弗里德曼在《纽约书评》中写道，这正是花旗银行高管身上发生之事：

> 虽然给股东造成这么多的损失和依靠众多纳税人的援助，花旗银行的管理层宣布在 2009 年春天为 2008 年的奖金支付了 53 亿美元，包括给银行 43 名雇员每人超过 500 万美元的款项。因为 450 亿美元的美国退休人员协会（AARP）和运输改进项目（TIP）投资，到 2009 年，美国政府成为花旗银行的最大股东。因此，这些慷慨的奖

> 金引起的问题不仅仅是私有公司为员工奖励的权利问题，花旗银行管理层给出的奖励在很大程度上是纳税人的钱。但奥巴马政府没有表达反对意见，至少没有公开反对。[46]

除了以纳税人的金钱来贴补之外，过度膨胀的首席执行官薪资令人愤怒之处还在于企业高管工资提高不仅加剧了美国的不平等，将政治、经济、社会权力进一步集中在少数个人和公司手中，同时意味着所需负担的巨额人道成本，即为填满富有公司高管的口袋，工人遭到解雇而失业所造成的艰难困苦。最终，这些实践给数百万美国人带来大量痛苦，它们腐化政治，破坏可靠民主的承诺。弗兰克·瑞克进一步扩大了批评的范围，他指出："随着美国企业的好日子再度回来，企业老总们集体坐拥 1.9 万亿美元还不够糟糕吗？……最令人吃惊的是，这些高管中有多少是不断抱怨的胜利者，在前往棕榈滩度假的路上一直在抱怨，在大把捞钱的同时却在过去 50 年支付了最低的税款。"[47]一面诋毁提议中的对金融机构和企业的管理是"无法容忍的负担"，一面却要求穷人和失业群体承担根本不是他们造成的债务危机的后果。在不做脑叶切除术的情况下，他们应该怎样做才能让自己的道德良心安宁呢？ 103

紧缩措施的出现及其要求的种种经济达尔文主义形式不仅仅是通过控制在右翼公司极端主义者手中的政府实施的。这些措施还得到保守的最高法院的支持，而且依靠警察或其他压迫性机构。或许更重要的是，紧缩政策通过新老媒体等文化机构和包括大学在内的公共领域机构无休止地重新创造出来，并通过我们在日常的多元商业环境中接触到的千万条信息和陈述而赢得公众的支持（或者冷漠以对）。在此话语体系中，经济秩序要么是上帝批准的，要么是作为自然界的天然延伸而存在的。换句话说，新自由主义残忍剧场产生的独裁和痛苦被确立为不容置疑和不可更改的，就像都市里的摩天大楼一样。

一个纯粹由市场利益推动下的社会既非民主的亲戚也非民主的同义词。富人放纵的特权和公司精英不受限制的权力不是提升整个社会而是破坏民主。任何一个社会，如果允许市场成为枢纽，控制所有社会交往的机制，不仅会失掉其道德感和责任感，而且会放弃对民主未来可能性的任何念想。市场宗教激进主义连同其极端不平等结构和残忍机制已经证明是对民主的死刑判决。

好消息是美国各地正在进行抗议的青年人把反对经济不平等和大钱政治作为他们集会运动的口号。财富和收入的不平等被视为经济体系腐败的症状，是奖励富人和践踏其他人的赌场资本主义形式。最重要的是，他们已经认识到，不平等是造成当前经济危机并威胁任何可靠民主思想的新
104 自由主义议程的强大指标。在受市场驱动的社会里，不平等不可避免。作为市场宗教激进主义与自我发展、辛勤工作、个人责任等狭隘的潜伏观念相结合的中立描述，不平等否认权力中的结构性关系、系统性压力或机构性权力。占领运动反对这种编码形式的政治，反对其逃避社会成本、社会责任和政治责任。

目标对准富有的1%群体，抗议者对华尔街、大型企业、对冲基金、超大型银行和每年获得数百万美元的企业高管说不。青年不仅提出有关阶级、权力、社会关系和社会价值观等重大问题，而且还赋予民主价值和集体抵抗形式新的意义。此外，他们用自己的毅力和热忱宣告，他们相信自己有能力改变腐败的体制，改变这个夺走他们可靠的幸福未来的体制。遵循吞没了这一代所有青年的反抗精神，美国人现在到了提出该如何去除赌场资本主义内在的专制主义神秘性的时候，到了该揭露效仿其政策、做法和价值观的机构本质的时候。这些任务要求年青抗议者与其他个体和社会运动联合起来，不仅解决困扰美国的收入分配问题而且触及斯坦利·阿洛诺维茨所说的“标示了这场反抗的社会和文化异化”[48]等更广泛领域。为了认识到美国真正的民主是什么样子以及该怎么做才能实现这样的民主，现在是时候不仅与青年一起反抗经济不平等，而且重新思索必须解决的自由和社会公平等相互影响的其他领域。

[注释]

[1] 有很多书都谈论这个问题，其中一些比较有名的是：Sheldon S. Wolin, *Democracy Incorporated: Managed Democracy and the Specter of Inverted Totalitarianism* (Princeton, NJ: Princeton University Press, 2008); Henry A. Giroux, *Against the Terror of Neo-liberalism* (Boulder, CO: Paradigm Publishers, 2008); Chris Hedges, *Death of the*

Liberal Class (Toronto: Knopf Canada, 2010); and Jacob S. Hacker and Paul Pierson, *Winner-Take-All Politics* (New York: Simon and Schuster, 2010)。

[2] 关于美国社会不平等的危害性，请参阅：Joseph E. Stiglitz, *The Price of Inequality* (New York: W. W. Norton, 2012); Tony Judt, *Ill Fares the Land* (New York: Penguin Press, 2010). Also see Goran Therborn, "The Killing Fields of Inequality," *Open Democracy* (April 6, 2009), online at: http://www.opendemocracy.net/article/the-killing-fields-of-inequality。

[3] Dorothy Roberts, *Fatal Intervention: How Science, Politics, and Big Business Re-Create Race in the Twenty-First Century* (New York: The New Press, 2011), p. xi.

[4] Rev. Jesse L. Jackson, "Slandering the Poor," *Counterpunch* (December 14, 2011), online at: http://www.counterpunch.org/2011/12/14/slandering-the-poor.

[5] Hope Yen and Laura Wides-Munoz, "US Poorest Poor at Record Highs," *Reader Supported News* (November 4, 2011), online at: http://readersupportednews.org/news-section2/320-80/8235-us-poorest-poor-at-record-highs.

[6] Ibid.

[7] Paul Buchheit, "Half of America in Poverty?" *Counter-Punch* (December 27, 2011), online at: http://www.counterpunch.org/2011/12/27/half-of-america-in-poverty.

[8] Diane Sweet, "3.5 Million Homeless and 18.5 Million Vacant Homes in the US," *Occupy America* (December 30, 2011), online at: http://occupyamerica.crooksandliars.com/diane-sweet/35-million-homeless-and-185-million-va.

[9] Robert Reich, "Romney's Regressivism," *Robert Keich* (May 25, 2012), online at: http://robertreich.org/post/23708814586.

[10] Lawrence Grossberg, *Caught in the Crossfire: Kids, Politics, and America's Future* (Boulder, CO: Paradigm Publishers, 2005), p. 264.

[11] Gesa Helms, Marina Vishmidt, and Lauren Berlant, "Affect and the Politics of Austerity: An Interview Exchange with Lauren Berlant," Variant 39/40 (Winter 2010), online at: http://www.variant.org.uk/39_40texts/Variant39_40.html#L1.

[12] Richard D. Wolff, "*Austerity*: Why and for Whom?" *In These Times* (July 15, 2010), online at: http://www.inthesetimes.com/article/6232/austerity_why_and_for_whom.

[13] Rania Khalek, "Death by Budget Cut: Why Conservatives and Some Dems Have Blood on Their Hands," *AlterNet* (June 13, 2011), online at: http://www.alter-

net. org/story/151275/death_by_budget_cut:_why_conservatives_and_some_dems_have_blood_on_their_hands.

[14] Khalek, "Death by Budget Cut."

[15] Diane Turbyfill, "Bank Robber Planned Crime and Punishment," *Gaston Gazette* (June 16, 2011), online at: http://www. gastongazette. com/articles/bank-58397-richard-hailed. html.

[16] Chris Serres and Glenn Howatt, "In Jail for Being in Debt," *Star Tribune* (June 9, 2010), online at: http://www. startribune. com/ investigators/95692619. html.

[17] Ibid.

[18] Matt Taibbi, "Why Isn't Wall Street in Jail?" *Rolling Stone* (February 16, 2011), online at: http://www. rollingstone. com/politics/news/why-isnt-wall-street-in-jail-20110216.

[19] Melody Gutierrez, Kim Minugh, and Sam Stanton, "Twin Rivers Police Association Stops Sales of Controversial T-Shirts," *Sacramento Bee* (November 1, 2011), online at: http://www. sacbee. com/2011/11/01/v-mobile/4020655/twin-rivers-police-association. html.

[20] Jen Roesch, "How Our War on the Poor Landed One Homeless Mother in Jail," *AlterNet* (March 8, 2012), online at: http://www. alternet. org/story/154458/how_our_war_on_the_poor_landed_one_homeless_mother_in_Jail.

[21] Ibid.

[22] 对此问题的详细讨论，请参阅拙著：Henry A. Giroux, *Education and the Crisis of Public Values* (New York: Peter Lang, 2012)。

[23] Erika Shaker, "Don't Kid Yourself: We Are All Paying for the Defunding of Higher Education," *Common Dreams* (May 12, 2012), online at: http://www. commondreams. org/view/2012/05/12−3.

[24] Zygmunt Bauman, *Collateral Damage: Social Inequalities in a Global Age* (Cambridge: Polity Press, 2011), p. 39.

[25] James Crotty, "High Deficits Were the Objective of Right Economics," *The Real News* (May 10, 2011), online at: http://therealnews. com/t2index. php? option = com_content&task = view&id = 31 & Itemid = 74&jumival = 6724.

[26] Paul Krugman, "The Unwisdom of Elites," *New York Times* (May 8, 2011), p. A23, online at: http://www. nytimes. com/2011/05/09/opinion/09krugman. html.

[27] Paul Krugman, "To the Limit," *New York Times* (June 30, 2011), online at: http://www.nytimes.com/2011/07701/opinion/0lkrugman.html.

[28] Crotty, "High Deficits Were the Objective of Right Economics."

[29] Michael Tomasky, "Why The GOP Loves the Debt," *Daily Beast* (July 1, 2011), online at: http://www.thedailybeast.com/articles/2011/07/01/the-gop-party-of-debt-and-deficits.html.

[30] Paul Krugman, "The Urge to Purge," *New York Times* (June 27, 2011), online at: http://krugman.blogs.nytimes.com/2011/06/27/the-urge-to-purge.

[31] Robert Parry, "If Ayn Rand and the Free Market Fetishists Were Right, We'd Be Living in the Golden Age—Does This Look Like the Golden Age to You?" *AlterNet* (June 28, 2011), online at: http://www.alternet.org/economy/151463/if_ayn_rand_and_the_free_market_fetishists_were_right,_we'd_be_living_in_a_golden_age_—_does_this_look_like_a_golden_age_to_you.

[32] Allison Kilkenny, "2/3 of U.S. Corporations Pay Zero Federal Taxes," *AlterNet* (March 27, 2011), online at: http://www.alternet.org/story/150387.

[33] 关于这个话题的更详细讨论，请参阅：Bauman, *Collateral Damage*。

[34] Jonathan Schell, "Cruel America," *Nation* (September 28, 2011), online at: http://www.thenation.com/article/163690/cruel-america.

[35] Varda Burstyn, *The Rites of Men: Manhood, Politics and the Culture of Sport* (Toronto: University of Toronto Press, 2000), p. 184.

[36] Ibid., p. 184.

[37] 关于这个问题的详细讨论，请参阅拙著：Heniy A. Giroux, *Education and the Crisis of Public Values* (New York: Peter Lang, 2012)。

[38] Michael Thomas, "There Will Be Violence, Mark My Words," *Newsweek* (December 28, 2011), online at: http://www.readersupportednews.org/opinion2/279-82/9142-the-big-lie.

[39] Cited in Dick Price, "More Black Men Now in Prison System Than Were Enslaved in 1850," *LA Progressive* (March 31, 2011), online at: http://www.zcoinmunications.org/more-black-men-now-in-prison-system-than-enslaved-in-1850-by-dick-price. See also Michelle Alexander, *The New Jim Crow: Mass Incarceration in the Age of Colorblindness* (New York: New Press, 2010).

[40] "It Gets Even Worse," *New York Times* (July 3, 2011), p. A16.

[41] Taibbi, "Why Isn't Wall Street in Jail?"

[42] "Antitax Extremism in Minnesota," *New York Times* (July 6,2011), p. A18.

[43] Pradnya Joshi, "We Knew They Got Raises—But This?" *New York Times* (July 2, 2011), p. BUI.

[44] Ibid.

[45] Josh Harkinson, "10 CEOs Who Got Rich by Squeezing Workers," *Mother Jones* (May 12,2011), online at: http://motherjones. com/mojo/2011/05/ceo-executive-pay-layoffs.

[46] Benjamin M. Friedman, "Cassandra among the Banksters," *New York Review of Books* (June 23, 2011), online at: http://www. nybooks. com/articles/archives/2011/jun/23/cassandra-among-banksters.

[47] Frank Rich, "Obama's Original Sin," *New York Magazine* (July 3, 2011), online at: http://nymag. com/news/frank-rich/obama-economy/presidents-failure.

[48] Stanley Aronowitz, "Notes on the Occupy Movement," *Logos* (Fall 2011), online at: http://logosjoumal. com/2011/fall_aronowitz.

第六章　陷入阶级战争？占领华尔街运动挑战赌场资本主义

> 我们很年轻，我们很贫穷，我们再也受不了了。 105
>
> ——占领华尔街口号

阶级战争再一次成为国家政治的主流词汇，然而这次却带有奇怪的转折。诸如保罗·瑞安等右翼政客和许多保守派媒体名人、企业资助的智库发言人已经揭示出，统治阶级长期以来试图掩盖在贤能政治话语和无阶级社会的神话之下的真相——即阶级权力、等级差异统治和极端不平等的残酷后果。按照统治精英的说法，真正的阶级战争指向的是反对这样的信仰，即自由和不受管制的市场、不受限制的资本统治、个人主义文化、宗教自由，以及幸福本身——尽管存在着这个事实，即恰恰是这些信仰为2008年几乎毁灭世界经济的华尔街金融家和对冲基金经理们带来了利益。

极右派美国企业研究所的所长阿瑟·布鲁克斯在为精英的合理性及空洞的意识形态辩护时说道："自由企业带来幸福；再分配不能带来幸福。原因是只有自由企业才能带来拼搏后的成功。"[1]根据这个令人厌烦 106
的评论，采取反对社会和经济不平等的立场就等同于斥责来之不易的成功。只有在人人生来就拥有相同的环境和获得类似的人生机会时——实现这种状况的唯一希望在于真正的平等，而不是不受限制的市场体系所鼓励的财富和政治垄断——布鲁克斯的立场才有意义。萦绕着布鲁克斯命题的政治的秘密秩序是对民主的恐惧，与之相配的是一种歇斯底里的狂热，即相信寡头统治的美德却蔑视民主思想。考虑到失败的首席执行官、对冲基金经理获得的巨额奖金和仅仅有利于银行家的经济复苏进程的现实，呼吁"拼搏后的成功"和个人创业的说教显得无比空洞。首席执行官的工资和奖金加起来有数百万美元以上，与此同时大企业每个月都要裁减成千上万的员工。只有不受限制的市场才能保证辛勤工作获得回报的断言就显得特别虚假和令人绝望。在金融精英并不产出任何可靠的或可见的利益的经济体制下，“拼搏后的成功”概念显得越发空洞无力。相反，他们通过发行垃圾债券、金融衍生产品、虚假贷款和参与其他腐败交易等方式大发横财，其利润的获得往往是依靠不断加大的风险、高风险赌博、高频交易等，大部分都是使用别人的钱。布鲁克斯刻意忽略的是，在任何社会，如果道德分解成赤裸裸的个人利益，且无视他人的残忍成为社会秩序的核心，那么这个社会就与自由和民主格格不入。从安然丑闻到最近的制药公司葛兰素史克、曼氏金融、摩根大通集团和巴克利银行的失败等无数企业欺诈案例都非常清晰地说明了这一点。

当2011年9月开始的美国成千上万青年游行反对企业权力和华尔街贪婪时，政治和经济精英们做出的反应是，重提阶级战争的老话，同时坚持赞美赌场资本主义鲨鱼般的残酷性文化。这再清晰不过地揭露其自身的犯罪行为以及对美国民主的威胁。把占领者的行为解释成幼稚的阶级憎恨当然不是保守派的新伎俩。过去，统治阶级的精英分子试图把阶级战争的概念削弱或中性化，这不是没有很好的理由。阶级战争使得富人与其他人
107 尤其是工人阶级、穷人之间的巨大权力差距和各种不平等大白于天下。它也让人们的注意力集中在因为财富落入企业和富豪手中，而其他人则承受并苦苦挣扎于恶劣的实际后果而引发的暴力和社会成本上。总之，阶级斗争的历史概念让人联想起美国工人们集体英勇抗争的画面，争取公平的工资、安全的工作环境、体面的住处、劳动自主权等。这种抗争的代价总是很大。当他们为体面的工作环境、基本的经济和劳动权利而斗争时，总是遭受老板、流氓侦探机构和国民警卫队的残酷暴力对待。[2]斯坦利·阿洛诺维茨在其精彩的著作《阶级的作用：权力和社会运动》中指出，阶级关系交织在美国人的生活中，但这些关系却没有被写进美国历史。它们被主流媒体报道抹杀了，隐匿在贤能政治、道德和性格等语言之中。[3]

当前，阶级斗争的本质出现了稍有不同的转变。随着金融资本的胜利和第二个镀金时代的出现，征召的恶棍打手、警察和国民警卫队不再是阶级压迫的先锋或前线。针对身体的暴力尽管很难说在抗议游行过程中完全

消失了，但相比政策、文化和政治层面的战争，暴力已经退居第二位。在全球化经济中，劳动力越来越多地被视为可被抛弃的人——大部分养老金被取消，不断增加的医疗保险成本被转嫁给员工，失业补贴被削减，就业岗位被外包出去，这样资本就能够被重新分配到“劳动力最廉价之地”。[4]随着企业和金融权力的增加，暴力如今呈现出腐败立法和政治意识形态的形式。它剥去了政府提供普遍的社会保障义务，取消了政府监督，依靠恐惧统治，大幅度削弱工会权力，取消对公共机构的资金资助，通过旨在永久维持压倒性不平等的政策推广残酷性、欺诈和贪婪的文化。[5]当然，在鼓吹军国主义，为富人减税，实施旨在拆除政府对企业管制的法律和取消政府对意义重大的社会保障项目资助时，这种削弱政府职能的运动就不再反对“大政府”了。

与此同时，软弱而过分膨胀的大众媒体为广大民众带来了大量有危害 108
性的信息，其中混杂了大肆宣传的仇恨、种族主义、诱捕移民、攻击工人等。富豪的权力及其对弱势群体的蔑视因为这些煽动性言论而得到加强，伴随而来的还有对枪支文化的支持和对各类屏幕文化上充斥的超级暴力不假思索地接受。人们对公职人员的蔑视催生了带有专制倾向的民粹主义，劫持了民主语言、理想和社会关系。主流媒体不再是道德多数和现状看门人的代言人——他们现在坚定地站在超级富豪和特大企业支持的激进保守派一边。不然，我们如何解释媒体在把新闻变成娱乐，把平等的呼吁变成反智主义狂欢时如此蔑视理性和批判性探索呢？最好的解释是，主流媒体试图淡化和隐藏阶级不平等问题。最坏的解释是，媒体充当了帮凶，通过支持新自由主义价值观和拒绝参与任何严肃问题的讨论而积极帮助推动阶级战争的隐秘进程，因为这些可能揭露仅仅服务于富人的制度造成的日益严重的社会、经济不平等所带来的可怕人类苦难和社会成本。

在美国，我们生活在这样一个历史阶段，统治阶级的歇斯底里已经达到前所未有的高度，激烈阻止联邦政府实施任何形式的管制，因为这些管制可能让美国民众来问责统治者。与此同时，共和党的阶级战士及其企业支持者试图掏空社会福利国家，给提供社会保障并为公共利益做贡献的政府贴上罪恶、压迫和可牺牲的标签。《美国展望》的合作编辑罗伯特·库特纳正确指出：“我们的重要政党之一变成了虚无主义者……政府本身就是恶魔……无论攻击的目标是环境保护署（EPA），或是《多德—弗兰克法案》，还是《平价医疗法案》，共和党都准备毁灭政府的管制能力……右派对公共机构的鲁莽袭击不仅是针对政府而且是针对整个美国的战争。”[6]这场战争最清晰的面孔出现在2008年经济危机之时，华尔街银行家和交易员将明明知道要失败的抵押债券包装起来，通过推销骗子的贷款
109 来对美国大众实施大规模的欺诈，造就了一种被威廉·布莱克称为“犯罪环境”的商业文化，即在缺乏监管和为骗子发财提供动力的奖励机制而导致的欺诈盛行环境；“市场走上邪路”，诚实被当作一种累赘。[7]这种环境背后是“几乎摧毁经济和吞噬民主的赌场资本主义”祸根。[8]

随着产生阶级斗争模式的历史环境有所改变，斗争的基本轮廓基本保持不变，突出显示出双方始终存在的不平等的分裂。一边是庞大的资本家和金融家阶级，一边是社会其他成员。如同占领华尔街运动的口号所显示的那样，99%的人现在受制于仅仅服务于富人的鲁莽政策，被排除在美国社会1%的富人所享受的大量财富、资源和利润之外。甚至儿童的历史读物都揭露出右翼的荒谬举动，他们试图重提“阶级斗争”，把富人定位成受害者，把占领运动参加者的合理诉求贬低成无聊的、幼稚的诽谤。从历史上看，统治阶级精英都通过欺诈、暴力、武力来控制从工作地点和金融机构延伸到地方政府、州政府、联邦政府的权力工具和场地。能够保障他们的财富、利润和特权的任何事情都被认为是正当的，即使这些做法造成经济、政治和文化上的极端不平等，付出高昂的社会成本也在所不惜。历史上一个很有代表性的例子是勒德洛大屠杀，其间科罗拉多州国民警卫队用机枪扫射聚集着游行矿工的棚户区，共有19人被杀。[9]同样的景象，即涉及国家和企业对工人及其家属实施暴力的事件也发生在1920年春天的西维吉尼亚——马特万屠杀和布莱尔山之战。胡佛式凶杀也导致了20世纪30年代政府对所谓军役补贴军团的袭击，其间军队射杀退役老兵，造成55人死伤。这些不过是20世纪时为保护阶级特权对工人阶级开战的比较有名的例子而已。

从历史上看，非常清楚的是，阶级战争通常意味着统治阶级、精英、
110 政府官员和企业毫不犹豫地使用暴力来为资本主义辩护，同时维持现状，镇压工人抵抗的任何举动——无论工人和其他团体的要求有多公正合理。

这种把武力当作为权力工具使用的做法与利用文化、教育机构、政治机构以及一系列其他机构来保障富人的特权和利益并把没权没势的普通人固定在原先位置上的做法不谋而合。但是，正如理查德·桑内特和乔纳森·科布指出的那样[10]，阶级伤痛通常是隐性的，被掩盖在政策带来的丧失尊严和希望之下。这些政策导致无数人陷入贫困，失业剧增，医疗欠缺，学校倒闭，政治腐败，以及其他一系列社会、经济的不公不义。

今天，由于占领运动的公众影响和媒体各种形式的报道，阶级压迫的实证性指标已经逐渐清晰。在20世纪70年代最富有的1%仅仅占“美国年均总收入的8%~9%”，而现在它们占23.5%。[11]而且，加州大学伯克利分校教授艾曼纽尔·赛兹在其关于不平等的研究里指出，在2007年，10%的美国人的工资占全国总工资的49.7%，“比1917年以来的任何年份的比例都高”[12]。《赫芬顿邮报》刊载的另一份数据则是，美国74个富人“每周获得1 000万美元，是美国1.9亿低收入者工资的总和，每8个工人中就有1个低收入者”[13]。事实上，美国最富有者的净资产是1.5兆美元，比人口中50%的最穷者，即1.55亿人口的净资产总和还多。[14]大卫·德格劳指出：“在经济上处于上层1%的人口拥有金融总资产的70%以上，这是前所未有的最高纪录。”[15]约瑟夫·斯蒂格利茨明确指出：“若论财富而不是收入的话，上层1%的人口控制着40%的财富。他们的生活消费有很大提高。25年前是12%的人口控制了33%的财富。”[16]据罗伯特·瑞克说，标志着当今美国社会不平等的清晰指标在如下事实上明显暴露出来，“5%的美国最高收入者群体占据了总消费额的37%”[17]。

不用说，在经济增长停滞、失业率激增、监禁人数迅速攀升、重要基 111
础设施严重损坏的时刻，美国的贫富差距越来越大。财富重新分配的这种向上转移导致社会和经济付出惨重代价。尽管我在其他章节里也提到过这些数字，但是它们值得被重新提及：每两个美国人中就有一个是低收入者或穷人——加起来就是1.464亿美国人——160万儿童在一年中的某些时段无家可归，即每45个孩子中就有一个。这个数字从2007年以来上升了38%。而且，戴安娜·斯威特指出：“自2007年以来，银行已经取消大约800万套按揭房屋的赎回权。据估计，在经济危机结束之前，还有800万到1 000万套房屋会丧失抵押赎回权。部分解决金融危机的这个途径意味着许多许多家庭生活在没有充分安全保证的房屋中，而全美国有 1 850 万套空置房屋。”[18]

考虑到这些日益恶化的环境，股神沃伦·巴菲特声称他的亿万富豪朋友“得到亿万富豪国会的长期溺爱”[19]当然是正确的。他的意图很好，但他漏掉的一点是，其富豪朋友及其盟友事实上控制着国会，而不仅仅是得到国会的慷慨恩赐。政治主权和企业主权的界限已经不再明显。美国现在是企业掌控下的国家而不是民主国家。富豪和企业精英控制着这个管理体系和治理模式，给国家政治文化造成极坏的影响，最刺眼的可能是对公共利益的蔑视。这种政治文化连同金融腐败滋生了公民的政治冷漠和应对死亡的玩世不恭态度。随着越来越多的公民被剥夺了基本人权、工作、机会和社会保障，人类资源遭到极大浪费。打着提高市场效率的幌子，教育、技术和基础设施建设上的社会投资被取消；国家被重新改造以便回避其提供福利的义务，主要依靠惩罚性机构如法院、刑事司法体系和监狱等来治理国家。

由于社会保障和安全的基础遭到不平等机制的腐蚀，社会问题被完全
112 看作个体的责任，被当作人格缺陷来嘲笑，被越来越多地当作法律和秩序问题来对待。否则，我们如何解释以种族主义、野蛮和残暴而臭名昭著的刑事司法体系？——在一个宣扬民主的国家，超过 200 万人遭到监禁。我们怎么解释“进监狱、缓刑或假释的非洲裔美国人比内战开始前的 1850 年代的奴隶还多”[20]的事实？米歇尔·亚历山大指出：“在有些市中心黑种人社区，五分之四的黑种人青年预计将进监狱或在人生的某个阶段被刑法体系之网俘获。于是，绝大多数黑种人被剥夺选举权……以犯重罪的名义阻止他们投票和在公共房屋中生活，在求职中受到歧视，不能成为陪审员，被剥夺接受教育的机会。”[21]此外，艾丽卡·古德写道：“到了 23 岁，几乎三分之一的美国人因某种罪行而被捕，研究人员指出，这是日常生活中越来越多地暴露于刑事司法体系的一个衡量指标”，而被监禁人数的上升意味着“在过去半个世纪，司法体系越来越具惩罚性，执行过程越来越具攻击性”[22]。监狱实践将会变成什么？如“被很多人认为等同于折磨”的单独禁闭的过度使用。[23]或者，就此而言，公众仍然支持并野蛮地欢迎死刑惩罚，虽然有证据（基于 DNA 测试）表明许多死刑犯无罪，而

且有很多案件都表明了刑事司法体系内在的种族主义和司法本身的失败。

当阶级战争的话语由达官贵人提出时，它几乎绝对不会涉及富人炮制的严厉政策对这个国家的儿童产生的影响，这很隐晦地暗示出美国社会的欺骗性和残酷性文化的不断发展。在被指控挑起阶级战争时，右翼的回应是该词引发争议，似乎阶级不平等的最大罪过是让富人充满戒备或使他们不开心。然而，阶级战争的意义很重要，最终来说，其影响是真正重要的因素，尤其是阶级战争的社会、经济和政治成本对青年造成的毁灭性影响。

宣告实质民主的理想根本上与美国青年当前不体面的境况格格不入。113
阶级战争的真实面孔和标志可以从各种数据中找到，一旦公布这些数据将会让每个美国公民感到气愤，无论是从道德角度还是政治角度都是如此。正如玛利亚·赖特·埃德尔曼指出的那样："从 2009 年到 2010 年，超过 100 万儿童陷入极端贫困。"[24]然而，从主流媒体对当今状况的描述方式来看，人们可能认为富有的精英和强大的企业才是阶级战争的受害者，而非那些对残忍的经济体制毫无招架之力的儿童，这种体制只为处于经济阶梯顶端的少数特权阶级服务。当然，富人会说，对他们财富和政策的批判贬低了他们的辛勤工作及其对经济增长做出的巨大贡献。但是，伊丽莎白·沃伦提醒我们，没有人能仅仅依靠进取心就变成富豪。如果没有可靠的社会契约来提供促使个人进取心产生的基本条件，个人的成功便不可能发生，更别谈功成名就了。她写道：

> 在这个国家里，没有一个人完全依靠自己变得富有。谁也不行！如果你在那里建了一座工厂，祝贺你！但是，我想明白地告诉你（以下这些）。你把商品运到市场上的公路是我们其他人拿钱修建的。你雇用的工人是我们其他人拿钱提供教育的。你在工厂里的安全是因为我们出钱养着警察和消防员。你不必担心抢劫团伙抢走你工厂的东西，不用雇人来防止发生这些事是因为我们其他人已经做了这份工作。现在想想，你建造了一个工厂，把它经营得很成功，这很了不起，上帝保佑你持有工厂的很大一部分，但是，隐藏其后的社会契约的部分是你持有工厂的大部分，并为下一个出生的孩子预先支付教育

费用。[25]

在统治精英提出其乏味而尴尬的特权要求中常常被忽略的一点是，远非推
动经济发展和进步，而是他们更多地使用自己的财富——通常不是通过辛
勤劳动而获得，而是通过利用腐败的金融交易和买卖而获得——引发了美
114 国绝大多数人的经济毁灭。不是创造就业岗位，他们更多地因为金融管理
不当和故意欺骗造成经济破产，给小型企业、抵押借款民众、中产阶级和
工人阶级带来空前沉重的债务负担，使得背上沉重债务负担从事低收入工
作的青年在展望未来时看不到一丁点儿希望。

涓滴经济学——在第五章中讨论过的作为市场宗教激进主义合理性论证之一——其实并没有给穷人、老人、工人阶级和青年涓滴哪怕一丁点儿服务。在这场极具破坏性的经济衰退中，对冲基金经理、银行和企业获取了高额利润，部分利润来源于政府救助。然而，他们继续囤钱，继续辞退员工而不是创造就业岗位来积累资本。根据国会预算办公室的统计："中产阶级手中的一美元促进经济增长的效果是富人手中一美元的三倍。但是，共和党仍然为收入最高者减税。"与此同时，"公司高管和首席执行官的工资在 2010 年增加了 23%"[26]。

如果我们接受这种观点，即美国现在正进行一场阶级战争且进展顺利，那么它一定能在鼓吹狭隘的自我利益、无限的贪欲，以及适者生存、优胜劣汰的心态中找到。这种适者生存心态仍然贯穿于破坏社会契约，给全球民众带来巨大痛苦和体现着强权傲慢的机构模式和各类政策中。在赌场资本主义拆除管制和私有化体制下，团结的纽带被腐蚀，共同责任被共同恐惧和不断加剧的暴力所取代，文化中充斥着含蓄的消费主义色情描写。现在，私人问题凌驾于公共问题之上，所剩无几的公共空间逐渐变成监视、拘留、控制、监禁和抛弃之所。[27]富豪的利润飙升，而本就极度膨胀的军事—企业—监狱国家强化了 1% 超级富豪群体的"赢家通吃政治"，并为其产生的社会辩护。[28]虽然美国盛行的政治、社会和经济不平等来源于富人针对中产阶级以及更低等级阶级由来已久的阶级战争，但当今体现在监禁中的以阶级为基础的压迫似乎比之前年代更加残酷无情和腐化堕落。

与此同时，统治精英发起的战争变得更加难以隐藏，虽然腐败的媒体
和政治文化竭力要把选民的注意力从其最具破坏性的后果中转移到别处。115
随着赌场资本主义和企业国家的做法越来越明显，其在这几十年来头一次
遇到持续这么久的挑战，即占领华尔街运动的出现。虽然认识到阶级不平
等的恶果，但占领华尔街运动的范围广泛而多样，足以表达精心设计的集
体道德和政治愤怒，因为反对贫困的战争已经转变成反对穷人尤其是少数
民族穷人和有色人种的战争。它把公众的愤怒引向这个事实，即无家可归
现在被视为对社会秩序的破坏，不幸则被保守派政客定义成对法律和秩序
的威胁。占领运动把赌场资本主义和残酷性文化联系起来，其中善良、信
任、同情和对他人的责任感变得不再重要，反而对逃避道德甘之如饴。在
占领运动的和平抗议承诺中，它重申关爱和信任的道德，而这已经被冷酷
无情的残酷性文化和认为正直、信任、公民义务是累赘的普遍观点完全
抛弃。

占领华尔街运动显示，现在野蛮成为富人而非穷人的专属保护区。它开启了对于上文提及的数据以及带来沉重社会代价的相关政策进行讨论的对话。这些代价不仅大得让人吃惊，而且与任何可靠的民主理念或者严肃对待社会所有成员的幸福意味着什么以及社会契约的重要性等格格不入。事实上，这些数字、政策并没有充分说明人类遭受的苦难与许多成年人和年轻人经受的破坏性的巨大社会成本，这些都是本就严峻的阶级分化加剧的后果。但是，它们听起来的确是个警报，暗示有必要做出进一步的分析，把经济政策与其道德后果联系起来，因为政策对那些陷入不断扩大的人类绝望和不幸之网的人产生影响。

占领华尔街运动提出的挑战与右翼人士指控抗议者对达官贵人无端
谩骂没有多少关系。相反，抗议者的话语和提出的政治问题是在收复这个
其历史一直是由胜利者书写的机制。它是在挑战那些培养反公共知识分子 116
的名牌大学和基金会。这些机构的目的是进一步为反民主、反公共利益、
反普通人，尤其是反青年和被视为可抛弃群体的战争辩护。占领运动是为
了给青年提供替代文盲文化的另一种选择，文盲文化是通过持续进行中的
削减教育投资和公立教育私有化产生的，青年因此更不大可能意识到权力
滥用和特权是什么以及这种滥用会对他们的生活和未来带来什么样的影

响。占领华尔街运动积极地反对种种文盲形式，正是无知阻止了青年认识到成为有批判能力，能够问责政治当权者和积极参与政治的公民意味着什么。正是意识到文盲文化不仅通过政府、经济和教育机构而且通过主流媒体和更广泛的文化机器进行运作的方式，占领华尔街运动至少在初期用话语、叙述和框架结构创造和占领了广泛的领域，呼吁富人和大企业为其对民主机构恣意妄为的破坏和对那些因为种族、阶级、年龄而处于边缘化的群体所造成的巨大伤害负责。

直到最近，那些带着不屑大声责备政府和社会保障的人——或许只有偏爱不受限制的军国主义却无视可靠民主的基本理念的右翼思想拥护者才能与之匹敌——是唯一能听到的声音，而其他人都保持缄默，那些承受最大代价的人则完全被隐匿起来。占领华尔街运动所做的是从右翼手中夺回，至少暂时夺回公共参与和文化话语权的批判空间。在其宣言中，占领华尔街的抗议者将批判的怒火指向失败的政治和经济体制，正是这些体制毒化了食物供应，悍然从纳税人那里夺取救助，将隐私当作商品出售，制造了收入和财富前所未有的不平等，阻碍替代性的能源，参与对海外无辜公民的虐待和杀戮，推行造成全球规模的灾难性金融危机的经济政策。在此，占领华尔街运动改变了国民话语，形成新的框架机制，并提出了有关
117 不平等、经济骗局、环境恶化、军事化、公民自由遭破坏和企业及金融权力的反民主垄断等重要问题。最初，主流媒体宣称，抗议群体松散，组织混乱，却忽视了这个事实，即抗议者反对企业贪婪的整个体制，并明确指出阶级战争的真实面目。那是一场由金融精英及其盟友发起的针对美国民众和民主自身本质的战争。不是把抗议局限在单一目标或单一事件，抗议者联合起来谴责经济体系衍生出的众多不公正现象。这种经济体制看重“利益而不是人，看重私利而不是正义，看重压迫而不是平等”[29]。

占领华尔街运动证明并将继续展示我们需要收复平等和正义作为重要的政治范畴，所有群体——包括工人、青年、有色人种、女人、老人——都可以将其作为话语工具来使用，用以理解在这场无情潮流中青年与处于衰落和下降的社会群体成员所遭受的不公正待遇。以经济进步的名义进行的阶级战争中产生的不平等必须得到社会运动的严肃对待，因为它竭力确保美国拥有一个未来，其中民主处于生活的中心而非边缘地带。从

纽约和美国其他城市的占领华尔街运动中，我们可以瞥见抵抗的潜力，因为他们把那些长期被视为隐形的东西——实际的和意识形态的关系如何结合起来不仅促成反民主倾向，而且造就了崇尚欺骗、残酷性和野蛮的文化——展现出来了。

毋庸置疑，占领华尔街运动发起了一场“阶级斗争”，恰恰是因为服务于富人和特权阶级而强化阶级差异的这些根深蒂固且结构完善的意识形态、管理模式和政策破坏了美国甚至最虚弱的民主诉求。企业和富人合作不仅造成了当今导致无数人失业的经济末日，而且建构了一些经济、政治、社会条件使得动荡不定、不确定性和缺乏安全性覆盖整个社会，并且 118
会折磨现有几代人的一生使其根本无力反击。第二次镀金时代的阶级战争把大部分社会关系贬低为生存竞争状态——大量时间被用来维持最基本的生存环境。占领运动在一定程度上把公民不服从和政治不服从结合起来，以此作为创造用来进行对话、建立相互支持的共同体以及新团结模式的开放空间等更广泛努力的组成部分。这种团结模式能够应对已经不再能为自己的权力辩护，不再能证明其统治意识形态合理性的国家越来越多使用的暴力。富人是阶级战争受害者的说法呼应了在思想上和道德上已经破产的政权的回应。

占领运动展示，阶级仍然是理解社会、政治、历史和正义的重要范畴。阶级作为一个政治范畴和模式对每个人都很重要，因为它把经常隐藏在公共观点和官方描述背后的权力关系显露出来，这尤其表现在共和党议员保罗·瑞安最近对世界重写的版本中。任何可靠的政治观都需要确认“阶级斗争”作为争夺权力的手段这样一个现实，并把它作为带着新的紧迫感复兴民主斗争的范畴。在某种程度上，这意味着把阶级政治作为以人类团结、平等、自由为目的而致力于发展更大范围社会运动和实质性政治转变的更广泛斗争的一部分。占领华尔街运动的抗议游行仅仅是这个运动的开端，该运动的未来因为对正义、平等、自由的新认识以及为激进民主的前景而奋斗的愿望而充满活力。伴随着埃及开罗解放广场的反抗、“阿拉伯之春”，以及蒙特利尔、雅典、伦敦、巴黎和世界其他城市的学生抗议运动，占领运动有希望激发美国青年的激情和希望，鼓励青年为建造更加公正和可持续的未来行动起来，而不是听任市场驱动下的赌场资本主义为其准备的那种未来。丹·本赛德正确指出，在这场斗争的最初阶段，它必须用“缓慢的焦急”武装自己，使其能够与其他力量合作从而形成基础广泛的社会运动，并能够想象和实验别样的教育模式、政治组织和经济
119 机构。[30]占领运动需要提出解决美国财富过分集中和少数特权者垄断权力等问题的策略，并且提出能够解释参与性民主到底是什么样的理论。这不仅需要短期战术、街头戏剧和打了就跑的示威游行，我们更需要的是可靠的民主飞地和愿意进行艰苦长征的组织机构，这些机构对政治、权力、民众生活有精准的把握和掌控。实现激进民主的第一步是认识到那些机构是有待改变的；教育在培养积极参与的和批判性的公民上起着重要的核心作用；不同年代的工人和青年、知识分子和艺术家、家长和教育家等必须联合起来结为新同盟进行斗争。这样一来，阶级战争就不再是危险活动。相反，它会成为体验真正自由、自主和正义的小环境。

[注释]

[1] Arthur C. Brooks, “America’s New Culture War: Free Enterprise vs. Government Control,” *Washington Post* (May 23, 2010), p. B01.

[2] 很多历史书都歌颂过这些斗争，比如：*A People’s History of the United States* (New York: Harper, 2010)。

[3] Stanley Aronowitz, *How Class Works: Power and Social Movement* (New Haven, CT: Yale University Press, 2003).

[4] Philip Green, “Farewell to Democracy?” *Logos* 10: 2 (2011), online at: http://logosjoumal. com/2011/farewell-to-democracy.

[5] Roger Bybee, “Rep. Paul Ryan’s Class War,” *In These Times* (September 27, 2011), online at: http://inthesetimes. com/working/entry/12010/paul_iyan_and_marie_antoinette_waging_class_war_while_whining_on_taxes. 一个不同而且重要的经济和社会不平等的评判准则，请参阅：Richard Wilkenson and Kate Pickett, *The Spirit Level Why Great Equality Makes Societies Stronger* (New York: Bloomsbuiy, 2009); Robert Reich, *Aftershock: The Next Economy and America’s Future* (New York: Knopf, 2011); and Tony Judt, *Ill Fares the Land* (New York: Penguin, 2010)。

[6] Robert Kuttner, “Land of the Free, Home of the Turncoats,” *The American Prospect* 22: 8 (2011): 3.

[7] Bill Moyers, "Interview with William K. Black," *Bill Moyers Journal* (April 23, 2010), online at: http://www.pbs.org/moyers/journal/04232010/transcript4.html.

[8] Robert Reich, "Mitt Romney and the New Gilded Age," *Huffington Post* (July 2, 2012), online at: http://www.huffingtonpost.com/robert-reich/mitt-romney-bain-capital_b_1644856.html.

[9] 有关勒德洛大屠杀，请参阅：Howard Zinn, The *Politics of History* (Urbana and Chicago: University of Illinois Press, [1970] 1990), pp. 79-101。

[10] Richard Sennett and Jonathan Cobb, *The Hidden Injuries of Class*, rev. ed. (New York: W. W. Norton, 1993).

[11] Robert Reich, "Unjust Spoils," *Nation* (July 19, 2010), online at: http://www.thenation.com/article/36893/unjust-spoils.

[12] Maxwell Strachan, "15 Facts about U. S. Income Inequality That Everyone Should Know (CHARTS)," *Huffington Post* (September 19, 2011) online at: http://www.huffingtonpost.com/2011/04/05/us-inequality-infographic_n_845042.html.

[13] "New Figures Detail Depth of Unemployment Misery, Lower Earnings for All but Super Wealthy (VIDEO)," *Huffington Post* (November 2, 2010), online at: http://www.huffingtonpost.com/2010/10/25/income_inequality_statistics_tax_code_n_773392.html.

[14] David DeGraw, "The Richest 1% Have Captured America's Wealth—What's It Going to Take to Get It Back?" *AlterNet* (February 17, 2010), online at: http://www.alternet.org/module/printyersion/ 145705.

[15] Ibid.

[16] Joseph E. Stiglitz, "Of the 1%, by the 1%, for the 1%," *Vanity Fair* (May 2011), online at: http://www.vanityfair.com/society/features/2011/05/top-one-percent-201105.

[17] Robert Reich, "Inequality Has Wrecked the Economy," *Reader Supported News* (September 5, 2011), online at: http://readersupportednews.org/opinion2/279-82/7312-inequality-has-wrecked-the-economy.

[18] Diane Sweet, "3.5 Million Homeless and 18.5 Million Vacant Homes in US," *Occupy America* (December 30, 2011), online at: http://occupyamerica.crooksandliars.com/diane-sweet/35-million-homeless-and-185-million-va.

[19] Warren Buffett, "Stop Coddling the Super Rich," *New York Times* (August 14, 2011), p. A21.

[20] Michelle Alexander cited in Dick Price, "More Black Men Now in Prison System Than Enslaved in 1850," *LA Progressive* (March 31, 2011), online at: http://www. zcommunications. org/more-black-men-now-in-prison-system-than-enslaved-in-1850-by-dick-price.

[21] Ibid.

[22] Erica Goode, "Many in U. S. Are Arrested by Age 23, Study Finds," *New York Times* (December 19, 2011), online at: http://www. nytimes. com/2011/12/19/us/nearly-a-third-of-americans-are-arrested-by-23-study-says. html? _r = 1&pagewanted = print.

[23] Jonathan Schell, "Cruel America," *Nation* (September 28, 2011), online at: http://www. thenation. com/article/163690/cruel.

[24] Marian Wright Edelman, "Is Our Nation on the Titanic?" *Children's Defense Fund* (September 23, 2011), online at: http://cdf. childrensdefense. org/site/MessageViewer? em_id = 25042. 0&dlvid = 24881.

[25] Elizabeth Warren, "Nobody Gets Rich on Their Own" (video), *Truthout*, online at http://www. truth-out. org/elizabeth-warren-nobody-gets-rich-their-own/1316697977.

[26] Robert Weiner and John Horton, "End Trickle-Down Economics to Pay off Debt," *Truthout* (July 11, 2011), online at: http://truth-out. org/index. php? option = com_k2&view = item&id = 2104:end-trickledown-economics-to-pay-off-debt.

[27] See, for instance, Zygmunt Bauman, *Collateral Damage: Social Inequalities in a Global Age* (Cambridge: Polity, 2011).

[28] See Jacob S. Hacker and Paul Pierson, *Winner-Take-All Politics* (New York: Simon and Schuster, 2010).

[29] Chris Bowers, "First Official Statement from Occupy Wall Street," *Daily Kos* (October 1, 2011), online at: http://www. dailykos. com/story/2011/10/01/1021956/-First-official-statement-from-Occupy-Wall-Street.

[30] Cited in Esther Vivas, "M15: A Look toward the Future," *Bullet* (May 14, 2012), online at: http://www. socialistproject. ca/bullet/633. php.

第七章 反对美国式专制主义：占领运动与青年的前途

我们面对的一切未必都能改变，但是除非我们面对，否则一切都 121
改变不了。

——詹姆斯·鲍德温

从2011年9月17日以来令人激动的两个月，成千上万的人——大部分人都不到30岁——在美国和世界各地组织了许多和平占领运动，抗议企业腐败、社会和经济不平等、大幅度削减社会福利项目、学生债务飙升、失业和由新自由资本主义占支配地位而带来的一系列负面影响。美国的占领运动抗议者使青年们团结起来，使其能够向许多美国人阐明新自由主义专制模式的轮廓、价值观、情感和隐蔽政治。这种专制主义现在控制着美国的主要权力机构，还深深影响着99%的民众的日常生活，他们被越来越多地视为多余者、可抛弃者，不值得过有尊严的生活，不配拥有共同责任和希望。

想要阐明这些并不容易：统治条件是多层次的、复杂的，而且极为灵
活多变。但是，所有美国人现在都已经知道，青年承受了国家负担的一大 122
部分，包括数万亿的赤字、逐渐消失的社会保障网、停滞的就业增长、各阶段教育机构的破败。然而，当今美国领袖仍然维持可能与青年发生冲突的路线，残酷无情地走上毁灭未来几代人的道路。曾经致力于在海外实现美国帝国野心的战争努力已经转了一整圈，现在已经从国外转向国内，其主要攻击目标是青年，尤其是处于最弱势地位的人，这种说法已经不算夸张。

反对试图渗透和控制政治、经济和社会机构各个方面的自由资本主

义，成为占领运动抗议者的首要宗旨。他们认为，这些机构不再服务于美国大多数人的教育、思想、经济和社会利益。年青抗议者亲身见证了企业国家、腐败的华尔街金融家和政治领袖的联盟将个人利益凌驾于公共利益之上而带给人类的痛苦，他们改变了游戏规则：发明了一种不同的语言和政治观点，那绝非企业精英和争夺美国政治领导权的那些人所拥护的东西。他们还试图创造庞大的共同体网络，其中相互支持和对话是有关能动性、抵抗和集体斗争的可靠核心。

指导占领运动的行动精神不是要提供处方或为肤浅的标语而争论——而是要使用新的教学法工具、实践和社会关系来教育美国民众意识到赌场资本主义作为新专制主义有多么危险。这些努力与哲学家伯纳德·哈科特所说的寻找新型政治的社会运动相符，即不仅反对现存法律和机构的不充分性，而且要抵制“我们被管制的方式本身：抵制党派政治结构、政治改革的要求、政党认同的呼吁和支配战后阶段的意识形态”[1]。反对受到限制的改革语言，占领运动抗议者挑战美国是民主代表的流行神话。为此，他们不仅使人们关注到财富和权力的极端不平等，这已经证明民主管理的宣传是个谎言，而且让人们认识到这样一个事实：现在美国的大部
123 分决定都是金融家、军队和企业精英做出的。同样，抗议者使公众注意到企业国家强加在民众身上的种种残酷性，鼓励民众把日常生活中的痛苦与理解、批判更广泛的社会和经济力量结合起来。他们让公众看到赌场资本主义发起的攻击，攻击对象包括女性生育权、工人的劳动保障、学生、经济正义、移民、工会、经济权力、公务员、民主公共空间、公共利益观念和人类尊严本身——这不仅是对民主治理和主权模式的攻击，而且是反对现在和未来几代青年的令人担忧的野蛮行为。

与此同时，青年现在面临前所未有的失业率，高等教育获得的金融援助遭到大幅度削减。那些总是拒绝给青年就业项目提供基金的政客们的荒唐回应却是嘲笑占领者们应该洗洗澡后再去找工作。但是，这种反对民主表达的强烈反应听起来非常空洞，与抗议者的多种方式形成鲜明对比。他们竭力通过积极参与广泛的公共问题并对之进行复杂的分析而形成自己的诉求。抗议者们表达和体现了支持新型集体斗争和团结模式的愿望，这种团结基于社会的共同价值观而非个人的竞争的价值观。“占领”公共话

语的领地，和平抗议者们引发了企业国家的暴力镇压，这就更加证实了支持当今美国领导层的反民主势力有多么大的威力。

随着青年被当局强行赶出他们在祖科蒂公园和其他公共空间的临时帐篷区，逐渐不再受到公众问责的企业国家——在面对抗议者身体和空间的时候，显然变身为流氓一样的惩罚性国家的潜力大增。警察在街道、公园、大学校园里的镇压行动简直与纯粹的恶棍没有两样，显示出当权者使用暴力的意愿，这种暴力的残暴程度甚至超过了格兰·格林沃德所说的“过分使用警力”。[2]在号称民主的国家，求助于对占领者身体的武力镇压实在可耻之极。这种野蛮行径毫无疑义地暴露出企业国家已经不再能够对思想做出回击，因为其愿景、意识形态以及适者生存、优胜劣汰价值观已 124
经破产，在广大民众尤其青年中很快丧失了合理性。

主流媒体毫无例外全部视而不见的巨大讽刺在于，恰恰是那些和平抗议者被认定为犯罪分子，受到惩罚性国家的无情镇压，那些从事各种各样金融诈骗，并给许多美国人带来毁灭性灾难和伤害的华尔街高管、银行家却总能毫发无损地逃脱刑事司法体系的惩罚。当学生们在加州大学伯克利分校和戴维斯分校校园里组织起来挑战企业化及其对高等教育令人反感的影响时，他们亲身经历了被逮捕、被近距离喷辣椒水、被警察挥舞着警棍袭击——或亲眼看见朋友和同龄人遭到这种袭击。这些学生抗议者在校园里遭受袭击仅仅因为他们展示出反抗体制的勇气，正是这种体制剥夺了高质量的教育和可靠的未来。校园保安能够不受责罚地使用武力也显示出，即便是致力于增长知识和促进青年幸福的机构——大学——如今也被愿意背弃高等教育责任和公共使命的人所掌控。

大学本来被认定为青年待的地方，本来应该是全体社会承诺为青年提供全面教育和保证他们有光明未来的场所。但是，这样的机构却越来越多地加入到攻击青年的思想和身体的行列中来，几十年来国家一直攻击贫穷的少数族裔青年。这些青年要么受制于从监狱借鉴来的学校惩罚方式，要么直接被关进青少年管教所，成为美国越来越庞大的青年犯罪控制系统的一部分。[3]州政府和联邦政府宁愿大量投资建造监狱也不愿意支持教育，这是明显颠倒错乱的优先选择。胡安·科尔指出：“学生不得不承受学费大幅度飙升的冲击，用来支付监狱和警察的费用，他们还被军事化的警察

125 视为难以管教的囚犯。”[4]市场宗教激进主义很少考虑青年或道德价值观，而对军事化大学的超额投入毫不掩饰地提醒我们，美国反对青年的战争已经愈发令人担忧。大学军事化越来越严重的标志是：“自 2000 年以来，大学见证了国防相关研究项目合同增加了 900%，从 2000 年的 44 亿美元增长到 2006 年的 467 亿美元。”[5]负担得起的大学教育不断减少与包括公立大学在内的社会生活各方面的军事化同时发生，在年轻人中引发愤怒和政治热情，他们正在与经济权力、企业权力和政治权力越来越明显的合流而斗争。在与世界其他地方的青年的团结协作过程中，美国占领运动代表了希望变革的振奋人心的象征，既反对专制主义国家的暴力和军事化，又反对企业资本主义提供的消费主义陈腐空想。年轻的占领者对新自由主义扭曲公共价值观做出回应的方式非常说明问题，尤其是当运动利用各种不同的教学演讲模式开始涉及公众关心的新观点和公共空间时。

这些年轻人已经成为 21 世纪的新公共知识分子，他们使用身体、社交媒体、数字技术和其他教育工具提出新问题，指出新的可能性，表达对赌场资本主义和惩罚性国家反民主元素的批判。虽然美国人注意到 2011 年的运动作为充满活力的街头集体活动而出现，如今同样必要的是，把注意力指向美国的学生抗议者如何继续在大学校园组织群众，并把整个占领运动所指出的更广泛社会日益恶化的条件与曾经承诺为他们提供可靠未来的教育体系破产联系起来。

占领高等教育

抗议者占领了大学，他们利用思想的力量来吸引其他学生、教职工和
126 任何愿意听他们演讲的人参与进来。加州大学伯克利分校、哈佛大学、佛罗里达州立大学、杜克大学、罗德岛学院以及 120 所其他大学都发起这样的号召，现在已经到了这样的时候，不仅要把知识与压迫权力联系起来而且要与抵抗知识的权力联系起来。现在到了考虑问题的时候：对个人和集体抵抗与更广泛社会变革的可能性非常敏感并积极参与的知识分子到底意味着什么？这就向在大学校园组织抗议活动的勇敢学生提出了新挑战，也向教师们提出挑战，他们常常用安全而舒适的借口来为自己脱离公共生

活辩护，说什么学术研究应该没有利益纠葛、应该客观、应该远离政治等。这些学生和年轻人可以从学界知识分子的循规蹈矩中吸取教训，正是所谓的专业主义为没有利益纠葛的知识和没有利益纠葛的知识分子辩护。

学生们开始意识到，争取大学作为民主的公共空间的斗争极为重要，因为大学仍然是少数场所之一，有可能对新一代学生、教师和其他人进行有关种族历史、种族主义、政治、身份认同、权力、国家和争取公平正义的教育。他们越来越愿意用深刻透彻的理论和富有远见的观点来证明，捍卫大学作为开放的公共空间到底意味着什么。正是通过大学打开并保持的公共联系，人们对有关机构的破碎的、不确定的、不完整的叙述得到评价、保存和相互沟通，同时在分析中与政治和权力的广泛背景联系起来。抗议者们反对当今无所不在的一种观念，即大学要么与生活无关，要么其主要功能就是“向青年灌输左翼教条”[6]。相反，他们转而重申高等教育是斗争场所，人文学科是在现有学科框架体系中为伦理学、正义和道德奠定基础的重要领域。它们不仅激发紧迫感，而且提出一整套相关问题，如什么样的教育最适用于21世纪大学及其全球布局，并以此作为在全球化世界里社会面对的最紧迫问题的更大工程的组成部分。

在美国和其他很多国家，新自由主义发起了一场野蛮的战争，目的是消灭所有可能的公共空间，即便提供一丁点儿批判思想和反对市场政策、
机构、意识形态、价值观的任何形式都不行。诸如图书馆之类公共空间被 127
公共话语抛弃，越来越多的人视之为浪费纳税人钱财。从媒体到学校几乎所有主流文化机构现在都听命于消费文化，而消费文化就致力于摧毁批判性思维并将重要观点琐碎化。朝向文盲的狂奔在影响力和破坏性极大的名人文化中也很明显，它在全社会传播其愚蠢，把其接触到的任何东西都幼稚化。与之相似，过去30多年里，新自由主义和新保守政策一直支持对社会福利国家的全面攻击，通过长达几十年反对政府管理、社会正义和集体组织的公共宣传来破坏社会契约、削弱公众的抵制。他们把企业媒体文化作为强有力的教学法工具来培养相信超个体化“常识”的新自由主义信徒，这种常识不仅阻止人们认识到管制社会的权力关系，而且毁坏社会概念本身。

玛格丽特·撒切尔臭名昭著的俏皮话“社会根本不存在”，在保守派

政客、知识分子和右翼智囊团看来是新常态。社会是“最清晰地体现在包括公共学校、公共图书馆、公共运输、公立医院、公园、公共博物馆、公共娱乐设施、公立大学等在内的公共机构上的一整套相互利益和义务”。这种民主思想已经成为越来越多的新自由主义战士和市场宗教激进主义适者生存教条鼓吹者嘲弄和玷污的对象。[7]福利不再意味着为穷人提供安全网而是无须核查的补贴，是联邦政府给大银行、投资公司、对冲基金和大公司的资源。任何公共利益如学校、交通系统、公园、运动场、桥梁和医院现在都被视为应该削减资金支持并最终私有化的领域，从而为富人提供从公共利益中赚取利润的新机会。

但是，正在被私有化的不仅仅是公共利益。因为语言和政治已经被私有化，私人问题不再是社会考虑的内容，而唯一需要判定权力、意识形态、知识运行模式的分析单位就是个人责任和性格等。因为被剥夺了将私
128 人问题转变成社会问题的能力，公共话语不再能理解更广泛的社会力量与个人能动性之间的复杂互动。在此观点看来，政治被原子化，社会变成遭人嘲弄的对象或空洞概念。我们不是一个社会，而是一群相互竞争的游民。我们不是拥有共同的公共场所，而是有无数封闭社区和监狱—工业之联合体。我们不是提出公民素质要求，而是一味崇拜消费主义和包括一切市场驱动的、光秃秃的理性选择。繁荣富足变得私有化，只能供少数幸运儿分享，而苦难被不断扩大成为广大民众和公共生活的定义性特征。

在这场攻击中，当今存在的无论什么公共利益基本上都是富人的专利，意味着青年不再被视为重要的社会投资或民主国家和国民道德生活的标志。青年——连同为其服务的教育机构——已经变成在政治、经济和文化等多个前沿发起直接的毁灭性攻击的目标。尤其是公立教育、高等教育已经成为右翼政客和政府的攻击目标，因为它们至少在理想层面代表着公共空间，学生们在此认识到：民主需要断裂，无情批判，讨论官方权力及其机构永无休止地压制不同声音的企图。[8]

在所谓的紧缩时代，高等教育已经成为遭受系统性压缩规模，政府资助项目和公共机构预算重新分配冲击最严重的领域。在呼吁紧缩的背景下实施的严厉政策旨在把经济衰退的负担和责任从富人肩上转嫁到社会最弱势的群体——老人、工人、低收入者和学生身上。面对政府拨款减少，

大学和学院的应对措施是裁减文科院系和提高学费来抵消不得不承受的财政压力。与此同时，银行和贷款公司及其庞大的游说者群体似乎已经向学生宣战，封杀了所有可能降低办学成本的法案和旨在提供让工人阶级和中产阶级学生也能负担得起的教育政策。市场模型的逻辑对高等教育的影
响越来越大，因为大学在论述其存在价值时强调的是给个人或经济带来的 129
私人利益，而不是把大学视为培育积极参与的知情公民的构成性文化的重要组成部分。[9]大学校园的设计越来越像大型商场，把空间卖给企业广告公司，学生很大程度上被贬低为享受大型运动场面、群体消费和名人文化的被动消费者。

很多大学已经成为意识形态和金钱的帮凶，这些被用来推动金融资本和诸如中央情报局、国防部、五角大楼、私有安保公司以及其他国家安全机构的利益。它们招收学生生产军事化的知识，创造新的、更复杂的监控系统和大规模杀伤性武器。[10]由于大学采用企业管理模式，征用军事基金，它们大幅度裁撤终身教授职位，增加没有终身教职保证的兼职和全职教师岗位，并攻击教师工会。企业化或军事化的学界不仅将知识和研究商品化和军事化，还几乎不能容忍不同意见，把终身教授职位视为控制教职工的观点和权力的阻碍。现在，美国只有27%的教职工进入终身教职序列或拥有终身教授职位。在一些州如俄亥俄州和犹他州，议会通过法案废除终身教授职位，而在威斯康星州，州长废除了州立大学教职工的议价权。[11]

因为终身教授职位的数目急剧减少，取而代之的是临时性劳动力，其基本权利常常受到侵犯。教师不再是机构管理的利益相关者，不再就此表达意见。他们丧失了改善自身工作条件的权利，眼睁睁地看着自己的工作负担不断加重和学生接受的教育质量日益下降；他们的工资很低，没有办公室和办公条件，没有差旅费补助，最严重的是，随时可能遭到解聘。[12]在历史上曾经保证学术自由的机构性保障的解体带来严重后果，因为当这种不稳定性与右翼宣传家对学界左翼进步人士持续不断的打压结合起来
时，很多教师不得不在课堂上审查自己的言论。[13]这些措施显示，大学作 130
为批判中心和重要的民主公共空间的观点——培养民主实体所需要的知识、技能和价值观——已经让位给大学是市场机器的观点，即大学主要是

满足获取证书的需求，满足经济的需要，以及让学生顺利找到工作。

很多学生把这些政策及其对市场逻辑、企业权力和营利性企业的明显支持看作对大学公益性的袭击，不仅如此，而且是对公民社会及其未来的袭击。在明白保守派政客如何削减高等教育投资，减少公共开支，以便支持为企业和富人减税，并为持久的、不断扩张的战争国家分配资金时，学生们表达了强烈的不满。他们意识到，大学已经成为庞氏骗局（Ponzi Scheme）的组成部分，目的是迫使学生承担大量不公平的债务，并迫使他们在毕业后受制于支配性金融机构的权力很多年。在这种附属性经济模式之下，青年根本没有未来可言。他们没有时间讨论如何实现社会正义，如何解决社会问题，如何推进批判性思考，如何培育社会责任感或持有可能挑战新自由主义世界观的非商品化价值观。齐格蒙特·鲍曼指出，在消费主义社会，“瞬间暴政使人们很难生活在当下，更别谈从整体上理解社会了”[14]。学生们看到，大学逐渐丧失其作为思考复杂问题与培养一种质疑、对话和公民启蒙文化之所的地位。作为对大学里思想日益严重的工具化倾向和随之而来的对批判性的、对立的观点采取敌视态度的回应，青年不仅要致力于大声抗议，而且要重新思考大学在充斥战争、严重的经济不平等和生态破坏的噩梦般的世界里应该扮演的角色。若解释威廉·格雷德的话，巴黎、希腊、蒙特利尔和纽约的青年们已经集体意识到，高等教育越来越相似于“生态死亡地带”，其社会相关性和积极参与的学术研究已经消亡在污染严重的、商业化的、市场驱动的环境中。

131 占领运动抗议者们身负巨额债务，被视为怀疑的一代，受制于将训练与批判性教育混为一谈的审计文化，他们的批判中重要的一点是，他们把攻击高等教育作为更广泛批判的组成部分，这一批判反对公共领域、公共价值观和任何公共利益观念的萎缩。许多大学不再能够把知识生产、研究和教学与社会面临的更大的各种问题结合起来，其中包括毁灭性的贫困、环境恶化、种族主义、公民自由遭到侵犯、企业对媒体的殖民化、惩罚性国家的出现、宗教狂热主义、大钱造成的政治腐败等等，但学生们正在把这些都联系起来。他们调查的重点是，高等教育如何被削弱社会福利国家、社会保障和民主本身的更大经济与政治力量所捕获。学生们既不愿意把他们关注的焦点压缩到自己所属群体的具体利益上，也不愿意用高质量的教育衍生出的个人利益论证自己观点的合理性。相反，他们要求大学全面参与到尽可能最为广泛的抵抗共同体之中。

学生抗议者意识到，即便是不完美的高等教育仍然坚守了为他们提供复杂知识和不同学科技能的承诺，而正是这一点让现有一代和随后的几代人能够打破现状的延续。对此理想的承诺让他们能够运用其作为有批判能力的行动者的权力，批判对其发号施令的权威，把个人麻烦变成公共问题，承担起作为被管理者和学习成为管理者的双重责任。接受了公共知识分子的角色，学生们承担起既艰巨又紧迫的任务，那就是收复高等教育作为可能性之所的理想和实践。在与民主理想汇合之时，学生的批判范围扩大了，民主方法不仅仅是一种治理模式，正如比尔·莫耶斯指出的那样，民主还成为赋予公民尊严的手段，这样他们就能充分自由地发挥其道德和政治能动性。随着学生和教师越来越多地把大学空间作为一种新的批判性教育和政治的扩音器，他们有希望收复高等教育的民主功能；学生、教师及其他人承担起公 132
共知识分子的使命，致力于创造一种构成性文化，这种文化将为所有人提供激进民主所需要的知识和技能。人们会看到，这将意味着什么。

青年作为新的公共知识分子

为了找到通往更人道的未来之路，青年要求一种新政治、新价值观体系和对民主脆弱本质的新认识。新一代人似乎不仅要收复作为集体福利的民主公共空间，而且要构建其作为一代公共知识分子的能动性框架，愿意将其知识、工作、研究、教学和服务与有关平等、正义和未来社会前景等更广泛的民主议题结合起来。占领运动抗议者们不仅争取生存空间而且争取一个把尊严和自由问题当作集体奋斗目标的社会，他们创造了新平台，青年再次被定义为约翰·皮尔格所说的“可能性剧场”[15]。青年象征着一场全球范围的代际危机和政治危机，他们向全世界传递出这样的信息，即拒绝继续生活在依靠道德破产的和市场驱动的政策来维持的压迫性的专制主义政体之下。占领运动是人人渴望的那种社会，当前的历史时刻要求所有人认真思考这个问题，并用富有激情和坚定的行动尽快做出回答。

占领运动抗议者拒绝了市场文化一直以来对他们的无情灌输，即市场应该优先于政府，市场价值观是管理社会和满足人类需求的最好方式，物质利益比社会需求重要得多，自我利益是自由的推动力和社会的组织原则等观点。他们认为，尽管他们支持受到一定限制的市场经济观点，但他们不愿意生活在市场社会——市场价值观成为解决所有社会问题的模板的
133 社会。青年现在挑战渗透到社会生活方方面面的赌场资本主义的有毒形式，这样一来，他们就将国民对话的焦点从降低赤字和向穷人征税转移到贫困、失业和企业腐败等重要问题上来。换句话说，占领运动抗议者提出的是大问题，他们不仅讲道德——事实上还践行道德，是在创造和要求用来指导美国社会的替换性视野与政策体系。

占领运动抗议者拒绝接受一种仅仅用最狭隘的工具主义观点看待能动性的社会，即把民众当作达尔文式噩梦中聚集在一起的商品，是信奉贪婪的逻辑、不受约束的个人主义和极端蔑视民主价值的家伙。他们痛苦地意识到，在这种市场宗教激进主义背后潜藏着一种教育模式和一整套价值观，里面包含了对民主社会关系、民主平等模式和公民教育本身极具破坏性的秘密政治秩序。旧民主观——少数人通过资本权力和仪式化的选举来掌控多数人——被民主和政治的新认识取而代之，其中，权力和资源被共享，经济正义和民主价值服务于社会责任和公共利益。这种激进民主观还在形成过程中，还没有完成，有待于联合民众、权力、资源和知识。

年青抗议者作为公共知识分子的角色将理论严谨性与公民勇气结合起来，将意义与消除任何地方出现的不公不义的斗争结合起来，将希望与切实可行的社会变革观点结合起来。知识被认为是变革的重要工具，而激进政治的语言不仅仅用来表达希望和愤怒，它还激发集体行动，要求生存空间，以便提出能够打垮费尽心机要扼杀有关人类互动、共同体、团结、友谊、正义的任何可靠观点的赌场资本主义意识形态和实际力量的观点、价值、社会关系。在当前背景下，现在到了再次提醒我们自己意识到大学
134 可能是所剩不多的公共空间的时候。它能为学生、教师、管理者和共同体成员提供教育条件使其占领一个空间用以对话和充分质疑，并想象不同的未来，成为跨越边界者，参与创建联盟，开发一种表达批判和可能性的语言，清楚表明有必要处理重大社会议题并为公共生活的质量和共同利益做贡献的政治的紧迫性。

大学教育家必须倾听青年的声音，以便试图理解其面临的问题以及作为学者可能无意间成为制造这些问题的帮凶。学生们提出的问题对教师而言非常重要，使其反思切断大学与重大社会问题和更广泛的社会之间纽带的以市场为基础的专业主义模式和社会关系。大学教师也需要开始与学生和其他学者进行一场诚恳的对话，讨论他们如何成为推动民主变革的力量。除了严肃批判大学及其与众多反民主力量沆瀣一气正在形成的更广大社会之外，学生要做的事情有很多。因为他们也让教师认识到参与性民主的新模式，展现了将学习与社会变革、将知识与更加民主的自我发展和社会赋权结合起来的教育和教学模式。学生们正在改变有关教育、重大社会议题、民主的对话，如何去想象一种不同的未来或一种对政治的全新理解也因此而发生了变化。显然，学者们可以从学生那里学到很多东西。

占领运动要继续在大学内部改造公共空间。如果高等教育的公共使命不至于被无法区分培训与批判性教育的简单化企业逻辑和技术合理性毁灭，那么我们就需要有新的声音来异口同声地强调大学在维持批判性的参与、公民勇气和探索精神长盛不衰方面应该发挥的重要作用。现在迫切需要把大学和一些在当今有一定影响力的深刻见解联系起来，要理直气壮地宣称教育不仅是投资机会或就业资格证书，学生不仅仅是消费者，教师不仅仅是技工或雇用大军中的一员。在全球范围内，教师都需要加入到青年的行列，与他们一起争取更美好的未来，利用他们的知识和技能说服大众 135
认识到，高质量的高等教育不仅有益于学生而且有益于共同利益和整个社会。

全世界公民必须团结起来，一起阻止人类进一步松散的可能性，激励人类社会继续质疑自身，防止这种质疑停滞或被宣告终结。企业国家和战争国家不应该支配公立教育和高等教育，或就此而言不应该支配任何别的民主公共空间。正如占领运动指出的那样，21 世纪面临的最大危险之一不是虚幻希望的风险，而是摧毁想象力和道德良知的反民主力量——推动并保护国家恐怖主义和极端不平等、把某些人视为可抛弃的垃圾和仅仅想象即刻的经济利益的强大力量。这些势力的武器库中装满了为自己服务而捏造出来的历史，其威力是依据其回避真实历史和道德责任的程度而衡量的。当今青年，与 20 世纪 60 年代的青年一样要求可负担得起的、高质量的教育，要求提供能维持生活的体面工作，要求在构建那些对其日常生活带来巨大影响的机构时有发言权。为此，他们挑战了仅仅为其提供被剥夺了自主权和尊严的逼仄生活的社会秩序。

这一代青年与前几代青年的不同之处在于，他们从出生开始就生活在一个残酷无情的、不断扩张的新自由主义教学法机制中，它鼓吹不受限制的自由主义，却对共同体、公共价值观和公共利益表现出近乎病态的蔑视。他们已经淹没在鼓励竞争文化的市场价值观体系中，由此产生了残酷性剧场，造成鲍曼所说的“民主压力的削弱，政治行动力的萎缩以及从政治和责任公民立场上的大幅度退却”[16]。而且，他们生活在延续一个安全的未来的所有保证都已经随风飘走的历史紧要关头。这一代人不仅仅是怀疑的一代，而且是没有未来的一代，其教育、经济、社会和政治权利统
136 统丧失的一代。社会不再以社会保险或集体保险的名义为未来几代人提出任何权利要求，也不再产生能提供令人满意的工作和体面工资的就业岗位。这一代人继承的是“失败的社会性深渊”，年轻人承受的苦难和绝望很少引起社会的关注。[17]鲍曼敏锐地指出，这一代人与之前几代人的不同点在于其不稳定性。青年挣扎着进入的社会已经不再为他们提供安全和可靠的工作。他写道：

> 在某种程度上，Y 一代与之前几代人的不同之处在于，与就业有关的幻想完全或者几乎完全消失；他们对现有岗位和提供岗位的公司的承诺非常冷淡，即便有任何承诺的话；他们坚定地相信生活在别处，并决心生活在别处（或至少有这样的愿望）。这种态度的确很少出现在“婴儿潮一代”和“X 一代”① 青年之中。[18]

背负沉重债务、没有工作、没有安全感、没有希望是这代人的典型特征，他们被热衷市场的、急于一夜暴富的前辈抛弃了。鲍曼指出，在信用坍塌、眼光缺乏、社会遗弃区不断扩大的世界，新一代“民众（precarians）的特点是，他们的房子（装备齐全，配有卧室和厨房）建立在流沙之上，

---

① “X 一代”，又名“无名的一代”，指出生于 1965—1976 年的美国人，源于加拿大小说家道格拉斯·柯普兰（Douglas Coupland）发表于 1991 年的同名小说。

还有他们自己承认的无知（不知道自己会遭遇什么）和无能（即使知道了，也没有能力改变）”[19]。虽然绝望很普遍，但它与会破坏全球义愤和抵抗意识的玩世不恭心态并不一样。

全球范围内都很明显的是，青年、学生和99%的其他成员越来越明显地拒绝忍受他们在周围看到的极端不公正，包括阿富汗和伊拉克战争、美国赌场资本主义政治的腐败、永久性的战争经济、公立教育和高等教育日益严重的资金短缺等。他们拒绝听任令人窒息的武力机器、人为操控下的无知和意识形态支配地位塑造他们的生活。重新收复新数字技术和社交媒体的政治性使用中内在的可能性，大量美国青年已经在抗议高等教育和福利国家遭受的激烈攻击，他们反对按赌场资本主义要求塑造的社会秩 137
序。同样，魁北克成千上万的学生被动员起来游行示威，反对右翼政府削减高等教育投资却同时提高学费的企图。在此例子中，政府对魁北克抵抗运动做出的反应是，不仅增加警察的数量，而且通过意欲对抗议采取严格限制和罚款等严厉措施的78号法案，以此迫使那些示威游行者事先向警察局申请并获得许可。换句话说，如果学生不在游行前8个小时通知警察局并获得游行许可的话，游行便是违法行为。魁北克抵抗运动的独特之处，并为美国占领运动抗议者提供的充满希望的策略是，它迅速扩展成为更广泛的抗议运动，不仅反对78号法案，而且反对“魁北克政府的一系列呼吁，包括提高医疗保健费用、裁减公共部门职员、关闭工厂、企业对自然资源的掠夺、对工会组织提出新限制以及宣布延迟退休年龄等”[20]。

像伦敦、蒙特利尔、希腊、巴黎和其他地方的抗议者一样，占领运动抗议者清楚指出，赌场资本主义不仅一再制造大规模的政治腐败和经济欺诈，而且持续毁坏批判性思考和能动性的任何行迹，同时还破坏任何试图兑现民主承诺的可靠努力。我们在青年和其他人身上见证的集体愤怒在某种程度上暴露了当新自由资本主义政权为所欲为时，暴力是如何发挥作用的。那是通过新形式将长期以来被边缘化、被分割包围、被视为病态或遭惩罚的人团结起来问责统治力量的尝试。事实上，在很短的时间内，占领运动抗议者就收复了从前的公共空间并建立了新的公共空间，同时用身体对抗残酷无情的警察机器，拒绝接受右翼人士的观念，即他们是常常被称为“失败的一代”的组成部分。

138 虽然大部分占领场地在几个星期之内就被警察拆除了——华尔街抗议地点在2011年11月15日被纽约警察突然袭击，但抗议者明确指出物理空间并非表达不同意见的唯一要求。[21]事实上，只有在民主功能和用途恢复的时候，空间才是不可或缺的。而要做到这一点，我们就必须开发新的语言，创造维持这些空间内公开对话的一种共同文化。政治和意识形态是占领运动的核心。由于2011年的占领运动，出现了各种形式的积极行动主义或者使其获得了新的生命力。占领运动的真正重要之处在于，持续强调将学习与社会变革及其通过新的集体教育模式实行变革的愿望联系起来。

以市场驱动的社会作为框架的期待已经不再对青年和其他人有吸引力，他们拒绝被廉价的承诺和企业占支配地位的政权的不成功的回复所诱惑或控制。占领运动显示出植根于赌场资本主义的社会前景已经丧失其乌托邦魅力以及通过人为操控的认可、威胁、逼迫、国家暴力来劝说和恐吓的能力。青年已经成为民主的先锋，至少暂时如此。这种民主是通过建立在平等、正义和自由原则基础上的世界的愿望、梦想和希望而形成的。1968年5月最有名的口号是：“要现实一点，但要提出不可能的要求。”如今这个口号的精神复活了。但不同的是，这次它不再只是口号：它不仅作为批判的话语和可能性词汇，而且作为长期的集体斗争在整个美国和其他一些国家都引起反响。

占领运动表明，它不是——的确不可能是——短期改革工程，而是一场需要不断强化的政治和道德运动，需要伴随着公共空间的收复、数字技术的使用、公共空间的发展和新教育模式的出现、培养和动员民主表达、新身份认同和集体希望的空间的维护等。与此同时，值得提出一些关键的短期要求，如取消学生债务、启动基金援助项目来消除美国22%的儿童的贫困、开始急需的基础设施建设，并为5 000万生活在“丧失抵押品赎
139 回权噩梦”中的人提供房产抵押救济[22]，为富人和企业增税，实行公共就业项目帮助2 500万无法找到工作的人。这些要求变革的呼吁仅仅代表了少数政策改革而已，它们作为长期的结构变革和社会转型等更大战略的组成部分肯定会不断被提出。

青年和许多其他人现在在做的是，要求崇尚公共利益、经济正义和社会责任的知情的民主政治，意识到这一点很重要。占领运动将自身的存在和集体身份认同看作争取能赋予民主以意义和实质内容的经济、政治、社会条件的更大斗争的一部分，这的确鼓舞人心。这场斗争的核心内容是需要在治理中确认社会的地位，不仅仅是通过满足个人需要和实现个人利益来界定自由，而是把它作为将个人权利和政治权利与社会权利结合起来的社会契约的一部分。除非人们远离饥饿、贫穷、不必要的苦难和其他贬低尊严、能动性和正义的可靠可能性的物质条件匮乏，否则，政治自由和个人自由就没有任何意义。换句话说，社会是实现个人自由和政治自由的必经之地，因为它提供了实现个人快乐和梦想所需要的经济基础、公共基础设施建设以及社会支持。鲍曼指出，如果没有社会权利，政治权利就丧失了任何可靠性：

> 一个不是社会国家或者拒绝成为社会国家的政治国家，就别指望其国民个体能够逃离懒惰或无能的深渊，根本不可能。如果没有人人都享受的社会权利，大部分人会发现他们的政治权利既没有多大作用也不值得关注，并且这种人肯定越来越多。如果政治权利对实现社会权利而言是必要的，那么社会权利对于确保政治权利“真实可靠”并维持其运行就至关重要。这两种权利需要相互依赖才能生存，只能在二者共同实现的情况下才能存活。[23]

占领运动抗议者——意识到社会正义和共同责任必须成为真正理解自由
的基础——已经置身于反对赌场资本主义推动的种种社会死亡形式的前 140
沿，这种资本主义试图用暴力文化取代民主政治中的重要元素，而这种暴
力文化会将民主变成病态，将对道德和正义的知情诉求变成残酷的玩笑。

弗雷德里克·詹姆逊指出，曾经有段时间，人们相信想象世界的末日会比想象资本主义的末日更容易一些。但是，现在人们似乎不再那么想了。以贪婪和不受束缚的权力为特征的资本主义大厦的裂缝最终彻底裂开了。尽管现在还无法保证会呈现什么样的社会转型新模式，但充满活力的集体能量已经出现在地平线上，它至少让人再次想象这样一种可能性。在企业媒体通常只是作为转移大众注意力和提供娱乐工具的时代，我们看见

青年收复了传统的政治参与场所，并开发了自己的新场所——让理论和行动相互促进，并让思想活动和创造性活动不与政治、社会责任、正义脱节的物理空间和虚拟空间。作为回应，我们必须加入到这些青年的行列中去，迎接这个要开发出一种政治和教学法的挑战，它将服务于社会国家的民主观念并付诸实施。也就是说，我们必须开发和共同组织这样一种政治活动，其希望就在于捍卫共同的价值观、存在空间和促成激进民主出现的公共空间。

为了把社会权利和经济权利问题列入政治议程，知识分子、教育家、社会工作者、有组织的劳工、艺术家和其他文化工作者与青年人合作已经越来越成为必然的要求。这样一来，占领运动就通过一种将特定问题与更广泛的自由和正义观念结合起来的对话与更广大世界联系起来。与赌场资本主义的教学机器和政治力量相对抗，不断扩张的占领运动有望激发民众的集体抵制——下定决心提升其另类思考的能力；甘冒风险的勇敢尝试；愿意大胆地改变所提问题的本质；致力于问责当权者；在为青年和其他人提供构成性文化的努力过程中善于思考，这种文化将帮助他们争取对其未来和民主本身都至关重要的经济、政治、社会和文化条件。

［注释］

［1］Bernard E. Harcourt，“Occupy Wall Street's Political Dis-obedience，” *New York Times*（October 13，2011），online at：http://opinionator. blogs. nytimes. com/2011/10/13/occupy-wall-streets-political-disobedience.

［2］Glenn Greenwald，“The Roots of the UC-Davis Pepper-Spraying，” *Salon*（November 20，2011），online at：http://www. salon. com/2011/11/20/the_roots_of_the_uc_davis_pepper_spraying/singleton.

［3］关于学校和司法体系定义的青年，尤其是少数贫困青年的文明进一步的讨论，参见拙著：Henry A. Giroux，*Youth in a Suspect Society*：*Democracy of Disposability*?（New York：Palgrave Macmillan，2009）。

［4］Juan Cole，“How Students Landed on the Front Lines of Class War，” *Truthdig*（November 22，2011），online at：http://www. truthdig. com/report/item/how_students_landed_on_the_front_lines_of_class _war_20111122.

［5］Bryan Farrell，“College Campuses Now a Hotbed for Developing Frightening New

Weapons," *AlterNet* (March 4, 2012), online at: http://www.alternet.org/module/printversion/101020.

[6] Anthony Grafton, "Can the Colleges Be Saved?" *New York Review of Books* (May 24, 2012), online at: http://www.nybooks.com/articles/archives/2012/may/24/can-colleges-be-saved/? pagination = false.

[7] Robert Reich, "The Decline of the Public Good," *Reader Supported News* (January 12, 2012), online at: http://www.readersupportednews.org/opinion2/287-124/9283-focus-the-decline-of-the-public-good. 关于这个话题的更详细讨论，请参阅：David Harvey, Zygmunt Bauman, Michel Foucault, Colinley, Naomi Klein, myself and a host of other writers。

[8] Jacques Ranciere, *Hatred of Democracy* (London: Verso, 2006).

[9] Michael Collins, "Universities Need Reform—But the Market Is Not the Answer," *Open Democracy* (November 23, 2010), online at http://www.opendemocracy.net/ourkingdom/michael-collins/universities-need-reform-but-market-is-not-answer.

[10] See for Instance, David H. Price, *Weaponizing Anthropology* (Oakland, CA; AK Press, 2011); and Henry A. Giroux, *The University in Chains: Confronting the Military-Industrial-Academic Complex* (Boulder, CO: Publishers, 2007).

[11] Scott Jaschik, "New Tactic to Kill Faculty Unions," *Inside Higher Ed* (March 3, 2011), online at: http://www.insidehighered.com/news/2011/03/03/ohio_bill_would_kill_faculty_unions_in_unexpected_way.

[12] Ellen Schrecker, *The Lost Soul of Higher Education* (New York: The New Press, 2010), pp. 206–215.

[13] 对这些攻击的更详细讨论，请参阅拙著：Giroux, *The University in Chains*。

[14] Zygmunt Bauman, *Does Ethics Have a Chance in a World of Consumers?* (Cambridge, MA: Harvard University Press, 2008), p. 159.

[15] John Pilger, "The Revolt in Egypt Is Coming Home," *Truthout* (February 10, 2011), online at: http://www.truth-out.org/the-revolt-egypt-is-coming-home67624.

[16] Zygmunt Bauman, *The Individualized Society* (London: Polity, 2001), p. 55.

[17] Alex Honneth, *Pathologies of Reason: On the Legacy of Critical Theory* (New York: Columbia University Press, 2009), p. 188.

[18] Zygmunt Bauman, "Youth Unemployment—the Precariat Is Welcoming Generation Y," *Social Europe Journal* (May 22, 2012), online at: http://www.social-europe.

eu/2012/05/youth-unemployment-the-precariat-is-welcoming-generation-y.

[19] Ibid.

[20] Chris Hedges, "Northern Light," *Truthdig* (June 4, 2012), online at: http://www.truthdig.com/report/ltem/northernjight_20120603.

[21] 警察突然袭击祖科蒂公园的自由广场半小时后，占领华尔街的媒体团队就发布声明："某些政客可能把我们的身体赶出公共领域——我们的空间——而且，从这一层面看，他们的确成功了。但是，我们在进行一场思想战斗。" Online at: http://occupywallst.org/article/you-cant-evict-idea-whose-time-has-come. 关于空间议题的讨论，还可参阅彼得·马库斯的博客：Peter Marcuse, "The Purpose of the Occupation Movement and the Danger of Fetishizing Space" (November 15, 2011), online at: http://pmarcuse.wordpress.com/2011/11/15/the-purpose-of-the-occupation-movement-and-the-danger-of-fetishizing-space。马库斯在拒绝将祖科蒂公园偶像化方面做出了很大贡献，并指出这场运动的七大功能：（1）对抗功能，"把战争引入敌人的阵地，在问题中心对抗或颠覆和操作"；（2）象征功能，标志着集体的和"对事物本身及前进方向的深刻感受到的不满"；（3）教育功能，"引发对不同观点和议题的提问、探索、并置，并在差别中寻找澄清和共同点的根源"；（4）黏结功能，"创造互相信任和承诺追求相同目标的共同体，为那些深受影响和关心此事的人们（提供）聚集场所"；（5）容纳功能，"创造一个空间……不同的团体能够在一起工作，追求连续的共同目标……一把政治伞，一个被剥夺和被忽略者的联盟的组织基地，不是暂时的联盟"；（6）激活功能，"激励别人进入战斗状态，更加关注共同目标和具体需求……为支持团体、利益、组织、事件，以及占领运动的最终改革目标之间的交谈提供空间"；（7）模范功能，"通过其内部组织和运行方法展现民主的替代性形式是可能的"。

[22] Robert Scheer, "If a Republican Were President," *Truthdig* (October 13, 2011), online at: http://www.truthdig.com/report/item/if_a_republican_were_president_20111013.

[23] Zygmunt Bauman, *Collateral Damage: Social Inequalities in a Global Age* (Cambridge: Polity Press, 2011), p. 14.

索　引

专有名称汉译英对照表

人名对照表

阿尔伯特·爱因斯坦 Albert Einstein
阿基里·班贝 Achille Mbembe
阿兰达蒂·洛伊 Arundhati Roy
阿恩·邓肯 Arne Duncan
阿瑟·布鲁克斯 Arthur C. Brooks
阿图罗·罗萨莱斯 Arturo Rosales
埃蒂安·巴利巴尔 Etienne Balibar
埃里克·博林 Eric Bolling
艾曼纽尔·赛兹 Enmanuel Saez
艾莫特·泰尔 Emmett Till
艾丽卡·古德 Erica Goode
艾瑞卡·希克 Erika Shaker
安·兰德 Ayn Rand
安德烈·纪德 Andre Gide
安德烈·马尔罗 Andre Malraux
安德鲁·巴塞维奇 Andrew Bacevich
安德鲁·博斯特罗姆 Andrew Bostrom
安德斯·贝林·布雷维克 Anders Behring Breivik
安吉拉·戴维斯 Angela Davis
奥伦·哈奇 Orrin Hatch
奥托·诺伊格鲍尔 Otto Neugebauer

保罗·弗莱雷 Paulo Freire
保罗·克鲁格曼 Paul Krugman
保罗·莱帕赫 Paul LePage
保罗·瑞安 Paul Ryan
保罗·维瑞里奥 Paul Virilio
贝尔托·布莱希特 Bertolt Brecht
本·阿弗莱克 Ben Affleck
本杰明·弗里德曼 Benjamin M. Friedman
彼得·金 Peter T. King
彼得·林奇 Peter L. Lynch
彼得·莫斯科斯 Peter Moskos
比尔·莫耶斯 Bill Moyers
比尔·欧瑞利 Bill O'Reilly
伯纳德·哈科特 Bernard E. Harcourt
伯纳德·麦道夫 Bernie Madoff
布瑞恩·威廉姆斯 Brian Williams
查尔斯·巴克利 Charles Barkley
查尔斯·加拉格尔 Charles Gallagher
大卫·德格劳 David DeGraw
大卫·西奥·戈德堡 David Theo Goldberg
大卫·哈维 David Harvey
戴安·拉维奇 Diane Ravitch
戴安娜·斯威特 Diane Sweet
戴维·霍洛维茨 David Horowitz
戴维·卡尔 David Carr
戴维·科尔比 David Kirby
戴维·克拉克 David L. Clark
戴维·辛普森 David Simpson
丹·本赛德 Dan Bensaid
丹尼尔·派普斯 Daniel Pipes

道格拉斯·柯普兰 Douglas Coupland
道格·兰伯恩 Doug Lamborn
道格·麦克雷 Doug MacRay
迪克·切尼 Dick Cheney
厄恩斯特·布洛赫 Ernst Bloch
菲奥纳·麦克尼尔 Fiona E. McNeill
菲利普·道曼 Philippe P. Dauman
弗兰茨·卡夫卡 Franz Kafka
弗兰克·瑞克 Frank Rich
弗雷德里克·詹姆逊 Fredric Jameson
格兰·格林沃德 Glenn Greenwald
格里·穆尼 Gerry Mooney
格林·贝克 Glenn Beck
戈特弗里德·郝文 Gottfried Helnwein
哈里·瑞德 Harry Reid
海因里希·海涅 Heinrich Heine
汉娜·阿伦特 Hannah Arendt
汉尼拔·莱克特 Hannibal Lecter
汉札·阿里·哈提布 Hamza Ali Al-Khateeb
亨利·华莱士 Henry Wallace
胡安·科尔 Juan Cole
霍华德·津恩 Howard Zinn
吉奥乔·阿甘本 Giorgio Agamben
吉姆·加里森 Jim Garrison
加尔文·吉布斯 Calvin Gibbs
简·布鲁尔 Jan Brewer
杰夫·比格斯 Jeff Biggers
杰克·查蒙德 Jack Chiamonte
杰奎琳·李奇登斯坦 Jacqueline Lichtenstein
杰瑞米·雷纳 Jeremy Renner

杰瑞米·莫洛克 Jeremy Morlock
杰姆斯·考夫林 James Coughlin
杰斯 Jay-Z
居尔·穆丁 Gul Mudin
卡尔·马克思 Karl Marx
克劳德·布朗 Claude Brown
克里斯·哈吉斯 Chris Hedges
克里斯·洛克 Chris Rock
拉姆·伊曼纽尔 Rahm Emanuel
拉瑞·格罗斯伯格 Larry Grossberg
拉什·林堡 Rush Limbaugh
莱特·米尔斯 C. Wright Mills
雷·普法伊费尔 Ray Pfeifer
雷纳特·郝文 Renate Helnwein
利奥·洛文塔尔 Leo Lowenthal
理查德·德尔加多 Richard Delgado
理查德·埃斯科 Richard R. J. Escow
理查德·霍夫斯塔特 Richard Hofstadter
理查德·桑内特 Richard Sennet
理查德·沃尔夫 Richard D. Wolff
李芳 Lee Fang
里克·佩里 Rick Perry
里克·桑托勒姆 Rick Santorum
林恩·汉考克 Lynn Hancock
林塞·格雷厄姆 Lindsay Graham
鲁伯特·默多克 Rupert Murdoch
鲁道夫·阿库纳 Rodolfo Acuna
卢·多布斯 Lou Dobbs
卢茨·克普尼克 Lutz Koepnick
卢克·莫格森 Luke Mogelson

卢瓦·华康德 Loic Wacquant
罗伯特·库特纳 Robert Kuttner
罗伯特·罗德里格斯 Roberto Rodriquez
罗伯特·瑞克 Robert Reich
罗恩·保罗 Ron Paul
罗纳德·里根 Ronald Reagan
马德琳·科斯曼 Madeleine Cosman
马蒂亚斯·加德尔 Mattias Gardell
马丁·海德格尔 Martin Heidegger
马丁·路德·金 Martin Luther King Jr.
玛格丽特·撒切尔 Margaret Thatcher
马克·鲍尔 Mark Boal
马克·代顿 Mark Dayton
马克·莱因哈特 Mark Reinhardt
马克·兰克 Mark Rank
马克·帕克 Mark G. Parker
马克·费瑟斯通 Mark Featherstone
玛丽莲·达文波特 Marilyn Davenport
玛利亚·赖特·埃德尔曼 Marian Wright Edelman
马特·泰比 Matt Taibbi
迈克·凯恩 Mike Kane
迈克尔·怀特 Michael White
迈克尔·卡津 Michael Kazin
迈克尔·托马斯 Michael Thomas
迈克尔·汤姆斯基 Michael Tomasky
米尔顿·弗里德曼 Milton Friedman
米迦勒·萨维奇 Michael Savage
米克·巴尔 Mieke Bal
米奇·麦康奈尔 Mitch McConnell
米特·罗姆尼 Mitt Romney

米歇尔·巴赫曼 Michele Bachmann
米歇尔·布朗 Michelle Brown
米歇尔·福柯 Michel Foucault
米歇尔·亚历山大 Michelle Alexander
莫·艾尔贝斯塔 Mo Elbestawi
南·戈丁 Nan Goldin
妮达·艾嘉·索尔坦 Neda Agha Soltan
纽特·金里奇 Newt Gingrich
诺姆·乔姆斯基 Noam Chomsky
帕米拉·盖勒 Pamela Geller
帕特·布坎南 Pat Buchanan
帕特里克·迪恩 Patrick Deane
齐格蒙特·鲍曼 Zygmunt Bauman
乔纳森·科布 Jonathan Cobb
乔纳森·谢尔 Jonathan Schell
乔伊·乌姆耶 Joy Uhlmeyer
乔治·格罗兹 George Grosz
乔治·迪迪–于伯尔曼 Georges Didi-Huberman
琼·狄迪昂 Joan Didion
让·斯特凡契奇 Jean Stefancic
莎士比亚 Shakespeare
史蒂夫·金 Steve King
史蒂夫·塔特尔 Steve Tuttle
斯科特·谢恩 Scott Shane
萨拉·布斯塔曼特 Sarah Bustamatenes
萨拉·佩林 Sarah Palin
萨姆·哈里斯 Sam Harris
塞缪尔·亨廷顿 Samuel Hungtington
斯蒂芬·格雷厄姆 Stephen Graham
斯坦利·阿洛诺维茨 Stanley Aronowitz

斯图尔特·霍尔 Stuart Hall
苏珊·林恩 Susan Linn
苏珊·桑塔格 Susan Sontag
苏珊·希尔斯·吉鲁 Susan Searls Giroux
所罗门·巴尔内德洛 Salomon Baldenegro
坦尼娅·麦克道威尔 Tanya McDowell
汤姆·汉克斯 Tom Hanks
汤姆·霍恩 Tom Horne
汤姆·坦克雷多 Tom Tancredo
唐纳德·特朗普 Donald Trump
特雷沃恩·马丁 Tyrayvon Martin
特里·伊格尔顿 Terry Eagleton
托马斯·曼 Thomas E. Mann
瓦尔特·本雅明 Walter Benjamin
威廉·布莱克 William Black
威廉·格雷德 William Greider
沃伦·巴菲特 Warren Buffet
乌萨马·本·拉登 Osama Bin Laden
西奥多·阿多诺 Theodor Adorno
西格蒙德·弗洛伊德 Sigmund Freud
西摩·赫什 Seymour Hersh
肖恩·汉尼提 Sean Hannity
辛德雷·班斯塔德 Sindre Bangstad
雅克·德里达 Jacques Derrida
亚历克斯·霍耐特 Alex Honneth
亚莉克莎·冈萨雷斯 Alexa Gonzales
伊丽莎白·马丁内斯 Elizabeth Martinez
伊丽莎白·沃伦 Elizabeth Warren
约翰·多斯·帕索斯 John Dos Passos
约翰·胡鹏塞尔 John Huppenthal

约翰·科里 John Cory

约翰·麦凯恩 John McCain

约翰·皮尔格 John Pilger

约瑟夫·斯蒂格利茨 Joseph Stiglitz

詹姆斯·鲍德温 James Baldwin

詹·勒施 Jen Roesch

朱迪斯·巴特勒 Judith Butler

地名对照表

坎大哈省 Kandahar province

罗德岛 Rhode Island

美莱村 My Lai

图森市 Tucson

祖科蒂公园 Zuccotti Park

文献名称对照表（文献指正文中以汉语译名出现的书籍、论文、报刊等）

《阿特拉斯耸肩》 Atlas Shrugs

《爱国者法案》 the Patriot Act

《暴风雨》 The Tempest

《被压迫者教育学》 Pedagogy of the Oppressed

《被占领的美利坚（墨西哥裔的历史）》 Occupied America：A History of Chicanos

别样网 AlterNet

《拆弹部队》 The Hurt Locker

《超级减肥王》 The Biggest Loser

《城中大盗》 The Town（2010）

《重新思考哥伦布：下一个 500 年》 Rethinking Columbus：the next 500 years

《多德—弗兰克法案》 Dodd-Frank Law

《2083：欧洲独立宣言》Manifesto 2083
《福克斯新闻》Fox News
《福克斯全国新闻》Fox Nation
《附带谋杀》Collateral Murder
《告别洛杉矶》Goodbye to Los Angeles
《高级写作杂志》Journal of Advanced Composition（JAC）
《共同的梦想》The Common Dreams
《滚石》Rolling Stone
《国防授权法案》the National Defense Authorization Act
《汉娜》Hanna（2011）
《赫芬顿邮报》Huffington Post
《华尔街日报》The Wall Street Journal
《华盛顿邮报》the Washington Post
《坏爱情》Bad Romance
《回击》Counter Punch
"黑人隔离法" the Jim Crow
《僵尸之地》Zombieland（2009）
《阶级的作用：权力和社会运动》How Class Works：Power and Social Movements
《杰瑞施普林格脱口秀》The Jerry Springer Show
《惊声尖叫 4》Scream（2011）
《锯》系列 Saw series
《绝望主妇》Desperate Housewives
《坎特伯雷故事集》The Canterbury Tales
《雷默斯大叔》Uncle Remus
《麦田里的守望者》The Catcher in the Rye
《美国人民的历史》People's History of the United States
《美国展望》American Prospect
《美少女特工队》Sucker Punch（2011）
《明镜周刊》Der Spiegel

《明尼阿波利斯星星论坛报》The Minneapolis star tribune

《莫里》Maury

《内心的杀手》The Killer Inside Me（2010）

《纽约书评》the New York Review of Books

《批判种族理论》Critical Race Theory

《平价医疗法案》the Affordable Care Act

《奇卡诺人：墨西哥人权运动史》Chicanos：The History of the Mexican Civil Rights Movement

《生人勿进》Let Me In（2010）

《速度与激情 5》Fast Five（2011）

《挖掘真相》Truthout

《为鞭打辩护》In Defense of Flogging

《500 年的墨西哥裔美国人历史图集》500 Years of Chicano History in Pictures

《无耻混蛋》Inglourious Basterds（2009）

《野蛮人》Savages（2012）

《蝇王》Lord of the Flies

《应许之地的儿子》Manchild in the Promised Land（1965）

《勇者行动》Acts of Valor（2012）

《泽西海岸》Jersey Shore

《自然状态》State of Nature

机构名称对照表

阿布格莱布监狱 Abu Ghraib prison

安然公司 Enron

奥斯卡金像奖 Academy Award

巴克利银行 Barclay

贝尔斯登公司 Bear Stearns

贝纳通的色彩无界限沟通 United Colors Of Benetton

布莱尔山之战 the Battle of Blair Mountain

杜克大学 Duke University

儿童保护基金会 Children's Defense Fund

反诽谤联盟 Anti-Defamation League

佛罗里达州立大学 Florida State University

高盛集团 Goldman Sachs

葛兰素史克 GlaxoSmithKline

国防部 Department of Defense

国会预算办公室 the Congressional Budget Office

国民警卫队 the National Guard

哈佛大学 Harvard University

花旗银行 Citigroup

环境保护署 EPA

加州大学伯克利分校 University of California-Berkeley

解放广场 the Tahrir Square

军役补贴军团 the Bonus Army

恺撒家庭基金会 Kaiser Family Foundation

科赫兄弟 The Koch brothers

劳动统计局 the Bureau of Labor Statistics

联邦通信委员会 Federal Communications Commission

罗德岛学院 Rhode Island College

马特万屠杀 the Matewan Massacre

曼氏金融 M. F. Global

美国国家广播公司 the NBC News

美国国际集团 AIG

美国国土安全部 The US Department of Homeland Security

美国企业研究所 American Enterprise Institute

美国全国无家可归儿童教育协会 the National Association for the Education of Homeless Children and Youth

美国银行 Bank of America

美国退休人员协会 America Association of Retired Persons（AARP）

美国证券交易委员会 Securities and Exchange Commission

美林公司 Merrill Lynch

摩根大通集团 JPMorgan Chase

皮尤研究中心 Pew Research Center

全国步枪协会 the National Rifle Association

全国恐怖主义研究联盟 the National Consortium for the Study of Terrorism and Response to Terrorism

全国贫困儿童中心 the National Center for Children in Poverty

三 K 党 Ku Kluk Klan

税收政策中心 the Tax Policy Center

通用磨坊食品公司 General Mills

泰瑟枪国际公司 Taser International, Inc

韦恩-狄克西公司 Winn-Dixie

维亚康姆 Viacom

五角大楼 Pentagon

“希特勒青年团” Hitler-Jugend

新闻集团 News Corporation

英国石油公司 BP

运输改进项目 TIP

直播电视公司 DirecTV

中央情报局 CIA

译后记

译者曾在亨利·吉鲁教授的《教育与公共价值的危机》译后记中介绍过翻译其著作的缘由。这里简要说明《找回民主的未来——青年的力量》的大致内容。

《找回民主的未来——青年的力量》是亨利·吉鲁教授的一本有关青年的专著。从占领华尔街运动的抗议者遭受暴力惩罚谈起，揭露美国青年遭受的迫害和痛苦，阐述金融危机给美国社会和教育产生的影响，论述了美国依靠暴力治理的危机和社会危机，并提出了改变现状的宣言。作者首先回顾了“9·11”事件，揭示美国的恐惧文化和强化国内安全的趋势。接着论述以“杀人队”为代表的残酷性文化与暴力文化的泛滥、福利国家的消失和美国社会的“美学的堕落”。这些说明美国政治和文化正在经历一种令人担忧的转型，出现了针对儿童、青年、穷人等弱势群体的暴力和国内恐怖主义运动。作者还以亚利桑那州立法禁止讲授民族性课程为例揭露反移民和种族主义政治意识形态支配下的教育政策以及对批判教育学的攻击。在经济方面，财政紧缩政策解除了公司和富人导致经济衰退的责任，却给弱势群体带来痛苦和折磨。总之，占领华尔街运动揭露了政治、社会、经济的不平等，驳斥了赌场资本主义和反民主叙述，提出了新的政治参与概念。在作者看来，占领运动具有积极的影响和遗产，年青的一代作为新一代公共知识分子让人看到了表达批判和希望的机会。吉鲁的分析通过鼓励人们的批判性思考能力、澎湃的激情和知情的判断促使我们重新思考民主的本质，探索美国以及世界的民主应该是什么样子。①

---

① Henry A. Giroux. *America's Addiction to Terrorism*. New York: Monthly Review Press, 2016: 124, 145.

在这本书的英文版（2013 年）出版 3 年后，美国青年的状况并没有多少改善，反而有不断恶化的趋势。2014 年密苏里州的佛格森市（Ferguson）身无寸铁的黑种人青年被白种人警察枪杀等屡屡出现的事件引发了“黑种人的命也是命”运动。亨利·吉鲁教授在 2016 年新出的专著《美国的恐怖主义毒瘾》中专门有一章——“第一次的烈火：黑种人青年与后种族暴力场景”——讨论青年问题。随着社会福利国家转变为企业国家，支持公共利益的民主的公共空间遭到攻击。警察暴力成为最明显的国家恐怖主义形式。美国社会中出现了以种族主义、无法无天、残酷性、社会问题犯罪化等为特征的文化，美国社会的专制主义噩梦正在逼近。美国青年尤其是贫穷的黑种人青年面临一种绝望的情绪，但吉鲁对青年抱有很高的希望。青年们开始建立起一场强大的运动，其目标不仅是终结针对黑种人社区和青年的政治压迫，而且是建立一个全新的、民主的、平等的社会。

就在译者修改译稿期间，吉鲁教授于 2016 年 10 月在《挖掘真相》上再度撰文《美国反对青年的战争：从学校到债务人监狱》。文中指出，如果衡量民主的一个重要标准是这个社会如何对待其孩子，尤其是贫困的有色人种青年，美国社会毫无疑问是不合格的。因为美国越来越多地以监狱的模式经营学校，将年轻人置于严重的阶级和种族不平等为标志的刑法体系控制下，越来越清楚的是这些孩子不再被视为社会投资而是可疑分子。在孩子们被当作犯罪分子的新自由主义政权下，年轻人越来越多地被剥夺了体面的医疗保健、教育、食物和住房。变得越来越清楚的是，美国不仅对待孩子不合格，而且民主本身也不合格。针对年轻人的债务人监狱显示出战争文化对社会中的最脆弱群体的影响，展现出美国社会中最根本的政治经济和社会结构的一种惩罚性和残酷性。年轻人的债务人监狱已经成为被认为是可以抛弃的垃圾的年轻人的倾销场地，它们成为美国众多城市的可耻的利润之源。它们的操作是合理化的敲诈勒索，说明美国社会已经成为将利润凌驾于儿童福利之上的社会，也表明一个社会已经抛弃了社会中最脆弱的群体——年轻人。以监狱的模式治理学校。我们生活在那些旨在减少人类痛苦和不幸，保护年轻人不受警察国家和市场的过分侵害的机构要么被削弱要么被废除的时代。这可以从公立学校、穷人学生和有色人种学生受到持续的、无情的攻击上明显看出。学校不再被视为培养有批判思想的、知情的、积极参与的公民的民主公共空间，而是变成了惩罚工厂，教学中的批判内容荡然无存，按应试教育模式组织起来的教学让人的思想麻木冷漠。公立学校成为美国警察国家的缩影，包含了军事化、不宽容、冷酷无情、过分犯罪化、墨守成规、监督无处不在的专制场景等各个方面。新自由主义不仅痴迷于积累财富，而且降低了极端暴力的门槛。恐惧、不安全感、羞辱和被监禁的危险成为招收最脆弱群体的学校的新的组织原则。警察在学校使用暴力更是屡见不鲜。公立学校已经成为通向监狱的大门。斯皮瓦克正确地指出："当人不再被当作人来尊重的时候，暴力就开始作为唯一的反应而出现。"暴力不仅摧毁了人的精神、思想和身体，而且放弃了民主政治本身，因为它发起针对希望的战争，扼杀想象力，破坏批判能动性和集体斗争的意识。①

吉鲁教授认为当前最大的问题是新自由主义谎言意识形态，即鼓吹自由市场体系是确保人类自由和维护民主的唯一机制的神话。它通过游戏、现实电视、明星文化、日常新闻、电台脱口秀和其他媒体传播其价值观。这样的世界只尊重狭隘的自私利益、孤立竞争的个人、金融资本、商品至上以及自由市场极端主义的所谓"自然"法则。这种涡轮资本主义连同破坏性的宣扬其合法性的文化机构不仅摧毁了公共利益，而且掏空了民主的任何实质内容，从而使专制政治和文化变成可接受的选择。②

吉鲁教授在特朗普赢得总统大选之后撰文指出，这表明极端主义政治已经从边缘走向中心，资本主义已经进入欺负弱者的新时代，美国人已经沦为野蛮文化的猎物，现实电视政治已经呈现为一种表演性的自恋，见证了消费文化和名人文化的巨大威力。③ 青年的反抗依然任重而道远。

译者在书后制作了"专有名称汉译英对照表"，包括人名、地名、文

---

① Henry A. Giroux. "The United States 'War on Youth: From Schools to Debtors' Prisons," *Truthout*, 2016-10-19.

② Henry A. Giroux. "Beyond the Politics of the Big Lie: The Education Deficit and the New Authoritarianism," *Truthout*, 2012-06-19.

③ Henry A. Giroux. "The Authoritarian Politics of Resentment in Trump's America," *Truthout*, 2016-11-13.

献名称（含书籍、论文、报刊等）、机构名称等内容，既可以方便读者，也可以使读者监督译者的处理是否符合规范。鉴于译者知识水平和中英文功底有限，书中差错在所难免，译者真诚希望读者不吝指教。

译本出版之际，译者要感谢作者亨利·吉鲁教授的厚爱和信任，感谢他在翻译过程中对译者的帮助和对译文提出的修改意见。译者的两位硕士研究生余雪琴和陈进花翻译了本书初稿的前后两部分，并帮助处理了本书的注释和索引部分。感谢她们认真和尽力的工作。感谢中国人民大学出版社杨宗元老师的关心和帮助。感谢中国人民大学出版社的信任和支持，感谢为本书付出辛勤劳动的编辑符爱霞老师。

译者
2019 年 12 月于武汉青山

守望者书目

001　正义的前沿

［美］玛莎·C. 纳斯鲍姆（Martha C. Nussbaum）　著

作者玛莎·C. 纳斯鲍姆，美国哲学家，人文与科学院院士，当前美国最杰出、最活跃的公共知识分子之一。现为芝加哥大学法学、伦理学佛罗因德（Ernst Freund）杰出贡献教授，同时受聘于该校 7 个院（系）。2003 年荣列英国《新政治家》杂志评出的**“我们时代的十二位伟大思想家”**之一；2012 年获西班牙阿斯图里亚斯王子奖，被称为**“当代哲学界最具创新力和最有影响力的声音之一”**。最具代表性的著作有：《善的脆弱性》《诗性正义》。

作为公平的正义真的无法解决吗？本书为我们呈现女性哲学家的正义探索之路。本书从处理三个长期被现存理论特别是罗尔斯理论所忽视的、亟待解决的社会正义问题入手，寻求一种可以更好地指引我们进行社会合作的社会正义理论。

002　寻求有尊严的生活——正义的能力理论

［美］玛莎·C. 纳斯鲍姆（Martha C. Nussbaum）　著

诺贝尔经济学奖得主阿玛蒂亚·森鼎力推荐。伦敦大学学院乔纳森·沃尔夫教授对本书评论如下：“一项非凡的成就：文笔优美，通俗易懂。同阿玛蒂亚·森教授一道，纳斯鲍姆是正义的‘能力理论’的开创者之一。**这是自约翰·罗尔斯的作品以来，政治哲学领域最具原创性和影响力的发展**。这本书对纳斯鲍姆理论的首次全盘展示，不仅包括了其核心元素，也追溯了其理论根源并探讨了相关的政策意义。”

003　教育与公共价值的危机

［美］亨利·A. 吉鲁（Henry A. Giroux）　著

亨利·A. 吉鲁（1943—　），著名社会批评家，美国批判教育学的创始理论家之一，先后在波士顿大学、迈阿密大学和宾夕法尼亚州立大学任教。2002 年，吉鲁曾被英国劳特利奇出版社评为当代前 50 位教育思想家之一。

本书荣获杰出学术著作称号，获得美国教学和课程协会的年度戴维斯图书奖，美国教育研究协会**2012 年度批评家评选书目奖**。本书考察了美国社会的公共价值观转变以及背离民主走向市场的教育模式。本书鼓励教育家成为愿意投身于创建构成性学习文化的公共知识分子，培养人们捍卫作为普遍公共利益的公立教育和高等教育的能力，因为这些对民主社会的生存来说至关重要。

004　康德的自由学说

卢雪崑　著

卢雪崑，牟宗三先生嫡传弟子，1989 年于钱穆先生创办的香港新亚研究所获哲学博士学位后留所任教。主要著作有《意志与自由——康德道德哲学研究》《实践主体与道德法则——康德实践哲学研究》《儒家的心性学与道德形上学》《通书太极图说义理疏解》。

本书对康德的自由学说进行了整体通贯的研究，认为康德的自由学说绝非如黑格尔以来众多康德专家曲解的那样，缺乏生存关注、贱视人的情感、只是纯然理念的彼岸与虚拟；康德全部批判工作可说是一个成功证立“意志自由”的周全论证整体，康德批判地建立的自由学说揭示了“自由作为人的存在的道德本性”，“自由之原则作为实存的原则”，以此为宗教学、德性学及政治历史哲学奠定彻底革新的基础。

005　康德的形而上学

卢雪崑　著

自康德的同时代人——包括黑格尔——对康德的批判哲学提出批判至今，种种责难都借着“持久的假象就是真理”而在学术界成为公论。本书着眼于康德所从事的研究的真正问题，逐一拆穿这些公论所包含的假象。

006 客居忆往

洪汉鼎 著

洪汉鼎，生于1938年，我国著名斯宾诺莎哲学、当代德国哲学和诠释学专家，现为北京市社会科学院哲学研究所研究员，山东大学中国诠释学研究中心名誉主任，杜塞尔多夫大学哲学院客座教授，成功大学文学院客座讲座教授。20世纪50年代在北京大学受教于贺麟教授和洪谦教授，70年代末在中国社会科学院哲学所担任贺麟教授助手，1992年被评为享受国务院政府特殊津贴专家，2001年后在台湾多所大学任教。德文专著有《斯宾诺莎与德国哲学》、《中国哲学基础》、《中国哲学辞典》（三卷本，中德文对照），中文专著有《斯宾诺莎哲学研究》、《诠释学——它的历史和当代发展》、《重新回到现象学的原点》、《当代西方哲学两大思潮》（上、下册）等，译著有《真理与方法》《批评的西方哲学史》《知识论导论》《诠释学真理?》等。

本书系洪汉鼎先生以答学生问的形式而写的学术自述性文字，全书共分为三个部分。第一部分是作者个人从年少时代至今的种种经历，包括无锡辅仁中学、北京大学求学、反右斗争中误划为右派、“文化大革命”中发配至大西北、改革开放后重回北京、德国进修深造、台湾十余年讲学等，整个经历充满悲欢离合，是幸与不幸、祸与福的交集；第二部分作者透过个人经历回忆了我国哲学界20世纪90年代之前的情况，其中有师门的作风、师友的关系、文人的特性、国际的交往，以及作者个人的哲学观点，不乏一些不为人知的哲坛趣事；第三部分是作者过去所写的回忆冯友兰、贺麟、洪谦、苗力田诸老师，以及拜访伽达默尔的文章的汇集。

007 西方思想的起源

聂敏里 著

聂敏里，中国人民大学哲学院教授，博士生导师，中国人民大学首批杰出人文学者，主要从事古希腊哲学的教学和研究，长期教授中国人民大学哲学院本科生的西方哲学史专业课程。出版学术专著《存在与实体——亚里士多德〈形而上学〉Z卷研究（Z 1-9）》《实体与形式——亚里士多德〈形而上学〉Z卷研究（Z 10-17）》，译著《20世纪亚里士多德研究文选》《前苏格拉底哲学家——原文精选的批评史》，在学界享有广泛的声誉。《存在与实体》先后获得北京市第十三届哲学社会科学优秀成果奖二等奖、教育部第七届高等学校科学研究优秀成果奖（人文社会科学）三等奖，《实体与形式》入选2015年度"国家哲学社会科学成果文库"。

本书是从中国学者自己的思想视野出发对古希腊哲学的正本清源之作。它不着重于知识的梳理与介绍，而着重于思想的分析与检讨。上溯公元前6世纪的米利都学派，下迄公元6世纪的新柏拉图主义，上下1 200余年的古希腊哲学，深入其思想内部，探寻其内在的本体论和认识论的思想根底与究竟，力求勾勒出西方思想最初的源流与脉络，指陈其思想深处的得失与转捩，阐明古希腊哲学对两千余年西方思想的奠基意义与形塑作用。

008　现象学：一部历史的和批评的导论

［爱尔兰］德尔默·莫兰（Dermot Moran）　著

德尔默·莫兰为国际著名哲学史家，爱尔兰都柏林大学哲学教授（形上学和逻辑学），前哲学系主任，于2003年入选爱尔兰皇家科学院，并担任2013年雅典第23届国际哲学大会"学术规划委员会"主席。莫兰精通欧陆哲学、分析哲学、哲学史等，而专长于现象学和中世纪哲学。主要任教于爱尔兰，但前后在英、美、德、法等各国众多学校担任客座或访问教授，具有丰富的教学经验。莫兰于2010年在香港中文大学主持过现象学暑期研究班。

本书为莫兰的代表作。莫兰根据几十年来的出版资料，对现象学运动中的五位德语代表哲学家（布伦塔诺、胡塞尔、海德格尔、伽达默尔和阿伦特）和四位法语代表哲学家（莱维纳、萨特、梅洛-庞蒂和德里达）的丰富学术思想，做了深入浅出的清晰论述。本书出版后次年即荣获巴拉德现象学杰出著作奖，并成为西方各大学有关现象学研习的教学参考书。

本书另一个特点是，除哲学家本人的思想背景和主要理论的论述之外，不仅对各相关理论提出批评性解读，而且附有关于哲学家在政治、社会、文化等方面的细节描述，也因此增加了本书的吸引力。

009 自身关系

［德］迪特尔·亨利希（Dieter Henrich） 著

迪特尔·亨利希（1927— ），德国哲学家，1950 年获得博士学位，导师是伽达默尔。1955—1956 年在海德堡大学获得教授资格，1965 年担任海德堡大学教授，1969 年起成为国际哲学协会主席团成员，1970 年担任国际黑格尔协会主席。海德堡科学院院士、哈佛大学终身客座教授、东京大学客座教授、慕尼黑大学教授、巴伐利亚科学院院士、亚勒大学客座教授、欧洲科学院院士以及美国艺术与科学院外籍院士。先后获得图宾根市颁发的荷尔德林奖、斯图加特市颁发的黑格尔奖等国际级奖项，是德国观念论传统的当代继承人。

迪特尔·亨利希以“自身意识”理论研究闻名于世，毫无疑问，本书是他在这方面研究最重要的著作之一。本书围绕“自身关系”这一主题重新诠释了德国观念论传统，讨论了三种形式的自身关系：道德意识的自身关系、意识中的自身关系和终极思想中的自身关系，展示了“自身关系”的多维结构与概念演进，形成了一个有机的整体。本书是哲学史研究与哲学研究相互结合的典范之作，无论是在哲学观念上还是在言说方式上都证明了传统哲学的当代有效性。

010 佛之主事们——殖民主义下的佛教研究

［美］唐纳德·S. 洛佩兹（Donald S. Lopez，Jr.） 编

唐纳德·S. 洛佩兹，密歇根大学亚洲语言和文化系的佛学和藏学教授。美国当代最知名的佛教学者之一，其最著名的著作有《香格里拉的囚徒》（芝加哥大学出版社，1996）、《心经诠释》（芝加哥大学出版社，1998）、《疯子的中道》（芝加哥大学出版社，2007）、《佛教与科学》（芝加哥大学出版社，2010）等，还主编有《佛教诠释学》（夏威夷大学出版

社，1992）、《佛教研究关键词》（芝加哥大学出版社，2005）等，同时他还是普林斯顿大学出版社出版的“普林斯顿宗教读物”（Princeton Readings of Religion）丛书的总主编。

本书是西方佛教研究领域的第一部批评史，也是将殖民时代和后殖民时代的文化研究的深刻见解应用于佛教研究领域的第一部作品。在对19世纪早期佛教研究的起源作了一个概述后，本书将焦点放在斯坦因（A. Stein）、铃木大拙（D. T. Suzuki），以及荣格（C. G. Jung）等重要的“佛之主事者”上。他们创造并维系了这一学科的发展，从而对佛教在西方的传播起了重要的作用。

本书按年代顺序记录了在帝国意识形态的背景下，学院式佛教研究在美洲和欧洲的诞生和发展，为我们提供了佛教研究领域期盼已久的系谱，并为我们对佛教研究的长远再构想探明了道路。本书复活了很多重要而未经研究的社会、政治以及文化状况——一个多世纪以来是它们影响了佛教研究的发展过程，而且常常决定了人们对一系列复杂传统的理解。

011　10个道德悖论

［以］索尔·史密兰斯基（Saul Smilansky）　著

索尔·史密兰斯基是以色列海法大学（the University of Haifa）哲学系教授。他是广受赞誉的《自由意志与幻觉》（*Free Will and Illusion*, 2000）一书的作者，并在《南方哲学》（*Southern Journal of Philosophy*）、《澳大利亚哲学》（*Australian Journal of Philosophy*）、《实用》（*Utilitas*）等重要哲学期刊上发表了《两个关于正义与加重惩罚的明显的悖论》（“Two Apparent Paradoxes about Justice and the Severity of Punishment”）、《宁愿不出生》（“Preferring not to Have Been Born”）、《道德抱怨悖论》（“The Paradox of Beneficial Retirement”）等多篇论文。

从形而上学到逻辑学，悖论在哲学研究中的重要性可以从其丰富的文献上得到显现。但到目前为止，在伦理学中很少见到对悖论的批判性研究。在伦理学的前沿工作中，《10个道德悖论》首次为道德悖论的中心地位提供了有力的证据。它提出了10个不同的、原创的道德悖论，挑战了我们某些最为深刻的道德观点。这本具有创新性的书追问了道德悖论的存在究竟是有害的还是有益的，并且在更为广泛的意义上探讨了悖论能够在道德和生活上教给我们什么。

012　现代性与主体的命运

杨大春　著

杨大春，1965年生，四川蓬安人，1992年获哲学博士学位，1998年破格晋升教授。目前为浙江大学二级教授、求是特聘教授。研究领域为现当代法国哲学。主持国家社科基金青年项目、一般项目、重点项目和重大招标项目各1项，入选国家哲学社会科学成果文库1项。代表作有《20世纪法国哲学的现象学之旅》《语言 身体 他者：当代法国哲学的三大主题》《感性的诗学：梅洛－庞蒂与法国哲学主流》《文本的世界：从结构主义到后结构主义》《沉沦与拯救：克尔凯戈尔的精神哲学研究》等。著述多次获奖，如教育部高等学校科学研究优秀成果二等奖1项，浙江省哲学社会科学优秀成果一等奖2项，吴玉章人文社会科学优秀成果奖1项，《文史哲》“学术名篇奖”1项等。

哲学归根到底关注的是人的命运。根据逻辑与历史、时代精神与时代相一致的原则，本书区分出西方哲学发展的前现代（古代）、早期现代、后期现代和后现代（当代）四种形态，并重点探讨现代哲学的历程。导论是对主体问题的概述，其余章节围绕主体的确立、主体的危机、主体的解体和主体的终结来揭示意识主体在现代性及其转折进程中的命运。本书几乎囊括了自笛卡尔以来的主要西方哲学流派，既具有宏大的理论视野，又具有强烈的问题意识。

013　认识的价值与我们所在意的东西

［美］琳达·扎格泽博斯基（Linda Zagzebski）　著

琳达·扎格泽博斯基为美国俄克拉荷马大学乔治·莱恩·克罗斯研究教授、金费舍尔宗教哲学与伦理学讲席教授，曾担任美国天主教哲学学会主席（1996—1997 年）、基督教哲学家协会主席（2004—2007 年），以及美国哲学学会中部分会主席（2015—2016 年）。她的研究领域包括知识论、宗教哲学和德性理论，主要著作有：《范例主义道德理论》（*Exemplarist Moral Theory*，2017），《认识的权威：信念中的信任、权威与自主理论》（*Epistemic Authority*：*A Theory of Trust*，*Authority*，*and Autonomy in Belief*，2012），《神圣的动机理论》（*Divine Motivation Theory*，2004），《心智的德性》（*Virtues of the Mind*，1996），《自由的困境与预知》（*The Dilemma of Freedom and Foreknowledge*，1991）等。

本书作为知识论导论，以认识的价值与我们所在意的东西开始，最终以认识之善与好生活结束，广泛涉及这一领域的重要论题，如盖梯尔难题、怀疑主义、心智与世界的关系等。无论是出发点还是理论旨归，本书都不同于当前大多数知识论导论，它将我们的认识实践放置于伦理学的框架之中，德性在知识论中居于核心位置，这是扎格泽博斯基教授二十多年来几乎从未变化的基本立场，并始终为此进行阐释与辩护。本书以简明的方式呈现了半个世纪以来英美知识论的论争图景，解释了围绕人类善与人类德性的知识论研究成果，并力图显示这一风格的知识论的重要意义。

014　众生家园：捍卫大地伦理与生态文明

［美］J. 贝尔德·卡利科特（J. Baird Callicott）　著

J. 贝尔德·卡利科特，当代北美环境哲学、伦理学代表性学者，美国北得克萨斯大学（University of North Texas）杰出研究教授，已荣退。曾任国际环境伦理学会（International Society for Environmental Ethics）主席、耶鲁大学住校生物伦理学家（Bioethicist-in-Residence）。他以利奥波德“大地伦理”（land ethic）的当代杰出倡导者而知名，并据此而拓展出一种关于“地球伦理”（earth ethic）的独特理论。代表作有：《众生家园：捍卫大地伦理与生态文明》（*In Defense of the Land Ethic*：*Essays in Environmental Philosophy*，1989）、《全球智慧》（*Earth Insights*，1994）、《超越大地伦理》（*Beyond the Land Ethic*：*More Essays in Environmental Philosophy*，1999）、《像地球那样思考》（*Thinking Like a Planet*：*The Land Ethic and the Earth Ethic*, 2013)。

《众生家园：捍卫大地伦理与生态文明》(*In Defense of the Land Ethic*: *Essays in Environmental Philosophy*, 1989) 是 J. 贝尔德·卡利科特的代表作之一。本著致力于梳理、捍卫和扩展奥尔多·利奥波德的环境哲学核心理念——“大地伦理”(land ethic)，其论域覆盖了当代西方环境哲学的重要话题，反映了北美环境哲学产生的独特历史背景，同时预见性地涉及了当代环境哲学的前沿论题，为当代环境伦理的观念基础做了有力的论证。

015　判断与能动性

[美] 厄内斯特·索萨 (Ernest Sosa)　著

厄内斯特·索萨，美国当代著名哲学家，知识论研究的代表人物之一，开创了德性知识论流派。现为美国人文艺术科学院院士，美国罗格斯(Rutgers) 大学哲学教授。曾任美国哲学协会会长、著名杂志《哲学与现象学研究》主编、“剑桥哲学研究丛书”总主编等。厄内斯特·索萨在英美哲学界有着广泛影响，曾在著名的洛克讲座上做报告 (2002)，2010 年获得美国哲学协会颁发的奎恩奖 (Quinn Prize)。

在本书中，厄内斯特·索萨引入一种新的知识分析方法，即形而上学分析，在这种新的方法论基础上发展出一种更好的德性知识论。本书共分为四个部分：第一部分探讨以形而上学分析为核心的方法论，进而提出基于认知胜任力 (epistemic competence) 的德性知识论，同时比较德性可靠论与德性责任论这两种德性知识论，试图把德性责任论融入新的知识论框架，给予一种统一的解释；第二部分阐明概念“完全适切的表现” (fully apt performance)，这个概念帮助我们超越基于认知胜任力的德性知识论，从而获得一种更好的德性知识论；第三部分尝试在这种更好的德性知识论的基础上分析能动性、意向行动和知识的社会维度等；第四部分回归哲学史，提供了皮罗式知识论这种新解释，并以笛卡尔为研究对象，主张笛卡尔的知识论是一种皮罗式的德性知识论。总之，本书包含了厄内斯特·索萨的某些天才洞见和反思，必将对未来的知识论产生深远影响。

016　知识论

［美］理查德·费尔德曼（Richard Feldman）　著

理查德·费尔德曼，美国罗彻斯特大学（University of Rochester）校长、哲学系教授。主要研究兴趣是知识论和形而上学，代表作有《推理与论证》（*Reason and Argument*）、《知识论》（*Epistemology*）、《证据主义》（*Evidentialism*）等。

理查德·费尔德曼的《知识论》以标准看法为核心，围绕六个紧密相连的问题展开：（1）在什么条件下一个人知道某事是真的？（2）在什么条件下一个信念是有证成的？（3）知识论问题、实践问题和道德问题，如果会相互影响的话，那么它们是以什么样的方式相互影响的？（4）我们真的有任何知识吗？（5）自然科学的成果会以什么样的方式对知识论问题产生影响？（6）认知多样性的知识论后果是什么？这六个问题的答案构成了一个最佳解释论证，其结论为"标准看法还是正确的"，即我们知道相当多的各种各样的事物，我们主要靠知觉、记忆、证词、内省、推理和理性洞察来知道它们。

017　含混性

［英］蒂莫西·威廉姆森（Timothy Williamson）　著

蒂莫西·威廉姆森，牛津大学教授，2000 年被授予威克汉姆教授头衔（Wykeham Professor）、1997 年被选为英国国家学术院院士（Fellow of the British Academy）、爱丁堡皇家学会院士（Fellow of the Royal Society of Edinburgh）。已经出版学术著作《知识及其限度》（2000）、《哲学的哲学》（2007）、《作为形而上学的模态逻辑》（2013）、《对与错的真相：四人对话录》（2015）、《作哲学》（2018）等，发表学术论文百余篇。

蒂莫西·威廉姆森通过《含混性》一书仔细检视了现存的含混性理论，并为认知主义辩护。威廉姆森先从历史来追溯含混性问题，以批判性的眼光浏览含混性哲学的历史；他的观察是：一方面，现存的含混性理论无法很好地解释高阶含混性的问题；另一方面，认知主义的观点受到了不公平的对待。有别于当时大多数学者将含混性问题视为一个语言问题，威廉姆森将含混性问题视为一个知识问题，亦即不知道含混语词/概念的精确边界，希望能为认知主义观点提供一个趋近完备的理论。

尽管《含混性》使用的逻辑不多，但读者若有一定程度的逻辑基础，将能很好地理解书中的论证，体会到论证的精妙之处。对研究含混性问题的学者来说，就算不同意认知主义观点，也不能不读《含混性》，因为《含混性》早已成为研究含混性问题的经典之一。

018　德国观念论的终结——谢林晚期哲学研究

［德］瓦尔特·舒尔茨（Walter Schulz）　著

瓦尔特·舒尔茨（1912—2000），德国哲学家。求学生涯受卡尔·洛维特、盖尔哈特·克鲁格、伽达默尔、布尔特曼等人影响。他的博士论文在伽达默尔的指导下讨论了柏拉图《斐多篇》中对不朽性的论证，教职论文在伽达默尔和洛维特两人的指导下讨论了谢林晚期哲学。1955 年至 1978 年任图宾根大学哲学系教授，曾拒绝接受海德格尔退休后在弗莱堡留下的教席，并且长期在德国哲学界和图宾根智识圈中享有最高声誉。面对着当时后现代思潮的崛起，他始终关注人的思想与世界的关联，坚持探讨西方形而上学诸多重大主题的传统与更新。代表著作有：《德国观念论的终结——谢林晚期哲学研究》《变动世界中的哲学》《摇摆的形而上学》《后形而上学时代中的主体性》等。

本书初版于 1955 年，是瓦尔特·舒尔茨的教职论文。在本书中，舒尔茨对谢林晚期哲学进行了细致的研究，他认为晚年谢林对于理性与绝对者的关系进行了更彻底的也更艰涩的思辨，谢林晚期哲学绝非一种基督教哲学，而是纯粹的、正统的、继续向前推进着的、以“主体性的自我建构”为基准的观念论哲学。相对于德国观念论在黑格尔哲学中达到了峰点的传统看法，他在本书中声称，德国观念论正是在谢林晚期哲学中才达成了最终的形态。谢林晚期哲学中强烈地表现出了理性永远无法把握它的前提和根基，而这也最终宣告了德国观念论这一思想范式的终结。在本书的最后，舒尔茨还继续讨论了谢林晚期哲学的自我中介的范式在克尔凯郭尔、尼采和海德格尔思想中的回响，试图对谢林那为人所忽视的晚期哲学做出更精准的历史定位。

019　奢望：社会生物学与人性的探求

［英］菲利普·基切尔（Philip Kitcher）　著

菲利普·基切尔，英国当代著名科学哲学家，哥伦比亚大学约翰·杜威讲席教授，美国人文与科学院院士，曾担任美国哲学学会（太平洋分会）主席。已经出版的哲学论著包括《数学知识的本质》、《奢望：社会生物学与人性的探求》、《科学的进展》、《科学、真理与民主》、《民主社会中的科学》、《伦理学纲领》与《实用主义的序奏》等。

在当代智识世界中，社会生物学可谓甚嚣尘上，它经常被用来支持各种阶级偏见、种族偏见与性别偏见。在本书中，基切尔紧紧围绕方法论的科学哲学问题，对社会生物学的人性探求进行了深入细致的批判。基切尔认为，在非人类的动物研究领域，社会生物学的研究工作在方法论上大致是可靠的，但在将这些理论适用于人类的过程中，许多社会生物学家做出了仓促的推论。社会生物学在方法论上呈现的种种缺陷，让它迄今仍无法成为一门关于人类行为的真正可靠的科学，但流行的社会生物学已经由于其创建者的奢望而步入歧途。

020　德国哲学 1760—1860：观念论的遗产

［美］特里·平卡德（Terry Pinkard）　著

特里·平卡德曾是美国西北大学的哲学与德语教授，现为乔治敦大学哲学教授。他出版的著述包括：《黑格尔的辩证法：对可能性的解释》（*Hegel's Dialectic：The Explanation of Possibility*，1988）、《黑格尔的现象学：理性的社会性》（*Hegel's Phenomenology：The Sociality of Reason*，1996）以及《黑格尔》（*Hegel*，2000），此外还有很多期刊文章。

18 世纪下半叶，德国哲学在一段时期内统治着欧洲哲学。它改变了欧洲乃至全世界的人们思考自身、自然、宗教、人类历史、政治和人类理智结构的方式。在这部内容丰富且涉猎广泛的著作中，特里·平卡德将“德意志”的历史——从若干邦国的松散联合演变为具有特色文化的新生国家——同发展中的哲学思想的趋势和复杂性的考察结合起来。他考察了康德因革命性地强调“自我决定”而带来的重大影响，并追溯了这种影响在浪漫主义和观念论中的发展，以及叔本华和克尔凯郭尔这些后康德思想家的批判。这部著作将会引起一大批读者对哲学史、文化史与观念史的兴趣。

021　对话、交往、参与——走进国际哲学共同体

陈波　著

陈波，中国人民大学哲学博士，北京大学哲学系外国哲学研究所教授、博士生导师，2018 年当选为国际哲学学院（IIP）院士，专业领域为逻辑学和分析哲学。先后赴芬兰赫尔辛基大学、美国迈阿密大学、英国牛津大学、日本日本大学做访问学者或进行合作研究。承担国家社科基金项目多项，目前为国家社科基金重大项目“当代逻辑哲学重大前沿问题研究”首席专家。主要著作有：《分析哲学——批评与建构》《逻辑哲学研究》《奎因哲学研究》《悖论研究》《与大师一起思考》《逻辑学十五讲》《逻辑学导论》《逻辑学是什么》等。其学术成果先后获得教育部（3 项）、北京市（4 项）和金岳霖学术奖（3 项）等重要学术奖励。

本书是对作者与国际哲学界交往对话、主办国际性学术活动、逐渐融入国际哲学共同体的历程的一个相当完整的记录，分为三辑。第一辑，访谈录：与大师面对面。收入与美国哲学家吉拉·谢尔、苏珊·哈克，英国哲学家蒂莫西·威廉姆森、迈克·比尼，芬兰哲学家冯·赖特、雅科·亨迪卡的访谈录，以及对美国哲学家哈特里·菲尔德在牛津大学所做约翰·洛克讲演的报道。第二辑，交往实录：体会与感悟。收入有关蒯因、冯·赖特、苏珊·哈克、达米特、威廉姆森、克里普克等的纪念或研究文章，以及关于分析哲学史、元哲学、哲学方法论、真理符合论、批判性思维等的文章。第三辑，主办国际研讨会纪实。收入作者在北京大学主办或参与筹办的国际研讨会的综述等。

022 找回民主的未来——青年的力量

［美］亨利·A. 吉鲁（Henry A. Giroux） 著

亨利·A. 吉鲁出生于1943年9月18日，著名社会批评家。美国批判教育学的创始理论家之一，以在公共教学法、文化研究、青年研究、高等教育、媒体研究和批判理论等方面的杰出成果而举世闻名。曾担任中学老师6年，先后在波士顿大学、迈阿密大学和宾夕法尼亚州立大学任教。2005年起担任加拿大麦克马斯特大学英语和文化研究系全球电视网讲座教授和"挖掘真相"董事会成员。吉鲁著述甚丰，有著作50多部，发表学术文章300多篇。著作有：《怀疑社会中的青年》（Palgrave, 2009）、《希望之后的政治：奥巴马及青年、种族和民主的危机》（Paradigm, 2010）、《黑暗之心：反恐战争中的虐童事件》（Paradigm, 2010）、《喧嚣的老鼠：迪斯尼和天真的终结》［与格蕾斯·帕洛克（Grace Pollock）合著，Rowman and Littlefield, 2010］、《赌场资本主义时代的魔力政治与文化》（Peter Lang, 2011）、《亨利·A. 吉鲁论批判性教育》（Continuum, 2011）、《教育与公共价值的危机》（Peter Lang, 2012）、《社会的黄昏：可处置性时代复苏的公共性》（Paradigm, 2012）、《找回民主的未来——青年的力量》（Paradigm, 2013）。2002年曾被英国劳特利奇出版社评为当代前50名教育思想家之一。

最近，美国青年全体一致地示威游行，抗议的议题从经济不公和极端不平等到教育和公共服务领域的资金大幅削减。《找回民主的未来——青年的力量》记录了政府针对异议者与和平示威者的反制措施，同时揭露了政府对社会的这个最脆弱群体缺乏保护的问题。亨利·吉鲁认真地描述了众多现象，从大众文化中充斥的暴力形象到教育中的种族主义、言论审查以及我们必须面对的越来越严重的经济不平等。他向读者提出挑战，去思考占领华尔街运动和其他新兴运动表现出的民主复兴的希望。吉鲁的分析通过鼓励人们的批判性思考能力、澎湃的激情和知情的判断促使我们重新思考民主的本质，探索美国以及世界的民主应该是什么样子的。

Youth in Revolt: Reclaiming a Democratic Future by Henry A. Giroux
ISBN: 9781612052649

北京市版权局著作权合同登记号：01-2014-5753

图书在版编目（CIP）数据

找回民主的未来：青年的力量/（美）亨利·吉鲁（Henry A. Giroux）著；吴万伟译. --北京：中国人民大学出版社，2020.6

ISBN 978-7-300-26605-3

Ⅰ.①找… Ⅱ.①亨…②吴… Ⅲ.①民主-研究-美国 Ⅳ.①D771.221

中国版本图书馆 CIP 数据核字（2019）第 003204 号

找回民主的未来

——青年的力量

［美］亨利·A. 吉鲁（Henry A. Giroux） 著

吴万伟 译

Zhaohui Minzhu De Weilai

出版发行	中国人民大学出版社		
社　　址	北京中关村大街 31 号	**邮政编码**	100080
电　　话	010－62511242（总编室）		010－62511770（质管部）
	010－82501766（邮购部）		010－62514148（门市部）
	010－62515195（发行公司）		010－62515275（盗版举报）
网　　址	http://www.crup.com.cn		
	http://www.ttrnet.com（人大教研网）		
经　　销	新华书店		
印　　刷	北京联兴盛业印刷股份有限公司		
规　　格	160 mm×230 mm　16 开本	**版　　次**	2020 年 6 月第 1 版
印　　张	14.25 插页 2	**印　　次**	2020 年 6 月第 1 次印刷
字　　数	208 000	**定　　价**	58.00 元